LABYRINTHS OF REASON

Paradox, Puzzles, and the Frailty of Knowledge

William Poundstone

パラドックス大全

世にも不思議な逆説パズル

ウィリアム・パウンドストーン 松浦俊輔 訳

青土社

パラドックス大全　目次

第1部

第2部

パラドックス大全——世にも不思議な逆説パズル

ウィリアム・ヒラード、ジュニアに

第1部

1

逆説

青空、日の光、恐怖でこわばる、見たことのある光景。恐ろしいことがこれから起ころうとしている。背の高い草が生えた野原での、申し分ない夏の日である。JV〔仮名〕は兄たちから遅れ、のろのろと後を追っている。地面に影がかかる。何かが草をゆらす。JVは振り返る――どうしても振り返ってしまう。そして次の瞬間――見知らぬ男の顔が目に入る。男には顔がない。夢に出てくるその他大勢の人物のように。何かうねったような何だかわからないものを手にしている。男は訊ねる。「この袋に蛇と一緒に入らない？」

JVが遭遇したのは二十世紀思想の嘘のような画期的事件である。JVは十四歳の少女で、夏の野原にいたのではなく、モントリオール神経学研究所の手術台の上にいた。担当の医師、ワイルダー・ペンフィールドは、JVを激しい癲癇の発作から解放するための実験的手術を試みていた。手術チームはJVの頭蓋骨の横を開いて脳の側頭葉を露出させていた。発作の部位を特定するため、ペンフィールドは脳波計につないだ電極で脳を探った。外科手術は医師と患者との共同作業だった。JVはずっと意識があり、発作の場所を特定する手伝いをしなければならなかった。ペンフィールドが電極をJVの側頭葉のある部位に当てると、JVは再び野原にいた……

ＪＶが見知らぬ男と出会ったのはその七年前、カナダの、われわれの言うところの現実世界でのことだった。ＪＶは自分が当時のまま、七歳の少女のようだと報告した。ＪＶは怖がっていたが、身体に傷を受けたわけではなかった。泣きながら家の母親の許へ走って逃げた。この恐怖の時間は何度もＪＶを襲うようになる。蛇の入った袋を持った男が夢に出てきてうなされるのである。トラウマは癲癇の発作と入り混じるようになった。マドレーヌ菓子の話〔プルースト『失われた時を求めて』に出てくる味や匂いとともに一気に記憶が甦る話〕のように、何かの拍子にちらりと思い出すと、記憶全体が甦るのだ。それから発作が起きる。

脳波計につながった電極を当てられたＪＶは、その遭遇をただ思い出していたのではない。再体験していたのである。こまごまとしたところ、元の体験の恐怖がはっきりと、すべて戻ってきた。ペンフィールドの電極が、脳に過去の経験を映画のように再生させていた。ペンフィールドは、紙片に文字や数字を振って、脳の皮質上の記憶に関係する各部位に印をつけていった。隣りの部位に触れると別の感覚が生まれた。電極が触れると、ＪＶが悪いことをしたときに叱る人々を思い出す部位もあり、色のついた星による走馬灯のようなイメージだけが生まれる部位もあった。

水槽の脳

ペンフィールドが一九三〇年代に行なった古典的な脳の実験は、ある有名な謎の元になった。その後ずっと哲学の学徒からは「水槽の脳」と呼ばれている問題である。こんな話だ。「あなたはそこに座ってこの本を読んでいると思っている。実はあなたは、どこかの実験室で体から切り離され、培養液の入った水槽に入れられた脳だけの存在かもしれない。その脳に電極がつながれ、あやしげな科学者《マッド・サイエンティスト》が電気刺激を流し込み、それでまさにこの本を読んでいるという体験を引き起こしているのだ」

この話の全貌を捉えるために、少し補足してみよう。いつだかわからない過去のあるとき、眠っている間に脳が体から切り離された。すべての神経は熟練の外科医によって切断され、極微の電極につなげられる。これら無数の電極のそれぞれが、元の神経と同じくらいの微弱な電気のパルスを生む装置につながっている。

あなたが頁をめくると、頁をめくっている感じがする。電極があなたの脳に、本物の指が本物の頁をつまむときに出てくるであろう刺激と同じ刺激を与えているからだ。しかし頁も指も幻覚だ。本を顔に近づければ大きく見えるし、腕を伸ばして見れば小さく見える……視神経の切り口につながる電極の電圧をうまく調整することによって、遠近法にかなった三次元の像が生じる。今この瞬間にパスタ料理の臭いを感じ、BGMにチェンバロの音楽でも聞こえてくるとしても、それもまた幻覚の一部である。自分の顔をつねってみれば、予想通りの感覚が得られるだろうが、それで何がわかるわけでもない。実は、確かにそうではないと証明する方法はないのだ。すると、あなたは外の世界が存在すると信じているが、それが正しいことを、どうやって証明できるだろう。

夢と悪夢

懐疑的な傾向のある人にとっては、水槽の脳の逆説は、魅力的でもあり、腹立たしいものでもある。たんなる可能性としても、自分が知っていることがすべて間違っているかもしれないという話には、引き込まれそうな魅力がある。

ペンフィールドらの脳研究の影響があったとはいえ、世界の現実についての疑いは、現代に特有の不安ではない。水槽の脳の話は、それ以前からある「これが夢でないことをどうやって知るか」という謎の限定版にすぎない。この種の話でも有名なのは、紀元前四世紀に遡る荘子の話である。荘子は自分が蝶になった夢を見て、目を覚ますと、自分は蝶が人になった夢を見ているのではないかと思ったという。荘子の寓話は説得力に欠ける。確かにわれわれはふだん、夢の中で自分が夢を見ていることには気づかない。しかし目が覚めている人は必ず自分が夢を見ているのではないことを知っているではないか。見解は分かれる。フランスの哲学者にして数学者のルネ・デカルトは、その「第一省察」（一六四一年）で、絶対に自分は夢を見ているのではないと確信することはできないと断じた。たいていの人は、おそらくデカルトの考えを受け入れないだろう。自分は今、夢を見ているのではない。そのことは、夢での経験は目覚めているときの暮らしとは違うのでわかると。

それがどう違っているか、なかなか正確には言えない。目覚めているときの人生は、絶対に、間違いなく夢とは違うなら、両者を区別するために実行できる間違いのない検査があるはずだ。たとえば、

- 昔から、夢を見ているかどうかを調べるには、洗濯ばさみで顔をつねってみればいいと言われている。根拠はもちろん、夢の中では痛みを感じないということだ。しかし私は夢の中で痛みを感じたことがあるし、誰でも時にはそういうことがあるのではないかと思う。このテストは信用できない。
- 色つきの夢はほとんどなく、机の上の薔薇が赤いのは、夢ではないことを証明している。この場合も、夢で色を感じることは珍しいことではない。色つきの夢を見る人は多い。色つきの夢を見たことがないとしても、今見ているのが初めてのものかもしれない。
- 実生活はたいてい、夢よりも詳細で筋が通っている。目の前の壁を調べて細かいひび割れをすべて見る

ことができれば、目が覚めているということだ。数字の列を足し算できて、結果を電卓で検算できれば、目は覚めている。この検査は今までのよりは説得力があるが、それでも間違いなしとは言えない（ひび割れは夢ではないことを「証明する」と聞いたので、壁に小さなひび割れがあるのを見る夢を見ているのではないか）。

• 夢を見ているのか目が覚めているのかと考えていることそのものが、目が覚めていることの証だと言う人もいる。目覚めた生活では、夢の状態を意識しているが、夢を見ているときはその区別を忘れている（そして自分は目を覚ましていると思っている）。しかしそれが正しいとしたら、自分が夢を見ていることに気づく夢を見ることはありえないことになるが、そういう夢は実にありふれたもので、多くの人が見ている。

• 「筋の通った新しさ」とでも呼べそうなものに基づくこんなテストを提案しよう。枕許にいつもリメリック〔五行から成る笑える詩〕の本を置いておく。その本を読むのではなく、こんなふうに使う。自分が夢を見ているかどうか知りたいと思うたびに、寝室へ行ってその本を無作為に開く（もちろんそれは夢の中の寝室で夢の中の本かもしれない）。リメリックを一つ読んで、それはこれまで読んだことも聞いたこともないものであることを確かめる。たいていの場合、リメリックを即座に作ったりはできない。目覚めているときにはできないし、眠っているときにもできない。それにもかかわらず、リメリックを見ればそれがリメリックだということはわかる。ちゃんとした音韻があり、面白い（面白くないことも多いが、それでもリメリックとして面白くないのである）。リメリックがこれらのテストに合格すれば、それは外部世界の一部に違いなく、夢を見ている頭が勝手に作ったものではない。[1]

ブリンマ女子大の乙女子ひとり
大いに過ち犯したり
肩もあらわなデコルテ・ドレス
それをおさえる紐はずす
えも言えぬものいできたり

私が本当に言いたいのは、自分が目覚めていることをはっきりさせるために、これらのテストのいずれも使う必要はないということだ。人は端的に知っている。荘子でも誰でも、「本当の」人生は文字どおりの夢ではないかという説には信憑性がない。

しかしそれは別種の「夢」かもしれない。この方向での議論でいちばん有名なのは、デカルトの『省察』だ。そこでデカルトは、自分の体を含む外部世界が、自分を騙そうとしている「悪魔」によって生み出された幻覚ではないかと考える。「何でもできる狡猾な悪魔か何かが、全精力を使って私を騙しているとしよう。空も空気も大地も色も形も音も、外にあるすべての事物は悪魔が私の判断を狂わすためにこしらえた夢の幻覚に過ぎないと考えてみる。自分には手も目も肉体も血も感覚器官もないのに、そうしたものをすべてもっていると誤って信じていると考えよう」

1　サミュエル・テイラー・コールリッジは、その傑作「クブラ・カーン」を夢で作った。コールリッジはこの皇帝の話を読みながら眠り、驚くほどの明晰さで、三百行の詩を夢に見た。目を覚ますや、その詩が消えてしまわないうちに、それを急いで書きつけた。五十行ほど——われわれが知っている「クブラ・カーン」——書いたところで来客があり、中断した。その後、残りの二百五十行のうち、思い出せたのはとぎれとぎれの何行かだけだった。しかしコールリッジは目覚めているときも詩人だった。リメリックによる検査が勧められるのは、リメリックを作るのがうまくない人だけだ。また、コールリッジの夢はたぶん普通ではなかった。コールリッジは寝るために阿片を服用していたからだ。

存在する心が悪魔とデカルトの二つだけだとしたら、最高の騙し方になるだろう。デカルトはそう推理する。騙すのを見ている「観客」として、他にも一つでも心があれば、少なくともデカルト自身のような心が存在することについてはデカルトは正しいことになる。

デカルトの悪魔はどこをとっても水槽の脳の逆説を先取りしている。ペンフィールド実験は、デカルトの形而上学的《メタフィジカル》空想物語が物理的《フィジカル》に考えられることを示すものにすぎない。ペンフィールド実験での幻覚は、完備はしていないとしても、夢や記憶よりも本物らしい。ペンフィールドの患者はそのことを、意識が二重になると述べていた。過去の体験を詳細に味わいなおしていながらも、自分が手術台の上にいることも意識していたのである。

水槽の脳の謎で想定されるもっと完備した神経学的幻覚は、すぐにも思い浮かべられる。目は脳に絵を送るわけではないし、耳も音を送るわけではない。感覚器官が脳と連絡をとるのは神経細胞での電気化学的な刺激を介してのことだ。神経系にある一つ一つの細胞は、隣りの細胞が励起するのを「見る」だけで、その励起の元となった外部からの刺激を見るのではない。

もともとの感覚神経と脳との連絡についてもっと知っていれば（百年後にはそうなっているかもしれない）、どんな経験も人工的に刺激することが可能かもしれない。そんなことになれば、あらゆる経験が疑問視される。今の生まれたばかりの神経学でさえ、われわれの感覚が本物であることを保証しない。実は今はもう二十五世紀になっていて、水槽の脳研究室の背後にある勢力が、今はまだ二十一世紀でそんなことは起きないと思わせたがっているということかもしれないのだ。

人の脳が存在することがまさに、外部世界と同様、疑いの対象になる。われわれが「水槽の脳」などと言うのは、それが便利な構図だからで、邪悪にもおぞましいＳＦのようなものだ。脳とは「心」の短縮表現である。自分の意識が脳の中に含まれていることも、脳が体の中に納まっていることも、文句なく確信することはできない。この空想物語のさらに完全な形を考えれば、人の心に作用して、ペンフィールドも、JVも、水槽の脳の謎もすべて含んだ世界全体の幻想を生じさせることになるだろう。

どうともとれる

「水槽の脳」は、哲学者が「知識問題」〔知っているとはどういうことか〕と呼ぶものを絶妙に図解したものである。要点は、われわれが水槽に浮かぶ脳だというあまりありそうにない可能性ではなく、想像もつかない形で騙されているかもしれないということだ。十五歳になるまでに、この種のことを考えたことがないという人は少ない。人はどうやって、何かを確実なこととして知るのだろう。

われわれの経験の全体は神経の刺激の流れである。いびつな真珠の輝き、電話のボタンを押す音、杏の匂いは、この神経の刺激から想定されることである。われわれは皆、生まれたときから〔あるいは生まれる何か月か前から〕受け取ってきた神経の刺激から成る一通りだけの集合を説明しそうな世界を想像してきたのである。現実の外部世界を従来のように描くことが、神経的な経験について唯一ありうる説明ではない。悪魔や水槽の脳実験でも、神経的な経験は十分に説明できることを認めざるをえない。経験はどこまで行っても疑わしいのだ。

科学は感覚による証拠を大いに信用する。幽霊やネス湖の怪獣や空飛ぶ円盤を信じない人は多いが、それは、それらのことが最初からばかげた考えだからというのではなく、それらが存在することを示す、疑問の余地のない、感覚される証拠を、誰ももたらしていないからにすぎない。水槽の脳はこの〔一見すると妥当な〕疑いを裏返す。感覚による証拠から、自分が水槽の脳でないことをどうやって知りうるのか。

それはできない。自分は水槽の脳でないと信じることは、経験的に反証もできない。哲学用語で言えば、それは「証拠を超越している」のだ。

このことは、「すべては科学的に決定できる」という考え方にとっては深刻な打撃である。争点になっているのは、ティラノサウルスの色のような細かいことではない。外の世界が存在するかどうか知ることさえできないなら、知識には根本的に限界があるということだ。われわれの従来の事物の見方は、とんでもなく間違っているのかもしれない。

どうともとれるというのは、アルバート・アインシュタインとレオポルト・インフェルトが提起した有名な喩えの土台になっている。一九三八年、二人はこう書いた。

現実を理解しようと努めるとき、われわれは閉ざされた時計の仕組みを理解しようとしている人のようなものである。文字盤と針が見え、カチカチという音も聞こえるが、筐体は開けられない。それなりの工夫をして、自分が見ているものすべてをもたらせそうな仕組を描くこともあるかもしれない。しかし、自分の観察したことを説明できるのはその構図だけだと確信することはないかもしれない。自分の描いた構図を実際の仕組と比べることはできないし、そのような比較の意味の可能性を想像することもできないのだ。

確実なことはあるか

自分が知っていることをどう知るか。デカルトの悪魔はその問題を探るための出発点だった。デカルトはこう書く。「私は何年か前、自分が子どものときにどれだけ多くのことを間違って本当のことだと受け入れていたか、その後、その上に築いていた体系全体がいかに疑わしいかという思いにとらわれた。安定して長持ちしそうな科学の世界でともかくも何かを確定したいなら、一度はすべてを完全に廃棄して、あらためて基礎からやりなおす必要があると悟った」

デカルトは、その二千年前にエウクレイデス〔ユークリッド〕が幾何学を扱ったのと同じ方法で知識の問題に取り組みたいと思った。エウクレイデスの幾何学はすべて、五つの公理から導かれている。公理とは、エウクレイデスの時代には、当然に真なので、それが偽となる世界は想像できないような陳述のことだった(たとえば、「直線は二点間に一本だけ引ける」など)。伝統的な幾何学の「定理」——真であることが証明できる陳述——は、エウクレイデスの五つの公理に元をたどることができる。

デカルトは現実世界の事実に対して同じことをしたいと思った。まず、無条件で確実だとわかっている事実の集合を特定する必要があった。そうした事実であれば、自分の自然哲学の公理になるだろう。その上で、妥当な推論の規則を立てる。最後に、それらの規則を用いて、元の異論のない事実の集合から新しい事実を導くのである。

残念ながら、現実世界についてのほとんどの陳述には、ある程度の疑いが入る。デカルトは自分の自然哲学の土台が足元から消えると思った。「昨日の省察の結果として私が陥った疑いは深刻で、その疑いを頭から取り除くことも、解決する方法を見出すこともできない。私は予想外に深い渦に飲み込まれてしまい、それに翻弄され、底に立つことも、上に浮かぶこともできなくなったような感じだ」

「存在論」という、何が本当に存在するかの研究を表すのには、この目が回る「渦」はぴったりだ。存在論を立てるときにはまず、外の世界について受け入れられている日常の「事実」は異論の余地があることを認識しなければならない。疑いをはさまずに信じられていることが間違っているとする筋書きは、ほとんどんなことについても考えられる。パリはフランスの首都だろうか。たぶんそうだが、それでも決して消えない一片の疑いが残る。ひょっとすると、政府に全体主義的な陰謀があり、独自の理由によって、国民にフランスの本当の首都を知られたくないということも考えられなくはない。歴史と地理の本はすべて書き換えられ、教師には、次の世代の子どもにパリという嘘を教え込むよう強いる。去年パリへ行って、フランス政府の建物らしきものをいくらも見たと言うだろうか。それは、この政府が国民に自由に旅行したという錯覚を与えるために運営している、テーマパークの作り物だったかもしれない。

この種の乱暴な想像でも、中には議論の対象になりうる事項があることは隠れもないだろう。たいていの人々の基準では、ネス湖の怪獣はティラノサウルスよりも真実味は下で、どちらも動物園で見た象よりも真実味は下だ。すべての中でいちばん確実なのは何だろう。

よく出てくる答えは、論理学や数学の真理である。小学校一年生を受け持つ先生が、生徒に嘘を教えるよう仕向ける陰謀にとらわれているとしても、2＋2＝4であることは疑えない。二つのものを思い浮かべ、そこにさらに二つのものを並べ、合計が四つになることはわかる。この演繹は、自分で存在すると信じている外の世界であろうと、実験室の水槽の脳であろうと、もっと奇妙なものであろうと、どんな世界においても当然正しいように見える。

この答えには問題点が二つある。まず第一に、論理と数学さえ錯覚とする超懐疑的な立場を取ることができる。2＋2＝4が間違いだと言える理由がわからないというだけでは、それが正しいことの保証にはならない。

論理学や数学で妥当な結論に達すれば、きっと脳はしかじかの状態になるだろう。水槽の脳を支配する者が、物理的世界だけでなく算数についても騙していないとする理由があるだろうか。2＋2は62,987

かもしれないが、このマッド・サイエンティストは、脳を正確にシミュレートすることによって、それが4だと思い、4であることは「明らか」で、4であることを証明できるとさえ考えるようにしているのである。もしかしたらどこかに水槽の脳がずらりと並べられていて、そのそれぞれが信じる2＋2の答えが違っていて、その合計と整合するいろいろな「現実」に浸っているのかもしれない。

哲学者がそこまでの懐疑論を取ることはめったにない。世の中には疑うべきことは他にいくらでもある。論理学や数学に確実性の制約をかけていてはまずくなるもっと現実的な問題点は、それによって、物理的世界について信じていることに根拠を与える方法がなくなるということだ。ただ、算数の確実性は、フランスの首都がどこかを教えてはくれない。すると、論理や数学以外に、われわれが確信できる事実は何かあるのだろうか。

デカルトはこの点についてある興味深い検討を行なっている。想像力には限界があり、悪魔の限界もそこに含まれるかもしれないと記す。夢やシュールレアリスムの絵の空想的事物も、現実のものに基づいている。「画家が奇怪きわまりない体をもつセイレーンやサチュロスを作り出そうとするときでさえ、あらゆる点で新しい性質を与えることはできない。ただいろいろな動物の手足を混ぜ合わせるだけである」とデカルトは書く（自然の寄せ集めではすまない神話的動物が、何かいるだろうか。ケンタウロス〔半人半馬〕、ミノタウロス〔半人半牛〕、ユニコーン〔一角の馬〕、グリフォン〔鷲の頭とライオンの胴〕、キメラ〔頭はライオン、胴は山羊、尾は蛇〕、スフィンクス〔頭は人間、胴はライオン〕、マンティコル〔頭は人間、胴はライオン、尾は蛇か蠍〕の類は、人間の想像力がすごいとは思わせてくれない。カンガルーやヒトデの方がまだ珍しく思える）。

デカルトならおそらく、水槽の脳実験室を運営する存在は「すべて」をゼロから夢想することはできないということを認めるだろう。言うなれば、実験室の外の「本物」の外部世界の中に、目や皮があるのだ。

たとえ犬にあるような配置ではなくても。デカルトはまた、どんなに空想的な絵の色であっても、やはり「現実の」色だとも言う。そのため、悪魔に騙されているとしても、赤という色が存在すると信じてもいいと思っている（それで納得できるだろうか。それとも「現実」世界は白黒で、色は優れて創意工夫に富んだ水槽の脳研究部門によって生み出された神経学的幻想だろうか）。

色は現実だと言うとき、デカルトが意図していたのは、色素、光の波長など、その根本的な感覚と結びつけられるようになったものよりも、色の主観的な感覚だった。実際デカルトは、人が確信できるものといえば主観的な感覚であるという結論に達している――とくに主観的な感情である（そもそも、他人が自分と同じように考えたり感じたりしていると確信できる人などいないだろう）。

自分自身の心が存在することを疑うとしよう。自分が疑っていることも疑うことになる――結局、疑っているのだ。その疑いを行なっている何かがなければならない。いろいろな騙され方はしているかもしれないが、少なくとも騙されている心は存在していなければならない。そこで出てくるのが、デカルトの有名な命題、「われ思う、ゆえにわれあり」である。

「観念論」とは、心のみが実在で知りうるという信念である。デカルトは本来の意味での観念論者ではなかったが、その動きに刺激を与えた。観念論者は、唐辛子を食べて口の中がひりひりしたら、痛みや熱さの「感覚」は異論の余地なく現実だと言う。唐辛子そのものは幻想かもしれない。タバスコソースをつけて唐辛子の形に作ったマジパン製の偽物かもしれないし、消化不良がもたらす悪夢の一部かもしれない。苦痛や味はあくまで主観的なので、痛みや味という事実は議論の余地がない。主観的感情は、その原因が物理的に現実であるかどうかを超越している。

別の例を。たいていの人は、ホラー映画、ホラー小説、悪夢で怖い思いをしたことがある。いずれにせよ、ただの映画、小説、夢なのに、その場の恐怖は「本物の」恐怖だ。ペンフィールドの患者JVは、蛇の袋をもった男が本当に怖いと思った。その男は（手術台の上で神経学的に再現される）幻想だというのに。これと同じく、自分のうれしい、悲しい、恋しい、つらい、面白い、妬ましいといった気持ちは、そのような心の状態になってしまうなら、それを疑うことはできない。

主観的な感情は、外部世界について推論するための基礎としては非常に限定されている。それでもデカルトは、自分自身の心という事実から多くの重要なことが導けると思った。「われあり」から「神は存在する」という結論を出した。デカルトの推論によれば、あらゆる結果には原因がなければならないので、自分がいるならそれを創ったものがいなければならないという。「神は存在する」から「外部世界は存在する」へと飛躍した。神は完璧な存在で、われわれを騙して幻想の外部世界を信じさせるようなことはありえないからである。神ともあろうものが、悪魔の業を許したりはしないだろうというわけだ。

この推論の連鎖を受け入れる現代哲学者は少ない。あらゆるものに原因があるように見えるとはいえ、そのことを全面的な確実性をもって知っているだろうか。ここでも、原因と結果そのものが、悪魔がわれわれの頭に押し込んだ虚構ということもありうる。

人が存在することに原因があることを認めても、その原因を「神」と呼ぶのは間違っている。「神」はただ人の存在の原因を務めているだけではないだろう。もしかすると、ダーウィン的進化がわれわれの存在の原因かもしれないが、それはたいていの人が「神」と言う場合に意図しているものではないだろう。また、神が存在することを認めても、その神が悪魔を黙認しないとどうしてわかるのだろう。

だからといってデカルトが間違っていたということにはならない。ただデカルト本人のそもそもの懐疑の精神にもとらないとは言えないということだ。デカルトをいちばん厳しく批判したのは、スコットランドの哲学者で歴史家のデーヴィッド・ヒューム（一七一一〜七六）だった。その評判が頂点に達したとき、ヒュームはロンドンでもパリでも有名人だったが、どこの大学でも教えることはできなかった。無神論を公言していたからである。しばらくは、三代目のアナンデール侯爵の家庭教師として何とか暮らしていたこともある。侯は正気ではなかった。ヒュームは、自分自身の心の存在も含め、デカルトの論証のあらゆる段階を疑った。ヒュームによれば、自分の内面を観察すると、そこで「突き当たる」のは、必ず観念と感覚である。それらの思考とは別にある自己など見つからない。

ヒュームは明らかな真理は二種類だけだと論じた。2＋2＝4のような「理性の真理」と、「コペンハーゲン動物園の鳥類飼育場にいるからす《レイヴン》は黒い」のような「事実の真理」である。この真理の二肢的な捉え方は「ヒュームのフォーク」と呼ばれる。いずれの種類にも属さない問題（「外部世界は本当に存在するか」など）は答えられないし意味がないとヒュームは唱えた。

演繹と帰納

現実世界に関して使える結論を導くためには、不確かな（哲学的な懐疑による厳密な意味での）前提を出発点にしなければならない。科学と常識は永遠に、不確かな基盤の上に信じるものの体系を築いていくものである。科学による結論に、完全に確実なものはない。

われわれがものごとを知る（あるいは知っていると思う）方法には二つあって、それはヒュームの区別と密接に関係している。一つの知り方は演繹という、与えられた事実から結論を論理的に引き出す道である。演繹的推論の典型例は、すべての人は死ぬ。
ソクラテスは人である。
ゆえにソクラテスは死ぬ。

最初の二行は前提であり、与えられるものとされる事実である。演繹とは、前の二行から三行めを導く行為である。正しい演繹は、ヒュームの言う意味で理性の真理である。

デカルトは確実な前提から新しい事実を導くために演繹を用いたいと思った。新しい事実もやはり確実だと言えることになる。幸運なことに、演繹は確実な前提でなくても適用してもいい。ばりばりの懐疑派なら、上の二つの前提はともに確実ではないと主張することができる。どこかには死なない人がいるかもしれないし、ソクラテスはよその星から来た存在だったかもしれない。こうした不確実な部分が結論にも転移している。それでも演繹そのものは、論理学の陳述が確実でありうるなら、それと同等に確実である。「すべてのAはB」であり、「CはA」であるときは「いつも」、「CはB」であることになる。同様にこんなことも言える。

すべての銀行家は金持ちである。
ロックフェラーは銀行家である。
ゆえにロックフェラーは金持ちである。

あるいは

すべてのからす《レイヴン》は黒い
エドガー・アラン・ポーの「大がらす」の鳥はレイヴンである。
ゆえにエドガー・アラン・ポーの「大がらす」は黒い。

この種の推論は「三段論法」と呼ばれる。演繹の皮肉なところは、前提の「主題」によって演繹過程に違いが出ないことだ。ソクラテスだろうとロックフェラーだろうとポーの大がらすだろうと、同じことだ。

もう一つの基本的な知り方は帰納である。帰納はわれわれが一般論を得るときのおなじみの手順である。レイヴンを一羽見る。それは黒い。またレイヴンを見る。それも黒い。黒くないレイヴンはまったく見当たらない。そこで「すべてのレイヴンは黒い」という結論を出すのが帰納的推論である。

科学も常識も帰納に基づいている。シャーロック・ホームズは「演繹《デダクション》（推理）」で有名だが、その推論は演繹というよりもたいていは帰納である。帰納は「状況証拠」に発する推論であり、ヒュームの言う「事実の真理」である。それ以上深いレベルでは理解できない観察結果から外挿するのである。目にしたレイヴンがすべて黒い理由はわからない。十万羽のレイヴンを見て、それがすべて黒でも、その次に見るレイヴンは白いかもしれない。四辺の三角形とは違い、白いレイヴンがそもそも不条理なわけではない。帰納による結論には論理的必然性はない。

この理由のために、帰納は演繹よりも正当性が落ちるように見られてきた。たとえばヒュームはそれを疑っていた。われわれは帰納的推論を使って帰納的推論は正しいと思っている（「帰納は時間のテストに耐えてきた。だからこれからも信用できるはずだ」）――ヒュームはそう文句を言っていた。哲学者のモリス・

コーエンはこんな皮肉を言った。論理学の本は二部に分かれる。第一部は演繹に関するもので、そこでは過ちについて説明される。第二部は帰納に関するもので、そこで過ちが犯される（この本の改訂版用にメモ！）。

帰納は逆向きに働く。迷路を出口から逆向きに解くようなものだ。帰納は一般法則（すべてのレイヴンは黒い）を採用して、それを個別事例に適用する（この鳥はレイヴンだ。ゆえにこの鳥は黒い）のではない。個別事例から一般則に進むのである。帰納は、世界が根幹のところでは意地悪ではないという信仰──希望──の上に立っている。調べたレイヴンがすべて黒いという事実から、「すべての」レイヴンが、まだ誰も見たことがないレイヴンも含め、黒いという結論を出す。観察されていないレイヴンは、観察されているレイヴンと似ており、世界にあるらしい規則性は本当にあると想定している。

世界にはまだ目撃されていない白いレイヴンに満ちあふれていることもありうる。私には見えないところにいて、見えるところに迷い出てくることがないだけかもしれない。帰納による結論にはすべて、不確実な部分がついてまわる。それならなぜ帰納による推論のことをあれこれ考えるのか。それを使うのは、現実世界について広く応用できる事実を得る方法は他にないからだ。これがなければ、無数の経験はあっても、それぞれが別々の、紙ふぶきの一枚一枚同様、無意味なものでしかない。

帰納はわれわれが世界について推論する出発点となる基本的な事実をもたらす。経験的に検証された一般論は、デカルトが自分の哲学の中で公理が占めるような位置を占める。帰納と演繹を組み合わせたものが、科学的方法の基盤である。

確証理論

知るということの問題は、記録が残る限りの昔から、多くの熱心な哲学者、科学者、さらには文学者の関心を引いてきた。哲学者はこの研究を「認識論」と呼ぶ。もっと厳密に科学の脈絡において適用される用語が「確証理論《コンファーメーション》」である。いずれもわれわれは自分が知っていることをどうやって知るのかを調べる。証拠から正しい結論を引き出す仕事についての探究である。

知るという過程そのものを調べるのは、蝶や星雲などを調べるのとは違う。確証理論は主に論理パズルや逆説の研究である。何も知らないと、これはおそらく蜃気楼の上に成り立つ研究のような奇異な感じがすることだろう。そもそも逆説とは、われわれが信じていることの構造物に入ったひびわれをあらわにする。バートランド・ラッセルは言う。「論理的な理論はパズルを扱う能力でテストできるかもしれないし、論理学について考えるときには、頭にできるだけ多くのパズルを入れておくと役に立つ。物理学で実験がしてくれるのと同じことを、パズルはしてくれるからだ」

この何十年かで、知るということの逆説については非常に成果があがってきた。本書は、広い意味で勉強をしてきた人々の頭の寓話集に入るに値するような、重要で頭を悩ませる逆説を集め、それについて論じる。

逆説

まず逆説という言葉の意味から説明するのがいいだろう。この言葉はもちろんいろいろな使い方をするが、どの用法にも、核心には矛盾がある。逆説はまずもっともな前提から始まる。その前提から、当の前提を台無しにする結論を演繹する。逆説は証明の概念の形態模写のようなものである。

すぐに見えてこないものの（逆説が巧妙であれば）、大事なのは、矛盾する理由である。文句なく妥当な論証なのに、それが矛盾につながることがありうるのか。それともそうはならないことが「保証」されているのか。

逆説は、矛盾の生じ方や矛盾が生じる場面によって（場面があるとして）大まかに分類できる。いちばん弱いタイプの逆説は誤謬《ファラシー》である。これは推論に小さな、それでもうまく隠された誤りを介して生じる矛盾である。誰でも2と1が等しいとする証明などの不条理は見たことがあるだろう。たいていは、ゼロで割ってしまうような仕掛がほどこされている。一例を挙げると、

1　$x=1$とする。
2　当然$x=x$である。
3　両辺を平方して$x^2=x^2$となる。
4　両辺からx^2を引いて$x^2-x^2=x^2-x^2$である。
5　両辺を因数分解すると、$x(x-x)=(x+x)(x-x)$となる。
6　$x-x$で約分すると$x=(x+x)$となる。
7　すなわち$x=2x$である。
8　$x=1$なので、$1=2$である。

致命的な一歩は$(x-x)$で割るところである。これは0にほかならない。5行めの$x(x-x)=(x+x)(x-x)$は、1×0は2×0に等しいという正しいことを言っている。だからといって1は2に等しいという

ことにはならない。そもそもどんな数でも0を掛けたものは、他のどんな数に0を掛けたものとも等しい。誤謬は逆説に見えるが、それは錯覚だ。誤りの箇所が特定できてしまえば、再びなべて世はこともなしになる。逆説も、根底ではこれと同じことだと思われるかもしれない。この例ほどわかりやすくはないかもしれないが、誤りはあるのだ。誤りを見つければ、逆説は消える。

逆説がそれだけのことなら、確証理論も認識論も、わりあい単純でそれほど面白くもない分野ということになるだろう。単純な推論の誤りだけの話にするつもりはない。多くの逆説は正しくて、しかも困りものなのである。

もっと強力な逆説は、「思考実験」という形を取る。これは想像はできても実際には実現しにくい状況である（通例は）。思考実験はたいてい、従来の前提が不条理に至りうることを示すものである。最も単純でしかも最も成功した思考実験は、ガリレオが、重い物体が軽い物体よりも速く落ちるわけではないことを示すために考案したものである。十キロの鉛玉は一キロの木の玉よりも速く落ちるとしよう（ガリレオの時代にはそう信じられていた）。二つの玉を紐でつなぎ、それを高いところから落とすことを想像してみよう。木の玉は軽いので、鉛の玉よりも落ち方が遅く、紐はぴんと張ることになる。そうなると、木の玉は鉛の玉の重みで引張られる。重さ十一キロの全体はそれぞれの玉よりも重く、どちらか一方だけの場合よりも速く落ちることになる。紐がぴんと張ったら落ちる速さが増すのだろうか。厳密にはありえないことはないが、この結論は元の仮定に疑問を投げかける。たいていの思考実験と違い、ガリレオの思考実験は簡単に実行できる。ガリレオは異なる重さの物体を落とし（ただし、よく言われるピサの斜塔からではない）、同じ速さで落ちることを見た。実は、重力による加速度がどんな物についても一様であることはあたりまえになってしまっているので、今日ではどこが逆説なのかわからないほどである。

次の有名な思考実験では、逆説の意味はもっと鮮明になる。「双子の逆説」である。相対性理論によれば、時間は観測者の運動によって進み方が違うという。一卵性双生児の一方をロケットに乗せて飛ばし、光速に近い速さでシリウスまで旅行させ、それから地球に戻すとしよう。相対性理論によれば、自分は双子の相手よりも何年か若くなっていることになるという。旅行した双子の暦から言っても、皺の数、白髪の量から言っても、自分で経過したと思っている主観的な時間の長さの印象から言っても、その他、われわれが知っている物理的に意味のあるどんな時間の定義から言っても若い。

双子の逆説がはじめて明らかになったとき、あまりに経験に反しているので、多くの人が（フランスの哲学者アンリ・ベルクソンなど）、これを相対論が間違っていることの証拠に入れていた。日常生活では、時間は相対的だと思えるようなことは何もない。双子はゆりかごから墓場まで、同じ年齢である。

今では双子の逆説は認められた事実である。いろいろな実験で確かめられている——双子を使うのではなく、きわめて正確な時計を使う。一九七二年、物理学者のジョセフ・ハフェーレらが、国際線の旅客機にセシウム原子時計を載せて飛んで周り、人間の旅客もごくごくわずかながら、それでも測定できる量だけ他の人よりも若くなることを確認した。光速に近い速さで旅行する宇宙飛行士は、戻ってきたときには、元は同じ年齢でも地上にとどまっていた人よりも若くなる。これを疑う物理学者はいない。

この逆説が生じるのは、この状況で使う論理がおかしいのではなく、世界の動き方についての前提が間違っているからだ。双子の逆説は、言外に、時間が普遍的であると前提している。双子の逆説は、この前提が成り立たないことを明らかにしているのである。常識の方が間違っている。毛が生えていてしかも卵を産む動物などいないと思うかもしれないが、カモノハシがいる。生きた逆説ではないか。もちろん毛が生えている動物が卵を産まないとか、時間が観測者の運動に依存しないという論理的必然性はない。これは第二種の逆説、「常識が間違っている」型の逆説である。この例では、矛盾は意外なものでも解決できる。元の前提のうちどれを棄てなければならないかは明らかであり、その前提を棄てるのがどんなにつらくても、棄ててしまえば矛盾は消える。

もっと強い逆説がある。誤謬でもなく、「常識が間違い」でもない類の逆説には、最高の逆説なればこその魅力的な性質がある。この、逆説の中でもいちばん逆説らしい逆説が、解けるものなら解いてみろと挑んでいる。

本物の逆説の単純な例は、「嘘つきの逆説」である。エウブリデスという紀元前四世紀のギリシア哲学者が考案したこの逆説は、誤ってエピメニデスのものとされているが、エピメニデスは仮託された語り手にすぎない（プラトンの対話篇に出てくるソクラテスのようなものだ）。クレタのエピメニデスは、「クレタ人はみな嘘つきだ」と言ったとされる。これを完全な逆説に転換するために、少しずるをして、戯れに、嘘つきとは、言っていることがすべて本当ではない人のことだと定義しよう。するとエピメニデスは、要するに「私は今嘘をついている」、あるいは「この文は間違っている」と言っていることになる。

後の方の形のものを取り上げよう。この文は正しいか、間違っているか。「この文は間違っている」が正しいとしよう。するとこの文は正しいのだから、この文は間違いである。この文はそう言っているのだ。よろしい。ではこの文は間違っていなければならない。しかし「この文は間違っている」が間違いなら、それは正しいということにならざるをえない。それによって二つの背理が得られる。それが正しいなら間違っているので正しいとはいえないし、それが正しくないなら正しいことになり、間違っているとはいえない。逆説は内因性のものであって、取り除けない。

この第三種の逆説では、どの前提を棄てるべきか（あるいは棄てることができるか）、まったく明らかではない。これらの逆説は答えが出ない。本書で論じられる逆説は、少なくとも第二種のものであり、たいていは第三種のものである。誰もが認める答えがあるものは少ないと思っておこう。

いい逆説は、どんな種類の矛盾が生じうるのか――どんな種類の不可能がありうるのか――という問題を立てる。アルゼンチンのホルヘ・ルイス・ボルヘス（一八九九～一九八六）という、逆説愛好家にはたまらない作品を書く作家は、いくつもの短編小説の中でそのような問題を多く探究している。「トレーン、ウクバール、オルビス・テルティウス」という作品〔『伝奇集』に収録〕では、よその世界からのものとされ、一団の学者による手の込んだでっちあげとして作られた百科事典のことを書いている。その学者たちは、自分たちが作った架空の世界の逆説まで思い描いている。「トレーン」の思考はあまりに矛盾しており、その逆説はわれわれにとってはあたりまえのことなのだ。トレーン最大の逆説は、「九個の銅貨」という逆説である。

火曜日、Xは人気のない通りを横切って九つの銅貨を失う。木曜日、Yがその通りで、水曜日の雨に打たれて少々錆びた四つの銅貨を見つける。金曜日、Zがその通りで三つの銅貨を見つける。金曜の朝、Xは自分の家の廊下で二つの銅貨を見つける。……トレーンの言語はその性質からして、この逆説の表現に抵抗する。ほとんどの人はそれを理解できない。最初、常識を擁護する人々は、その逸話の真実性を否定するだけだった。それは言葉の上でのごまかしだと言うのだ。それは一般に通用せず、厳格な思想とはいっさい無縁の新語を二つ作って、それをでたらめに使うことに基づいている。すなわち「見つける」という語と「失う」という語には誤まった推理が伴っているという。なぜならば、それらは最初の九つの硬貨と次に見つかった硬貨とが同一であることを前提しているからというわけだ。常識派は、いかなる名詞にも——たとえば人、金、木曜日、水曜日、雨——比喩的な価値しかないことをあらためて確認した。「水曜日の雨に打たれて少々錆びた」は、それを言うのにはごまかしがあるという理由で否定される。つまり、実証しなければならないこと、すなわち火曜から木曜まで四つの貨幣が続けて存在したことを仮定しているのだ。常識派は、等しいことと同一性とは別であると説明し、一種の間接証明法をとり、九人の男が、九夜続けて激痛に悩まされるという仮説を立て、その苦痛がいつも同じだと主張するのはおかしいではないかと問う〔等しいことが同一なら、九つの硬貨も実は一つということになるではないかということ〕。……驚くべきことに、これらの反論も決定的にはならなかった……

トレーンの思考法にとっては、「九つの銅貨」には、完全に説明しきれない真の逆説の性質がある。われわれの逆説が別世界の住民にとっては平凡なことに見えるかと考えてみるのも面白いだろう。逆説は「すべてわれわれの頭の中」にあるのだろうか。それとも論理の普遍的構造に組み込まれているのだろうか。

地図としての科学

本書は逆説を扱うものである。われわれがものごとをどう知るかを明らかにする逆説である。一見すると、この宇宙がどういうものか知るというのは不条理である。ペンフィールドの実験は、記憶は記憶痕跡《エングラム》という、脳の中の特定の場所を占めることを明らかにした。先住民の首長クレイジー・ホースや霜やタスマニアについて知るということは、脳のどこかにクレイジー・ホースや霜やタスマニアを表すものができるということである。これらの脳の部位はあちこち移動したり、相互浸透していることもあり、記憶が蓄えられ想起される筋書きは、おそらく今日想像できるよりもはるかに複雑だろう。それは認めるとしても、先の記憶痕跡は無限に小さいわけではない。クレイジー・ホースの心像は脳のある記憶容量を占め、そこは他のものが同時に占めることはできない。

素朴に考えれば、脳は外の世界にある事物の縮尺モデルを含んでいるように思い浮かべるかもしれない。こうしたモデルは細部が脱落せざるをえない。宇宙が自分の頭よりもはるかに大きいという事実からして、万物にわたる知識には到達しえないことになる。人間の脳に、世界にあるすべての表象が収まることはありえない。

われわれの脳が実際に機能しているように機能しているということは、それが保持するものについてえり好みをしていることを示している。世界の複合度を圧縮する第一の道具は一般化である。われわれの脳はこれをいろいろな水準で行なっている。科学は一般化を通じて単純化する意識的で集合的な方法である。広大な宇宙をわれわれの小さな脳に収納する手段である。

科学はおぼえやすくする工夫である。起きたことを枝から落ちたリンゴひとつひとつに至るまで、細大漏らさず記憶するのではなく、重力の法則をおぼえるのである。それは外の世界の地図である。どんな地図でも、細部は省略される。道路地図からは、高速道路、海岸線、国境など、地図の利用者にはもっと重要と思われる地形を優先して、小さな集落、樹木、家屋、石などは落とされる。科学者も同様の判断をしなければならない。

科学はとりとめのない情報の目録にはとどまらない。そこには情報収集だけでなく、情報の理解も含まれていなければならない。理解とは何だろう。意外なことに、この哲学の問題には、予備的とはいえ、かなり精密な答えがつけられる。

逆説と充足可能性

未知のことを記述するより、そのまわりに境界を引く方が易しいことが多い。一八〇三年に仏領ルイジアナを購入したジェファーソン大統領は、ルイジアナ地区の中に何があるかは知らなかった。知っていたのはその境界だけである。情報の総体を理解するために、それが意味することを記述する際、この手法をとるのは便利である。

ぎりぎりの最小限をとれば、理解は内部の矛盾、つまり逆説を検出できるということである。陳述の集合が自己矛盾しているかどうかもわからないとすれば、その陳述を本当に理解しているとは言えない。陳述について考え抜いたわけではないということだ。ぼんやりしている生徒がうっかりひっかかるのではないかと思って、講義の中に矛盾したことを紛れ込ませる嫌味な先生を考えてみよう。

「それは正しくないんでしょうか?」

「えっとぉ、正しいです」

「なるほど。私の言っていることをきちんと聞いてなかったということですね」

矛盾を明らかにすれば、それだけで理解したことになるわけではない。それではすまないところがもっとたくさんある。しかし必要な条件にはなる。前提の集合の中に矛盾があることを明らかにすれば、逆説の作者は、われわれが自分で思っているほど理解しているわけではないことを示すことになる。

論理学では、逆説を検出するという抽象的な問題は、**充足可能性**と呼ばれる（これをはじめとして、論理学の問題に関係することは、本書では太字で記すことにする）。一群の前提が与えられると、**充足可能性**は「この陳述は必ず矛盾するか」と問う。言い方を変えれば、「これらの前提がすべて正しい世界はありうるか」という問いだ。

充足可能性は、論理的な抽象物を扱い、必ずしも現実世界の真理とはかぎらない。次の二つの前提を考えよう。

1　すべての牛は紫である。
2　スペイン国王は牛である。

どちらの陳述も間違いだと思うのが当然の反応だろう。しかし逆説がなければ間違っていることはありえない。少なくとも、どちらの陳述も正しい世界を想像することはできる。論理学者は、陳述が何らかの可能性の世界で——この世界でなくても——正しいときには、その陳述は「充足可能」であると言う。

以下では状況が違う。

1　すべての牛は紫である。
2　スペイン国王は牛である。
3　スペイン国王は緑である。

どんな可能性の世界でも、これら三つの陳述が同時に正しいということはありえない（紫とか緑とかの色は排他的であるとする）。ここには逆説がある。三つの陳述は充足不可能と言われる。

陳述が一個だけでは矛盾していると言われないことに注目しよう。陳述を一つ示せば、ありうる事態を得ることができるだろう。逆説は三つの陳述のからみあい方にある。

この奇妙な事態は途方もなく重大であることがわかる。どこで逆説になるのかが特定できないので、**充足可能性**は一般にきわめて難しい。それは実は難しいことで有名で、難問のお手本である。前提の数が増えると、ありうる矛盾を探して調べるのに必要な時間が増える。増え方は大きくて、必要な前提が百やそれ以上になる多くの**充足可能性**問題は、現実的な意味では解けないかもしれない。これらの問題が現存する最速のコンピュータに委ねられても、実際には、それを解くのに永遠の時間がかかるということだ。

逆説は比喩として利用できる。理解力の限界にしるしをつける方法である。科学は無数の事実を説明する単純な一般論を見つけようとする。自分が知識や信条の総体の中に歴然たる矛盾を検出することさえできないなら、その総体を理解することはできないだろう。**充足可能性**の難しさは、一般論で経験的情報を「圧縮する」ことがどれほど難しいかを示す、その大まかな尺度である。**充足可能性**は、情報を獲得してそこから結論を導くことの難しさについて、大まかに範囲を決めている。

普遍的な問題

一九七〇年代の初期には、数理論理学で驚くべき発見があった。コンピュータ学者のスティーヴン・クック（一九七一）とリチャード・カープ（一九七二）の二本の独創的論文で、多くの種類の抽象的な論理学の問題は、実は同じ問題が姿を変えたものだということが明らかになった。それはすべて**充足可能性**、つまり逆説を認識するという問題と等価なのである。

充足可能性と等価な問題群は、「NP完全」と呼ばれる（今のところこの名称については気にしないでおこう）。NP完全問題の驚くべきは、それが互いに全然似ていない（ように見える）ところである。カープの論文は二十一のNP完全問題を挙げている。そこには「巡回セールスマン」問題（昔からの数学の難問）、「ハミルトン回路」問題（十九世紀に流行した、ルービック・キューブの先駆けのようなパズルに基づく）などが含まれている。何年もたつうちに、NP完全であることがわかった問題の一覧は膨大な大きさになっている。

迷路の出口を探し、暗号を解読し、クロスワードを完成させる問題はNP完全である。NP完全問題には、古典的な論理パズルや頭の体操の多くを一般化したものが含まれている。近年ならマーティン・ガードナーやレイモンド・スマリヤンの名が浮かび、それ以前にもサム・ロイド、ルイス・キャロル、ヘンリー・アーネスト・デュードニーをはじめ、多くの有名無名の人々が出してきた論理ゲームの類である。こうした様々な問題が基本的に同じであるということは、まったくの予想外だった。クックとカープの発見を、万物は原子から成ることの発見になぞらえても、あながち大げさなことではない。この世のわかりにくい問題の多くは、深遠なものも浅薄なものも、同じような中身でできている。NP完全というのは、宇宙的なクイズなのだ。有限の頭では、指数関数的に膨大になる可能性のある宇宙を調べつくすことはできない——それを表す例題《パラダイム》である。

すべてのNP完全問題が実は同じ問題である。論理学者がそう言うときに意味しているのは、どんなNP完全問題でも、それに対する有効な一般的な解法は、他のすべての問題が解けるような形に変形できるということだ。ひとつのNP完全問題が解ければ、他のすべての問題も、綿あめが雨に打たれたように融けてしまうだろう。

世界中の有名な宝物庫が同じ鍵で開くことがわかったようなものだ——その鍵が存在するならば。任意の／すべてのNP完全問題への有効な解法があるのだろうか。これは今日の数理論理学で解決のついていない最も奥深い問題のひとつである。

したがって、逆説は古代人が思っていたよりもずっと深く普遍的な概念である。奇妙なことではなく、科学哲学の大黒柱である。逆説は魅力的であり、つきまとって離れない。論理がトランプの家のように崩れるのを見るのには、倒錯した喜びがある。確証理論と認識論の有名な逆説はすべて、ある程度は知的ゲームを意図して考えられた。専門家ではない人が、これほどその領域の本当の味を試し、それで楽しめるという分野は他にはそうはない。われわれはいかにして知るか——帰納と演繹、曖昧さと確実性の相互作用——が、逆説のたどるべき主題である。

2

帰納——ヘンペルのレイヴン

確証《コンファーメーション》に関する現代の逆説で最も有名なものが、一九四六年、ドイツ生まれのアメリカの哲学者、カール・G・ヘンペルによって提起された。ヘンペルの「からす《レイヴン》の逆説」は帰納、つまり一般論を引き出すことに関するものである。科学は料理本に記された手順のような科学的方法に解消されると思っている人々にとっては、意地悪な反論である。

ヘンペルは、「すべてのレイヴンは黒い」という仮説の真偽を確かめようとしているバードウォッチャーのことを想像した。[1] この説をテストする従来からの方法は、レイヴンを探し出してその色を調べることである。黒いレイヴンが見つかれば、説を確認《コンファーム》する（この説に沿った証拠となる）。逆に黒以外のレイヴンが一羽でも見つかれば、検討中の説を否定することになる。赤いレイヴンが一羽でも見つかれば、それ以上探す必要はない。仮説は間違いなのだ。

この点については誰もが一致する。この仮説を「すべての黒くない《ノン・ブラック》ものはレイヴンでない《ノン・レイヴン》ものである」と言い換えてもいいと宣言するところから、ヘンペルの逆説は始まる。論理学からすれば、この新しい命題は元の命題と完全に同値である。すべてのレイヴンが黒いなら、黒くないものは確かにレイヴンではありえない。この言い換えは「対偶」と呼ばれ、いかなる命題についても、その対偶は元の命題と同一の意味である。

「すべての黒くないものはレイヴンでないものである」は、ずっと真偽を確かめやすい。黒くないものを見て、それがレイヴンではないことがわかれば、言い換えた仮説は確認できる。どこかの荒野へ不気味なレイヴンを探しに行かなくても、レイヴンではない黒くないものを探せばすむ。

青いかけすがいた。黒くもないしレイヴンでもない。これは仮説の対偶版の確認例となる。ピンクのフラミンゴがいても、黄色のカナリヤがいても、緑のインコがいても、同じことだ。もちろん黒くないものが鳥である必要もない。紅鮭、金の指輪、芝生に置いた青い妖精の人形、この頁の白い紙、すべて仮説の確認になる。バードウォッチャーは、すべてのレイヴンが黒いことの証拠を求めにわざわざ安楽椅子から立ち上がることはない。今どこにいようと、目の前には「すべてのレイヴンは黒い」の確認例になるものでいっぱいだ。

ここまでくるとこれが馬鹿げているのは明らかだ。おかしなところはまだある。それを理解するために、こう言って逆説を退けたいと思ったとしよう。「わかった、確かに青いかけすも紅鮭も、「すべてのレイヴ

1　鳥類学的な注記。「レイヴン」は、ふつう、北半球では広く見られるワタリガラス（*Corvus corax*）という一個の種を指す。これはエドガー・アラン・ポーの「大がらす」という詩の鳥である。主に緑や紫や青の混じった光沢のある黒い色をしている。メキシコやアメリカの南西部には、チワワ・レイヴン（*Corvus cryptoleucus*）と呼ばれる少し小型の鳥がいる。この鳥も黒いが首のところが白く、首を曲げるとそれが見える。色素が欠乏した個体など、明らかに黒くないレイヴンに関する記述は見つけられなかったが、そのようなからすがいても驚きはしないだろう〔日本語でも、厳密に言えば、レイヴンは、「わたりがらす」と呼ばれ、日本でよく見られる「からす」と呼ばれる鳥は、英語ではクロウと呼ばれる別種である。ただレイヴンもクロウも総称としては「からす」で十分で、一般にその区別にこだわる必要はないのだが、本書では、後でクロウの方も出てくるので、訳文には、原則としてレイヴンという原語のカタカナ表記を用いることにする〕。

そういう鳥がいたとしても、ここでの議論には無関係である。この註以外では、レイヴンの色と言えばどこから見てもひとつに決まるものとし、黒以外の色をしたレイヴンは誰も見たことがないという前提で話を進める。

ンは黒い」をほんの少しだけ確認している。世界中の黒くないものを全部、一瞬にして調べられる魔法の妖精を呼び出して、その妖精がその黒くないものがどれひとつとしてレイヴンではないと見たとすれば、それは明らかに、黒くないレイヴンはいない——レイヴンはすべて黒い——ことの証明になる。紅鮭がこの仮説の確認例になりうるというのは、さほど信じがたいことではないのかもしれない……

こんな解決であまり喜ばないようにしよう。その同じ紅鮭は、「すべてのレイヴンは白い」の確認例にもなる。この命題の対偶は「すべての白くないものはレイヴンでないものである」であり、紅鮭は白くないものなので、その仮説の確認例となる。ひとつの観測結果が、相反する二つの仮説の確認例となることはありえない。そんな新奇な矛盾を認めたりしたら、何でも「証明」できてしまう。紅鮭がすべてのレイヴンの色が黒であることの確認例になり、すべてのレイヴンの色が白であることの確認例にもなる。ゆえに

黒は白である。証明終り。

まっとうな仮定から明々白々たる矛盾が出てきた。

科学者にとっては、ヘンペルの逆説は単なるパズルではすまない。どんな仮説にも対偶はあり、対偶を確認する事例は見つかりやすいことが多い。きっと何かがおかしいのだ。でも何が？

ヘンペルのレイヴンは、確証理論の危うさと混乱がうかがえるいい手がかりである。本書でこれから論じる予定の逆説はいろいろあるが、この逆説はほとんど解決ずみのものに属する。しかし答えを出す前に少し補強をして、この逆説の背景を論じておくのがいいだろう。

確証

できるだけ少ない言葉で言えば、確証《コンファーメーション》とは真と言えること探しである。それは科学の原動力であり、それ以上に、われわれの日常生活で行なっていることである。

確証を分析することは、ほとんどくしゃみを分析するに等しい。それが何かはわかっているが、たいてい自動的に行なわれるので、どうなっているのか正確には言いにくい。確証の逆説もおそらく、この無意識にこういうものと思われていることの共通の集合によるところが大きいだろう。この予断がわれわれを迷わすことがありうる。

高校のときにでも習ったかもしれないが、「科学的方法」というのがあって、それは大まかには次のような道筋をたどる。まず仮説——世界の仕組についての推測——を立てる。それからその仮説の真偽を観察や実験で確かめようとする。集める証拠は仮説の確認例になったりそれとは合致しなかったりする。高校で習うことにはよくあることだが、これは正しいものの、重要なことを言っていない。

いちばん有益な仮説は一般論である。ヘンペルの逆説は、ある常識の裏をかいている。ジャン・ニコという哲学者にちなんで「ニコの規準」と呼ばれるものである。黒いレイヴンを用いて言えば、この規準は(a)黒いレイヴンを見ると、「すべてのレイヴンは黒い」という一般論が成り立つ可能性が高まる。(b)黒くないレイヴンを見ると、命題は否定される。(c)黒いレイヴンでないものを見ても、黒くないレイヴンでないものを見ても、それは無関係である。黒いボウリングのボールや芝生に置いた青い妖精の人形も、レイヴンの色については何も言わない。ニコの基準はあらゆる科学の探究の背後にあり、それでまずいことがあるとすれば、確かに深刻な事態になる。

黒いレイヴンを目撃すれば、すべてのレイヴンは黒いという仮説に有利な証拠となるが、この仮説が正しいことの「証明」にはならない。一つ一つの観察では証明はできない。他の色のレイヴンがいないのに黒いレイヴンが目に入るというのは、すべてのレイヴンが黒いことの信用を高めるのである（それで十分に合理的だ）。

物質と反物質

宇宙にある惑星には、物質でできたものも反物質でできたものもあるとしよう（実際にそういう推測もされている）。物質と反物質は見たところはまったく同じである。遠くから星を望遠鏡で調べても、それを構成するのが物質なのか反物質なのかは区別できない。星の光も何も明かさない。光子はそれ自身の反物質であり、反物質星も通常の星と同じ光で輝いているからだ。違うのはただ、反物質が通常の物質に触れると――どっかん！　とてつもない爆発を起こして両方とも消滅する。

この不幸な事実のおかげで、異星人どうしの接触は危なくてしょうがなくなる。惑星Xからの宇宙船が惑星Yからの宇宙船とたまたま遭遇する。両者は互いに電波で通信する（電波も光子でできており、物質でも反物質でもない）。宇宙船に搭載されたコンピュータが異星人の言語を解読し、外交関係が樹立される。双方の宇宙船は接続して使節を交換することに合意する。最後の最後までことは順調に運ぶ。そして二つの宇宙船が接触すると、どっかんか、無事かいずれかで、それは惑星Xと惑星Yの組成によって決まる。一方が物質で他方が反物質なら、必ず両宇宙船はあとかたもなく吹き飛んでしまう（どちらも反物質なら、爆発はない）。

ある日、地球にいる天文学者が、接近しつつある宇宙船のものと思われる小さな二つの光の点を目撃したと報告する。その物体が宇宙船であると断言はできないが、過去の経験から、それぞれの光の点について、それが宇宙船である確率が三〇パーセントあり、ただの自然現象である可能性が七〇パーセントあると言うことはできる。やはり過去の経験から、近くまで接近する二隻の宇宙船は必ず接触することもわかっている。銀河にいる他の種族は物質／反物質の問題を知らず、手痛いめに遭っておぼえなければならないらしい。

そこで大きな問題が生じる。二つの点は爆発するかどうか。ラスベガスののみ屋たちが、消滅があるかどうかについての悪趣味な賭けを受け始める。のみ屋はこんな推理をする。宇宙にある惑星の三分の二は物質でできていて、三分の一は反物質でできている。光の点のそれぞれについて、どうでもいい自然現象である可能性が七〇パーセントずつある。したがって、物質でできた宇宙船である可能性は二〇パーセントであり、反物質宇宙船である可能性は一〇パーセントである。

二つの光点をA、Bと呼ぼう。消滅の生じ方には、二通りの正反対の場合がある。Aが普通の宇宙船でBが反宇宙船であるか、Aが反宇宙船でBが普通の宇宙船であるか、いずれかである。第一の場合である可能性は一〇パーセントの二〇パーセント、つまり二パーセントである。第二の場合である可能性は二〇パーセントの一〇パーセントで、やはり二パーセントである。消滅する可能性は、全部で二プラス二の四パーセントとなる。

のみ屋は客に、この確率の計算に基づいて払戻額を設定する。宇宙の山師がいて、地球に戻る途中、一兆回に一回あろうかという異例の偶然でAをかすめる。この山師はAが通常の物質でできた宇宙船であることを知っている（接触しても爆発しなかったから）。地球に戻ると、消滅があるかもしれないということで、ラスベガスがその賭けを受けていることを知る。

山師は自分の「内部情報」を利用してうまくやろうと思い、消滅に賭ける。山師には、Aは通常物質の宇宙船であることはわかっているが、他の人は、おそらく（七〇パーセントの確率で）ただの小惑星などの自然の物体だと思っている。Aが通常物質の宇宙船であることが前提なら、消滅の可能性が一〇パーセントある。相手のBが宇宙船でかつ反物質でできている確率がその値だからだ。のみ屋はその可能性を四パーセントと設定しているが、山師は自分のもっと完全な知識に基づいて、その確率を一〇パーセントに設定することができる。

結構。今度は別の山師がいて、Bとの間に同様の偶然を経験しているとして、それが通常の物質でできていることを知っているとしたらどうだろう。この第二の山師は、もちろん同じ推論を用いて、同じ結論に到達することができる。消滅が起きる可能性は四パーセントから一〇パーセントに高まる。しかし二人の情報を組み合わせれば、実は消滅の可能性は完全に消える。二人は、両方の宇宙船が地球と同じ通常の物質でできていて、消滅の可能性が正真正銘のゼロになることをはっきりさせたのである。

絶対の確証、段階的確証

二つの証拠（賭ける方が宇宙船と接触したこと）は、それぞれ消滅があるという仮説と合致する。観測結果はそれを否定するというのに。私はこれを逆説というよりもむしろ皮肉《アイロニー》と呼びたい。このような奇妙な事態の進展はありうるからだ。のみ屋の確率計算、山師の確率計算、二人の山師が体験したことを知っているわれわれの確率計算は、いずれもまっとうなものだ。この特異な状況は確証理論の人々が集中的に調べてきた。

奇妙なところは言葉の意味によるところもある。「確認する《コンファーム》」という動詞は二通りの使い方がある。日常の言葉では、この言葉はたいてい絶対的な意味で使われ、何かの片がついたことを意味する。疑問の余地なくはっきりしたということである。「社長はサンドラが昇給することを確認《コンファーム》した」と言えば、それまでどんな疑念があったとしても、今やサンドラが昇給することは、まず間違いなし、百パーセントだということである。

どんな実験でも仮説を百パーセント確認することはまずない。科学者と確証理論の人々は、「確認する」という言葉を段階的な意味で使う（「確認例となる」という訳語を当てたのもその意味）。段階的に何かを確認するとは、「それに沿う証拠を出す」とか、「それが正しい確率を高める」ということである。確率というのは、何かの一般論の確認は、必ず暫定的なものだからである。

かつて正しそうになかったこと、そして今も正しそうにない仮説を、段階的に確認することはできる。一般には、社長のいくつかの曖昧な発言がサンドラの給料が上がる可能性を十五パーセントないし十八パーセント高めたという意味で「社長はサンドラの昇給を確認した」とは言わないだろう。しかしその種の確認は、科学研究ではあたりまえのことである。

段階的確認は、宇宙船の消滅のような皮肉な状況ではあたりまえである。ひとりひとりの山師の情報は、低い消滅の確率（四パーセント）を大きくするが、なお可能性は低い（一〇パーセント）。全員の情報を合わせると、賭ける側の情報は可能性をゼロに下げる。可能性が高くなり、仮説が絶対的な意味で確認されるのに近くなると、この種のまぐれあたりは消えるとなれば、安心する。

このことは賭け率を少しいじってみることで証明できる。のみ屋に本当の事態に関するもっといい手がかりを与えて状況を設定しなおそう。それぞれの物体について、今度はそれが自然現象である率を一〇パーセント、通常物質の宇宙船である確率を八〇パーセント、反物質の宇宙船である確率を一〇パーセントとする。するとのみ屋は、消滅の可能性を(八〇パーセントのさらに一〇パーセント)プラス(一〇パーセントのさらに八〇パーセント)――つまり一六パーセントに設定しなければならない。賭ける方は、一方の物体が通常の物質の宇宙船であることを確かなこととして知ったとたん、消滅する可能性は一〇パーセントであることを計算できる(先ほどと同様)。この場合は、それぞれの山師の推定は、のみ屋の推定よりも低い。これは思ったとおりのことである。二人とものみ屋よりも多くのことを知っており、消滅する可能性は実はゼロだからだ。

反例

このことからわかるように、確証は話の半面にすぎない。証拠が仮説を否定し、仮説を確認しないこともある。科学哲学者、とくにサー・カール・ポパーは、反証の役割を強調する。

それはグラスに半分水が入っていると言うか、半分からだと言うかの問題だと思われるかもしれない。実は確認と反証とは非対称だ。一般論は、証明するより否定する方がずっと易しいということだ。

反例は、本則と言われているものに対する例外である。白いレイヴンは、すべてのレイヴンは黒いという仮説に対する反例となる。白いレイヴンは単に仮説が正しい可能性を下げるのではない。一挙に仮説が間違っていることを証明するのである。論理学者はモードゥス・トレンス、つまり後件否定と呼ぶ。

実際には状況はそれほど単純ではない。ネス湖の恐竜はいないという仮説には、多くの「反例」が出てきた。目撃例と言われるものがそれである。それでもたいていの科学者はネス湖の恐竜はいないと相変わらず信じている。反例と思われるものがすべて、それがなければ確認される仮説を同じ重みで否定するわけではないのは明らかだ。

現行の知識の最先端にある仮説をテストしようとすれば、多くの「補助」仮説も含めてテストしなければならない。補助仮説は主たる仮説が知識の一般総体に収まることについての背景となる前提である。顕微鏡や望遠鏡など、仮説をテストするのに必要な装置がどう機能するかなどのことだ。こうした補助仮説があるために、後件否定を手軽に使うわけにはいかないことが多い。

ウェズリー・サーモンは、似たような二つの反例が補助仮説と主仮説をそれぞれ否定することになる顕著な事例を挙げている。ニュートンの重力理論は惑星の将来の動き方についての予測を出す。十九世紀には、天王星の軌道についてのその予測が、わずかに、それでも確実に外れることがわかった。

そのずれは天王星よりも遠くに未知の惑星があるからかもしれないと考える天文学者がいた。一八四六年、この惑星（海王星）が見つかると、ニュートンの理論は疑いが晴れただけでなく、立場を強くした。海王星は、ニュートン理論に沿う新たな証拠となったのである。

同じ頃、水星の軌道にも異常が見つかった。天文学者はやはり、このずれを説明する惑星を水星のそばに見つけようとした。フランスのアマチュア天文学者D・レカルボーは、一八五九年、水星軌道の内側に惑星を見たと報告した。この惑星は本物と認められ、海王星を発見した一人であるユルバン＝ジャン・ルヴェリエによってヴァルカンと名づけられた。ところがその後の天文学者はこの惑星を見つけられず、間もなく誤りという烙印を押された。水星は相変わらず予測される軌道から離れている。ずれはでたらめに生じているのではなく、規則的で、ケプラーの法則（ニュートンの重力の上に成り立つもの）が予測したものとも明らかに違うらしい。

この場合、ずれは結局、ニュートンの重力理論が誤っていることの証拠だと認められた。水星の軌道のずれは、アインシュタインの一般相対性理論を確認する最初期の例となった。

海王星とヴァルカンの物語は、反例の二つの特徴を明らかにしている。まず、反例は仮説本体よりも補助仮説を否定することがある。どちらがまずいのかを突き止めるのが大事である。たいていはこんなに推測の余地がたっぷりあるので、お手軽な反証はめったにないのである。第二に、理論が捨てられるとき、元の理論と同じ予測をするより広い理論にとって有利になる。太陽系の典型的な状況のもとでは、アインシュタインの一般相対性理論は、もっと単純なニュートンの理論による予測とほとんど同じ重力の影響を予測する。違いが目立つようになるのは、非常に強力な重力場にあるときだけである。惑星については、太陽にいちばん近い水星が、その相対論的な影響をいちばん受けることになる。その水星なればこそ、ニュートンの法則と合わないように見えるのだ。

怪しい理論

新しい理論は、それが取って代わる相手の理論がうまく予測したことを説明しなければならないだけではない。新しい、異なる予想を独自に出さなければならない。カール・ポパーの用語で言えば、新しい理論は「経験的内容《エンピリカル・コンテント》」が大きくなっていなければならない。旧理論よりも多くの経験領域で、テストできる予想を余計に出さなければならない。

新理論はありうる反駁に開かれている程度が高くなければならない。逆ではない。ある理論が怪しい《クランク》と言える決め手がひとつあるとすれば、その理論がそれ自身を修正して反駁を制約するという点だ。まっとうな仮説は反証される可能性が残っている。満月の夜には必ず夜更けごろ、ミラー館に現れる幽霊がいるとする。この種の仮説は、それを支持する妥当な証拠が何かあるなら注目されてしかるべきだろう。たとえば少数でも信頼できる目撃者の証言などである。しかし反駁を制約する幽霊話の方がずっと多い。幽霊は現れる。ただし疑い深い人がいなければ。

この制約は、仮説が第一段階のテストに合格しなかったことを示す。盛んにそれを用いるのは、真偽にかかわらず信じたいと思っている人々である。誰も最初から次のようなことを信じていたわけではない。

- チャネラーは、歴史的データが調べられるとは思えない（当時の王の妻の名など）、変わった前世の記憶をもっている。
- UFOは「既成勢力」からは信じてもらえない人々を選んで誘拐しているので、エイリアンの存在はいつまでも知られない。
- 雪男の遺骸は極端な速さで分解するので、遺骨は見つからない（あるいは人類と同様、死者をきちんと埋葬するのかもしれない）。
- 星（占星術の）は、運命を、そうなるよう駆り立てるが、無理強いはしない。

確認が実現しない事態になると、こうした補足説明が積み重ねられる。それで自動的に修正された仮説が間違っていることにはならないが、とても有望とは言えない。反駁を制約するように修正する過程があまり続くと、ポパーが否定的な意味で「反駁不能」と呼ぶ類の仮説になってしまう。反駁できないならよさそうに思えるかもしれないが、それが意味するところを考えよう。間違っていることを証明しえない仮説である——あたりさわりがなさすぎて、どんな観測もそれと矛盾することがないのだ。この種の仮説は、実は何も言っていないのである。

「超能力は存在するが、あまりに条件がきつすぎるので、どんなに優れた超能力者でも、対照実験では偶然と見なされるレベルを超えることがないのかもしれない」という命題――超能力を擁護する人々が言ってきたことは要するにそういうことだ――は、反駁のしようがない。それなら「超能力が存在しないとして、何か違いはあるのでしょうか」と訊きたくなってしまう。

なぜ科学者は、根拠が乏しい仮説をわざわざ疑うことができないのだろう。主な理由は、一定のデータ群を説明するためにはいくつもの仮説が考えられるということだ。「わかりました。実験で超能力がないとは言えないので（これは正しい）、それは存在します」と言うとしたら、同様に反駁できない仮説をいくらでも認めなければならなくなるだろう。結局、科学者が確認できる仮説のみを受け入れるように仕向けるのは、単純さを求める気持ちである。実際ポパーは、科学の目標は新しいデータを使ってできるだけ多くの仮説を排除しようとすることであるべきだと言っている。

対偶

確認の基礎を得た上で、この補強した視点でヘンペルの逆説に目を転じよう。この逆説のことを初めて聞いた人はたいてい、まず対偶をめぐる扱いを気にする。「黒くないもの」や「レイヴンでないもの」というのは、いかにも不恰好な作為だ。「黒くないものはすべてレイヴンでないものである」というのは本当に「すべてのレイヴンは黒い」と同値なのだろうか。同値でないとすれば、逆説もない。

両者は論理的に同値であることを理解するいい方法がある。われわれの人間としての不完全な知り方は忘れよう。どんな事実でも、すべての具体的《スペシフィック》な事実を確認できる妖精が使えるとしてみよう。言い換えれば、この妖精はヒュームの「事実問題」――何らかの観測による、直接に感覚される結果で、解釈も補完も注釈も入らないもの――なら何でも判定できるということだ。

やはりヒュームと同様、この妖精は一般論は全然わからないという。「すべてのレイヴンは黒い」のような命題が正しいかどうかを知りたいと思っても、妖精に対しては、個々の観測結果の集積として説明しなければならない。ヘンペルの仮説が正しいか間違っているか判定するためにすべきことを正確に伝えなければならない。

「すべてのレイヴンは黒い」が結局のところ正しいのか間違っているのかにとっては、黒いレイヴンを観察しても、ほとんどどうでもいいというのは、意外に思えるかもしれない。これは先の議論と明らかに矛盾するが、今は妖精の話であって、人間の話ではないことを忘れないでおこう。妖精は、命題のすべてをつくした最終的な真偽を判定しようとしているのであって、ただそれを支持する証拠を見つけようというのではない。黒いレイヴンをいくら見ても、命題を証明することも反証することもできない。

妖精が黒いレイヴンを見つけたとしよう。それはすべてのレイヴンが黒いことを証明することになるだろうか。もちろんそんなことはない。妖精が百万羽の黒いレイヴンを見たとしよう。それで証明になるだろうか。ならない。他の色のレイヴンがいる可能性はまだある。「すべてのスワンは白い」という命題は、手に入るかぎりの証拠で支持されていた――オーストラリアが発見されるまでは。オーストラリアには黒いスワンがいたのだ。

宇宙は無限で、地球に似た惑星も無限にあるとしよう。地球に似ているので、そこには黒いレイヴンもいて、そのため妖精は無限の黒いレイヴンを見ることができる。それで証明になるだろうか。そんなことはない。同じ理由である。ここまでくると、妖精は文句をつけてきてもおかしくない。黒いレイヴンをいくら見つけても、何の決着もつかないのは明らかだ。黒いレイヴンを追うのはきりのない話である。

そう考えると、問題のとっかかりが黒くないレイヴンにあることがわかるだろう。ヘンペルの命題が間違いでありうるとしたら、どこかに黒くないレイヴンがいる場合だけだ。最終的に真偽を判定するためには、妖精は黒くないレイヴンを探さなければならないのだ。ひとつでも見つかれば、陳述はそれっきり間違いということになる。宇宙全体——黒くないレイヴンがいる可能性があるところすべて——を探して見つからなければ、ヘンペルの命題は疑問の余地なく正しいことになる。

言葉の使い方として言えば、「すべてのレイヴンは黒い」とは黒いレイヴンのことを言っているように見える。しかし妖精に伝えるために操作的な定義に置き換える場合には、それが言っていることは「黒くないレイヴンはいない」ということだ。

さて、妖精に対偶命題「すべての黒くないものはレイヴンでないものである」の真偽を確かめさせよう。これもまたつかみどころのない一般論で、妖精には理解できない。そこでこんなふうに説明する。『すべての黒くないものはレイヴンでないものである』が間違っているとしたら、黒くないレイヴンが一羽でもいる場合だけである。これが正しいとしたら、黒くないレイヴンがどこにも存在しない場合だけだ」

これはまさに元の陳述の場合と同じ説明である。「すべてのレイヴンは黒い」を証明あるいは否定するためにしなければならないことは、「すべての黒くないものはレイヴンでないものである」を証明あるいは否定するためにしなければならないことと同一である。これは二つの陳述が同値であると断じるための強力な根拠である。

少し違うところがあると反論されるかもしれない。「すべてのレイヴンは黒い」が真であることは、一羽でも黒いレイヴンがいるということを意味するのではないか（「すべての黒くないものはレイヴンでないものである」は、黒いレイヴンが一羽もいなくても成り立つ）。

「すべてのケンタウロスは緑である」という仮説を取り上げよう。妖精は緑ではないケンタウロスを探すが見つからないので、命題は正しいと報告する。もちろん、何色だろうとケンタウロスはいない。それなのに命題は正しいというのも妙ではないか。

この論点も言葉の意味の問題である。論理学者は「すべてのケンタウロスは緑である」とか、「Xがケンタウロスであれば、Xは緑である」のような陳述を許容する。いろいろな理由から、その方が便利なのだ。そこで論理学者にとっては、命題とその対偶との間にはいかなる違いもない。

これに同意せず、あくまでも命題が真であるためにはひとつでも緑のケンタウロスがいなければならないと言い張ることはできる。そうすれば、ヘンペルの元の仮説と対偶との間にわずかな非対称性をつけることになる。元の陳述については、命題が真であると報告する前に、少なくとも一羽の黒いレイヴンを必ず見つけるよう指示することになる。対偶については、妖精は黒くないレイヴンでないもの（紅鮭など）を見つけなければならない。これで命題が基本的に同値であることを大きく変えるとは思えない。黒いレイヴンあるいは紅鮭を見つけなければならないというのは形式にすぎない。いずれの場合でも、妖精の実際の任務は黒くないレイヴンはいないことをはっきりさせることである。

絶対ないとは絶対言うな

「否定仮説」とは、何かが存在しないことを言う仮説である。否定仮説を証明するのはきわめて難しい（絶対ないとは絶対言うな）。妖精は、黒くないレイヴンが存在しうるところすべてを調べ、それでそんなものはないことを証明するかもしれない。われわれ人間にとっては話が違う。

レイヴン探しの調査隊を編成し、多くの黒いレイヴンが見つかるが、黒くないレイヴンは全然見つからない。結局、仕事そのものに嫌気がさしてくる。仲間は黒くないレイヴンなど決して見つからないと言う。

打ち切って探すのをやめていいと言えるのはいつか。

実践的な問題としては、確かにどこかでやめることになる。その後は自信をもって黒くないレイヴンはいないと思うだろう。それでもこれでは論理的な厳密さですべてのレイヴンは黒いことを証明することにはならない。そのためには、レイヴンがいてもおかしくないところを宇宙じゅう調べて確かめなければならないことになる。それは明らかに妥当な要求ではない。

哲学者は無限回の行動が必要な手順を表す言葉を持っている。「超作業《スーパータスク》」である。何かを確かなことだと言うために無限回の行動が必要なら、それは知りようがないということだと考える哲学者もいる。マイケル・ダメットはこんな例を挙げている。「北極点に町は決して築かれないだろう」。この真偽を確かめるためには、タイムマシンに乗って、目的地をしかじかの年に設定し、その年へ行って、北極点に町があるかどうかを見なければならない。なければ別の年に設定して、また同じことを繰り返す。決められた時点において北極点に町が存在するかどうかなら知りうるだろうが、そのうち町が築かれるかどうかを知るとなると、やはり話が違う。それを知るには無限個の事実が必要で、無限回の調査が必要だ。

宇宙が無限なら、「黒くないレイヴンはいない」も無限回の観察が必要な命題ということになる。妖精なら経験的に超作業をすることはできるだろうが、われわれにはできない。実はこれこそが、黒くないレイヴンが見つからないことではなく、黒いレイヴンの目撃例から確かめなければならない理由である。黒いレイヴンを見た数は、実際には反例探しではあっても、「得点をあげる」ことになる。黒いレイヴンを見て黒くないレイヴンを見ないことが続けば、黒くないレイヴンはいないことに自信を感じるようになっていく。ニコの規準は、確認の過程では、黒くないレイヴンでないものよりも、黒いレイヴンの方が、得点をあげるにはいい方法だと言っているのである。ヘンペルの逆説を解決するためには、どうしてそうなのかをはっきりさせなければならない。

意識の流れ

別の方針を考えてみよう。「レイヴンでないもの」とか「黒くないもの」といった類別は不自然だ。たいていの場合、「もの」はレイヴンだとか鮭だとかナイフだというふうにまず意識する。対象を「レイヴンではないもの」とか「鮭でないもの」とか「ナイフではないもの」という受け止め方はしないのが普通だ。人の実際の考え方にかかわるのは、ヘンペルの最初の表現（「すべてのレイヴンは黒い」）の方だけである。

人の思考の流れは、形が異なる二つの仮説についてはまったく違っている。人がレイヴンを見るとき、その思考はたいてい、こんなふうになる。

(a) あ、レイヴンがいる。
(b) こいつは黒い。
(c)「すべてのレイヴンは黒い」という命題の確認例だ。

ヘンペルの仮説に紅鮭を結びつけるには、遠回りした意識の流れが必要だ。

(a) 鮭がある。
(b) 赤い。

(c) 待てよ、レイヴンの逆説はどうなる？　こいつは「黒くないもの」だ。
(d) ……それにレイヴンでもない。
(e) だからこれは「すべての黒くないものはレイヴンではないものである」の確認例になる。
(f) これは「すべてのレイヴンは黒い」と同じことだ。

元の形のときの(a)と(b)の間――対象がレイヴンだとわかった直後、しかしまだその色は考えていないとき――には、仮説はどうなるかわからない。そのほんの何分の一秒かの間、レイヴンは他の色で、命題を反証する可能性もあった。後の方の「すべての黒くないものはレイヴンではないものである」は、全然危うくはならない。(c)に達するときには、すでに対象が赤いということはわかっているし（それが赤いことを知って黒くないものであると演繹している）、それが鮭であることも知っている（それも前からわかっていただろう）。

なぜ「レイヴン」は理に適ったカテゴリーで、「レイヴンではないもの」はそうではないのか。レイヴンはいろいろな属性を共有しているが、「レイヴンではないもの」は、あてはまらないものなら何でも表す何にでも言える言葉である。「レイヴン」は図で、「レイヴンではないもの」は地である。自分の描く題材とは見えないものをすべて彫り出して除いた彫刻家という冗談のようなものだ。彫刻家はそうは考えないし、科学者もそんな考え方はしない。

両カテゴリーの間には、途方もない数の不均衡もある。元の考えに、もう一つ注文をつけてみよう。逆説は、レイヴンと黒くないものとの相対的な個数に関係するということだ。

無限小分の確認

ヘンペルの推論は、調査すべき対象の数が明らかに有限なら、必ずしも逆説にはならない。宇宙に存在するものが七つの封印された箱だけだとしよう。そのうち五つの箱には黒いレイヴンがいる。一つには白いレイヴンがいる。残った一つには緑の姫りんご《クラブ・アップル》があるが、それは知らされていない。すると、ひとつの箱を開いて姫りんごがあれば、「すべてのレイヴンは黒い」の確認例だと思っていいかもしれない。実際には、仮説を証明するか反駁するか、いちばん速い方法は、黒くないものをすべて調べることだろう。黒くないものの箱は二つで、レイヴンの箱は六つである。もちろん、このモデルは人為的で、調べるものの数について、あらかじめ知っていることが前提になる。そのことがわかることはまずない。少なくとも調べ始めるときにはわからないだろう。

もっと普通なのは、対偶ではなく本題の仮説が、有限であることがわかる対象の集合について語っている場合である。「すべてのレイヴンは黒い」ことを確定するために必要な時間、手間、費用は、レイヴンの数（あるいは黒くないものの数）による。コーネル鳥類研究所のR・トッド・エングストロームによれば、世界中にいる普通のレイヴンの数は、五十万あたりらしい。黒くないものの数となるともっと厄介だ。こちらは天文学的数字になる。

ある日、ネス湖の恐竜がいることが発見される。恐竜は一頭だけだ。ソナーで他にはいないことがはっきりした。「ネス湖の恐竜はすべて緑だ」という仮説をテストしたい。潜水艇に乗って恐竜に近づき、サーチライトを点け、舷窓から外を見る。恐竜は緑だ。ネス湖の恐竜は他にいないのだから、「ネス湖の恐竜はすべて緑である」はこれによって証明される。

ここでは一回の仮説のテストが大きくものを言う。緑でない恐竜が仮説を反証する機会は一度だけである。対偶を取るのは、先のレイヴンの場合よりももっと馬鹿げているようだ。対偶は「緑でないものはすべてネス湖の恐竜ではないものである」となる。あちこち調べ回って世界中の緑でないものに番号を振るとしよう。緑でないものの四二九九万とんで二七六番は、芝生にある青い妖精の人形である。これはネス湖の恐竜ではないものか。その通り。これは仮説を支持する……

　これはとんでもなく冗長なやり方だ。ネス湖の恐竜が一頭だけであり、したがって、ありうる反例も一つだけであることを考えれば、勝手に選んだ緑でないもの四二九九万とんで二七六番が仮説を反証する可能性は、Nを緑でないものの個数として、$1/N$しかない。観測できる宇宙には、10^{80}ほどの原子がある（これは数字を並べて書くと1の後にゼロが八十個続く数である）。緑でないものは少なくともそれだけある。数のような抽象的な事物にしても、立派に緑でないものだと言うことさえできる。こうなると個数は無限大になる。

　この推論は、ヘンペルが一九四〇年代に行なった最初の考えでも先取りされており、非常に魅力的だ。もしかすると紅鮭は「すべてのレイヴンは黒い」の確認例なのかもしれない――ただ、黒くないものは無数にあるので、無限小分だけ確認している。単純にレイヴンの色を確かめる方が、この仮説を確認する方法としては能率がいいだけだ。この方向で、哲学者のニコラス・レッシャーは、統計学的に意味のあるほどレイヴンと黒くないもののサンプルを調べるコストを推定した。レッシャーの推定では、レイヴンについては一万と百ドル、黒くないものについては二十京《けい》ドルとなった。

　紅鮭が「すべてのレイヴンは黒い」にとっても、「すべてのレイヴンは白い」にとっても、確認例となりうるというジレンマが残る。それを無限小の数学のようなものと思い浮かべてみてもいいだろう。紅鮭が「すべてのレイヴンは黒い」を確認するとしても、無限大分の一程度である。分母の「無限大」は、黒くないものが無限にあることを指している。紅鮭もその一つである。紅鮭は白くないものでもあるので、それは「すべてのからすは白い」も同じ無限大分の一だけ確認する。一割る無限大は無限小と呼ばれる。ゼロよりは大きいが、いかなる通常の分数よりも小さい。

無限小分の確認で、矛盾はわかりやすくなるだろうか。紅鮭は「すべてのレイヴンは黒い」にとっても、「すべてのレイヴンは白い」にとっても確認例となるが、ただ無限小分だけと言えばいいのだろうか。ささやかな真実でも、真は真である。小さな嘘でも嘘は嘘である。無限小の程度とはいえ、矛盾は矛盾である。そこから脱出する道は、どちらの場合の確認も、確認の度合いはゼロであることを認めることしかない——常識が求める通りのことである。するとなぜ、仮説を確認する例は、その対偶を確認する例とはならないのか。

九九フィートの男の逆説

逆説をひとつ解決すると、別の逆説も解決することがある。ポール・バーネットの九九フィートの男という逆説も、ニコの規準が誤りやすいことの証明となる。「すべての人類の身長は一〇〇フィート〔三〇メートル四八センチ〕未満であるという、もっともなことを信じることにしてみよう。これまで見てきた人はみな、この仮説を確認する例である。ある日、見せ物へ行って、身長九九フィートの男を見たとする。きっと見せ物小屋を出るときは、すべての人の身長が一〇〇フィート未満であることへの信頼度は少し下がっているだろう。なぜか。身長が九九フィートなら、仮説の確認例だというのに。

これが逆説となるゆえんは二つある。まず、われわれはいつも言いたいと思っていることをその通りに言っているわけではない。ときには使っている言葉では、頭の中にある（しばしば曖昧な）仮説を不完全にしか表せないこともある。

ことによると言いたかったことは、人類がとてつもない身長に達することはないということかもしれない。平均身長を一桁も上回るような身長ということだ。一〇〇フィートという正確な値はどうでもいい。明らかに問題外だと思われる身長の例として何となく出されただけだったのだ。

メートル法を使っているなら、「すべての人類の身長は三〇メートル未満である」と言ってもよかった。三〇メートルは九八・四三フィートで、九九フィートとなると、三〇メートル仮説については反証となる。九九フィートの男というのは、「すべての人類の身長は一〇〇フィート未満である」で言いたいことには、いくぶんか違反しているように思うものだ。条文の規定どおりではあっても、法の意図には反しているようなものである。

逆説と思うゆえんにはもうひとつある。この仮説を友人との間での賭けの材料にするとしよう。一〇〇フィート以上の人間が出てきたら、こちらの負けで、友人に超一流レストランで食事をおごらなければならない。仮説は知的好奇心から出ているものではなく、ただ賭けの形式を整えるためだけのものだ。賭けの正確な条件だけが大事なのである。九九フィートの男は惜しいが外れである。九九フィートの男で賭けが負けになる恐れはまったくない。

それでも九九フィートの男は仮説が正しい可能性を傷つけると感じることにはなるだろう。人間の成長とばらつきに関する多くの事実から、九九フィートの男がいるということは、一〇〇フィートの人がいる可能性が高まるという推論を可能にすることはわかるからだ。人類のほとんどすべての属性は、いずれ再現される(上回ることさえある)。九九フィートの男が明らかにしているのは、人間が身長一〇〇フィートあたりに達することが、遺伝的にも生理的にもありうるということである。

そこで、どうでもいい情報をつかまされることなく仮説をテストする方法を見つけるとしよう。五番街のいちばん人通りの多い所の歩道に、通行する人をすべてチェックするセンサーを設置する。歩道のセンサーの一〇〇フィート上方に、電気の目がある。誰かがセンサーをまたぐと、電気の目が、高さ一〇〇フィートのところを通るビームを背の高い歩行者が遮断したかどうかを調べる。記録装置が歩行者すべてをチェックし、一〇〇フィートを超える歩行者が通ったかどうかを監視する。

メーターを調べて結果を見る。表示は0/310, 628となっている――三一万と六二八人の通行人が通過し、そのうち一〇〇フィートを超える人はゼロ人だったということである。三一万と六二八人の通行人のそれぞれが、仮説を確認する例となる。それぞれがまったく同じ程度に仮説を確認する。わかっていることは、誰もが一〇〇フィートよりも低いということだけなのに、ある人は別の人よりもよけいに確認になると言えば、馬鹿げたことだろう。

九九フィートの男が五番街を通っていて、カウントされた一人だったとしても、そのことを知らなければ、他の人と同様に仮説を確認する例に入っている。その人のおかげで、メーターの表示は0/310,627ではなく、0/310, 628となったのであり、この仮説についての信頼が少しでも増すのである。

明らかに、単純な確認例を実際には合わない例に変えてしまうのは、余分の情報である（その人が身長九九フィートだったことと、人間のうちに入るものについて知っていること）。

哲学者のルドルフ・カルナップは、「証拠全体《トータル・エヴィデンス》」による判断の必要性があると説いた。帰納的推論においては、使える情報をすべて用いなければならない。九九フィートの男のことを全然知らず、メーターの表示だけを見ているなら、その男は申し分なく確認例である。さらに知っていることがあると、そうはならない。

証拠全体による判断の必要性が科学の世界で多くの検討の元になったのは、それが生化学、天文学、物理学などの研究分野の多くに関係しているからである。遺伝子や素粒子の研究法は、単純な観測というよりも、通行人計の方に似ている。RNAやクォークとじかに対面するわけではなく、正確な問いを立て、その答えを機械から知るのである。

この点に間違ったところはない。ただし、われわれの知識収集を不必要に制限しなければのことだ。他の因子のことを知らなくても、そして実際知らないままにならざるをえないのだが、その場合でも、使える情報だけからの一般化はできる。ただ、集められる情報が完全になればなるほど、われわれはもっと有効な一般化ができるようになる。

レイヴンと証拠全体

繰り返そう。科学はたいてい一般論、つまり「すべてのXはYである」を相手にする。一般化を通じてのみ、感覚経験を扱いやすい形に圧縮できるのである。

一般論は隠れた否定形の仮説である。「YでないXはない」あるいは「右の規則に例外はない」というように。一般論の対偶は、否定形の仮説に対応している。

無限の宇宙においては、否定形の仮説を証明することは超作業《スーパータスク》である（宇宙が有限でしかなくても非常に大きいなら、否定形の仮説を証明するのはヘラクレス的な手間で、スーパータスクとほとんど変わりない）。スーパータスクは処理できず、スーパータスクを介さないと到達できない知識には、疑念が生じるのも無理はない。

われわれが一般論を確立するのは、具体例「YであるX」を確認する例を介してのことだ。ヘンペルの例では黒いレイヴンである。これは厳密に言えば一般論を証明はしない。できるとすれば反証することだけである（反例、つまり黒くないレイヴンによって）。黒いレイヴンの目撃例を積み重ねるのは、仮説がどれだけ確立しているかについて、得点を重ねる手段である。ひとつひとつの黒いレイヴンは、仮説が本当に反証の危険にさらされ、そこを無傷でくぐりぬけてくる具体例であると感じる。黒くない、レイヴンでないもの（対偶の確認例）が同じ重み──あるいは何かの重み──をもっているとは思わない。レイヴンの謎は、この経験的本能に正当な理由を与えているのである。

証拠全体によって判断しなければならないということが、この問題を解く鍵である。われわれの宇宙についての知識は貧弱で、黒いレイヴン、黒くないレイヴン、レイヴンでない黒いもの、レイヴンでない黒くないものが、まばらなデータの点にすぎないとしたら、逆説で言われているような確認を進めるのは適切ということになるだろう。

そういうふうに確認するには、われわれはレイヴンについて知りすぎている。近縁種のからす《クロウ》のアルビノが見つかることもある（九九フィートの男に対応する）。それは黒くないもので、レイヴンではないものである。「レイヴンは黒い」説を確認するどころか、この説に強い疑いを投げかける。クロウはレイヴンと同じくカラス属である。クロウにアルビノができるなら、レイヴンにもありうるのではないか。こうした背景を成す情報が、確証を否定するのである。

もっと一般的に言えば、われわれはレイヴンと近縁の鳥との間に、紅鮭や芝生の青い妖精との間よりも似たところがたくさんあることを知っている。こうした証拠全体を視野に入れれば、黒くない、レイヴンではないものを調べるのは時間の無駄であることがわかる。すべてのレイヴンが黒いかどうかという問題は、レイヴンやその近縁の鳥を観察し、生物学的なばらつきを調べることによって決めるのがいちばんいい問題なのだ。

レイヴンの数と黒くないものの数による論証は、誤解の元かもしれない。宇宙が七つの封印された箱だけから成るという例をもう一度考えてみよう。黒くない、レイヴンでないものを確認例と考えるのはおかしくないことが認められる場合である。この例と現実世界との違いは本当に数だけの違いだろうか。

たとえば10^{80}個の密封された箱を含む宇宙を考えよう。ほとんどの箱には黒いレイヴンが入っている。わずかに姫りんごが入った箱がある。これまでは黒いレイヴンが入ったものも一つか二つ、どこかにあるかもしれない。もうだいぶ箱を開けてきた。白いレイヴンと姫りんごしか見つかっていない。新しい箱を開けて、また黒いレイヴンが出てくれば、「すべてのレイヴンは黒い」の確認例になる——少しだけ。すでに多くの箱を開けてきた。それでもまだ開いていない箱が何兆となくあるのだ。

箱を開けて姫りんごが出てきたら、やはり仮説をわずかに確認することにならないか。一つには、それは心配すべき否定例の可能性が下がることを意味するからだ。さらに、箱にあるものが一定の色をしているという信頼が増すからだ。自分の仮説への信頼をこのように説明することさえできるかもしれない。「私が見てきたレイヴンはすべて黒だった。実際、黒くないものを見たときは、いつも姫りんごで、レイヴンではなかった。姫りんごは『規則があることを証明する例外』である」と。

この封印された箱の宇宙では、鳥類学もアルビノも生物学的なばらつきもない。要するに、世界の仕組についての背景となる情報がないのだ。箱には本物のレイヴンや姫りんごが入っているのではなく、「黒いレイヴン」とか「白いレイヴン」などと書いた紙が入っているだけでもいい。そうなれば、完全に形式的なゲームに帰着できる。箱を開けて、そこに「白いクロウ」と書いた紙があっても、それと仮説との関係は、「姫りんご」以上のものではない。

われわれは誰でも本能的に、背景的な証拠を無視するのは間違いであることを知っているが、この重要な事実は科学的方法の議論の際、認識されていなかった（ヘンペル以前には）。対偶の等価性を否定する必要はない（論理学者ならそんなことは無理だと言うだろう）。ヘンペルはただ、仮説の論理的な変形には気をつけようと言っているだけだ。その通り。対偶は同値である。しかし確認は必ずしも論理的変形を「承認」するものではない。帰納によって信じていることの帰結が誤解をもたらす場合はいろいろあって、それが多くの逆説の元になっている。帰納によるもっと厄介な逆説をこれから見よう。

3 カテゴリー——グルー＝ブリーンの逆説

ホルヘ・ルイス・ボルヘスは「ジョン・ウィルキンズの分析言語」というエッセイ〔『続論議』〔邦訳未刊〕所収〕の中で、『善知博覧』*Emporio celestial de conocimientos benevolos*という中国の百科事典に触れている。そこには「この大昔の本には、動物は(a)皇帝に所属するもの、(b)剥製にしたもの、(c)飼い慣らされたもの、(d)乳を飲む子豚、(e)人魚、(f)伝説上のもの、(g)野良犬、(h)この分類に含まれるもの、(i)気が触れたように震えるもの、(j)数え切れないほどたくさんあるもの、(k)らくだ毛の極細筆で描かれたもの、(l)その他、(m)たった今、花瓶を割ったもの、(n)遠くから見ると蝿に似ているものに分かれる」と書かれているという。

人間は類別《カテゴリー》を考える動物である。科学の世界は、門・綱・目・科・属・種〔生物分類〕、代・紀・世〔地質年代の区分〕、元素と化合物、レプトン・メソン・ハドロン〔素粒子の分類〕だらけである。皮肉なことに、科学的に正当と判断されるカテゴリーの多くは、専門家でない人々にとっては、『博覧』の分類とまったく同様、恣意的に見える。生物学者は動物界を二十二ほどの門に分ける。その大まかな分類のうち、「普通の」動物〔狐、鶏、カバ、人間〕はすべて、一つの門〔脊椎動物門〕という小さな分類に収まる。他の門の大半は、いろいろな類の虫が入っている。

ボルヘスのエッセイが述べているのは、イギリスの科学者で教育者、ジョン・ウィルキンズ（一六一四〜七二）が考案した、野心的で、たぶん狂気の人工的な言語のことである。ウィルキンズの言語は世界を四十のカテゴリーに分ける。それぞれのカテゴリーが下位分類、さらにその下の分類というふうに分けられる。図書館の分類方式のようなものである。ウィルキンズは、個々の分類に一つか二つの文字を与える。ウィルキンズの言語に出てくる事物を表す言葉は、それを特定するカテゴリーの列を表す文字を並べたもので組み立てられる。図書館にある本のタイトルがそれぞれ、そのカタログ番号でもあるかのようである。あるいは人の名が、先祖の名から引き継いだ文字でできているようなものである。

「鮭という言葉は、それが表す対象について何も教えてくれない。それに対応する *zana* という言葉は（四十のカテゴリーとその中にある分類に通じた人なら）赤っぽい肉をした、鱗のある川魚を定義する。理論的には、個々の事物の名が、その過去と未来の運命の詳細を指し示すような言語も考えられなくもない」とボルヘスは書く。

グルーのエメラルド

一九五三年、アメリカの哲学者ネルソン・グッドマンは、自分で「帰納の新しい謎」と呼ぶものを提起した。むしろ「グルー＝ブリーン」逆説の名で知られるこの謎が、カテゴリーについてのわれわれの思考に立ちはだかる。宝石商がエメラルドを調べている。「ああ、これも緑《グリーン》のエメラルドだ。この商売を長いこと続けてきて、何万個もエメラルドを見たはずだが、すべてグリーンだった」。この宝石商がエメラルドはすべてグリーンだという仮説を立てるのも当然だろう。

隣には別の、エメラルドに関しては同等の経験を積んだ宝石商がいる。この宝石商は、先住民のひとつ、チョクトー族の言葉しか話さない。色の区別は思われるほど普遍的ではない。チョクトー族は、「緑《グリーン》」と「青《ブルー》」の区別をしない――両方に同じ言葉が用いられる。チョクトー族は、オクチャマリという鮮やかなグリーンあるいはブルーと、オクチャッコという淡いグリーンあるいはブルーとを区別する。チョクトー語を話すこの宝石商は、「すべてのエメラルドはオクチャマリだ」と言う。これまでずいぶん長い間宝石商をしてきたが、その経験はこの仮説の確認例になっていると断言する。

また別の宝石商がいて、これはグルーブリーン語を話す。なじみのない、エスペラント語のような言語である。グルーブリーン語には、英語やチョクトー語と同様、独自の色を表す単語があるが、グリーンという色を表す語はない。代わりにあるのが、「グルー」という語である。「グルー」は英語に置き換えて言えば、次のように定義できる。一九九九年十二月三十一日の深夜十二時以前はグリーンで、その後はブルーであれば、それはグルーである。グルーブリーン語を話す宝石商は、当然、すべてのエメラルドはグルーと定義する〔すでにグッドマンが想定した西暦二〇〇〇年は過ぎているので、必要なら千年ずらして考えられたい〕。

そこでこの三人の宝石商に、「このエメラルドは西暦二〇〇〇年には何色になりますか」と訊いてみよう。三人とも首をかしげて、エメラルドが今の色と別の色になるという話は知らないと答える。英語を話す宝石商は自信をもって、西暦二〇〇〇年になってもエメラルドはグリーンだと言う。チョクトー族の宝石商は、エメラルドはやはりオクチャマリだと言う。グルーブリーン語を話す宝石商は、エメラルドは西暦二〇〇〇年にもグルーだと言う……でも待てよ。「西暦二〇〇〇年のグルー」とは、普通の英語ではブルーだ（普通のチョクトー語ではオクチャマリである）。

逆説というのはこういうことだ。三人の宝石商はみな、エメラルドについて同じ経験を積んでいて、同じ帰納による推論を用いてきた。ところがグルーブリーン語の宝石商の予測は、英語の宝石商の予測とは合わない（チョクトー語の宝石商の予測は、他の宝石商の予言のいずれとも両立する）。この逆説を無意味だと言ってすませることはできない。二〇〇〇年になると、少なくともどれか一つの予測は間違いということになる。[1]

逆説は望める限りの不条理になる。「グラープル」という言葉を、指定された基準時《ゼロアワー》以前はグリーンで、それ以後は紫《パープル》を意味するとしてみよう。「エメラウ」は、基準時以前はエメラルドで、それ以後は牛《カウ》になるものを意味するとしよう。すると、グリーンのエメラルドは、「すべてのエメラウはグラープルである」という仮説の確認例となるが、これは、グリーンのエメラルドは西暦二〇〇〇年になるとパープルの牛になることを意味する。しかるべき用語と基準時を選べば、何であれ、何らかの後の時点になれば何でも他のものになることの確認例になる。

ゲリマンダー・カテゴリー

ヘンペルの逆説の場合同様、すぐに思いつく「解決」は、あっさり失敗する。問題点は確かに、新たに作った「グルー」という言葉にあるらしい。「グルー」とはもともと「グリーン」よりもややこしい言葉である――先に出てきた定義を見ればいい。政治用語を借りれば、グルーは「ゲリマンダー」の類である

1　宝石学上の注記。ブルーのエメラルドというのはもちろん逆説的である。エメラルドとは、微量のクロムのせいでグリーンに見える透明な緑柱石のことだからである。宝石と言える品質のブルーの緑柱石は、アクアマリンと呼ばれる。「オリエンタル・エメラルド」と呼ばれる、本物のエメラルドよりももっと稀少な宝石がある。緑色の鋼玉石（「グリーン・サファイア」である（ルビーとサファイアは、それぞれ赤と青の鋼玉石）。緑柱石でも鋼玉石でも、グリーンでないエメラルドは、両親のいる孤児と言うのと同じような自己矛盾である。

〔選挙区の線引きを自覚に有利に変えようとしたゲリーという議員の行為を、恐ろしい怪物サラマンダーに喩え、二つの名前を合成してできた語〕。自然に備わる意味はない。逆説を生む目的のためだけに、グッドマンが勝手にこしらえたものである。

もちろん現実の世界では、人為的なカテゴリーが用いられている。それは色とは無関係な時間の中の特定の点を参照している。シカゴにいる誰かが今五時だと言っても、実際に言っていることは、地元でどの標準時を採用するかによって若干の出入りはあるが、西経八二・五度以西、西経九七・五度以東の地域での五時だということである。東部標準時の地域では六時だし、山地標準時では四時であり、世界中の地域ごとに別の時刻が割り当てられている。どの時点についても――どこかの場所では――何時でもありうるのだ。この定義は、グルーの定義と同じくらいばかばかしいように見える。時刻とは無関係な地理的な位置を参照しているのだ。

世界中でグリニッジ平均時を使った方がどれだけわかりやすいことか。サンパウロで五時半なら、東京だろうと、ラゴスだろうと、ウィニペグだろうと、どこでも五時半だ。すると、現行の時刻の述べ方は、論理的逆説から成るパッチワークと見てもいいかもしれない。

「グリーン」というのも同様に恣意的ではないか。論理学者W・V・O・クワインが指摘しているように、色の概念は、物理学者のものの見方からすれば恣意的である。光はいくつもの波長が重なったものとして存在し、「グリーン」と呼ばれる波長に特別なしるしがあるわけではない。「グリーン」の意味を、よその星から来た存在に説明するとすれば、「グリーンとは、四九一二オングストロームより長くて、五七五〇オングストロームより短い光を見るときに体験するもの」とか何とか言わざるをえないだろう。なぜ他でもない四九一二から五七五〇オングストロームなのだろう。理由はない――ただそうなっているだけだ。

もちろん、「グルー」は「グリーン」（さらに「ブルー」）のスペクトル上の恣意性を備えている。しかし

「グルー」は、「グリーン」にはない意味でも恣意的である。「グルー」は色の変化を含んでいる。この世にはグリーンからブルーに変化するものはないということではない。まだ熟れていないブルーベリーは、いずれそうなる。しかしいっせいにすべてが変化するというのは聞いたことがない。「グルー」はそういう変化を信じるよう求めている。これまで観察されたことのない変化である。

これは強力な反論に思える。しかし鏡の反対側からこちらを見てもまったく同じく意味をなすらしい。第三の宝石商の特異な言語には「ブリーン」という色を表す言葉もある。一九九九年十二月三十一日の深夜十二時まではブルーで、その後グリーンになるものはブリーンである。

グルーブリーン語を話す宝石商に英語の「グリーン」という言葉について説明するためには、それが一九九九年十二月三十一日以前はグルーであり、その後はブリーンになると言わざるをえない。生まれたときからグルーとブリーンで育ってきた相手にとっては、「グリーン」とは作為的な言葉だろう。特定の時刻を参照するのは「グリーン」の定義の方になるのだ。

互いに定義しあうと、ブックエンドのように対称的になる。英語グルーブリーン語・グルーブリーン語英語の辞書を調べ、「グリーン」と「グルー」の説明に用いられている単語を見てみよう。「グルー」は「グリーン」と「ブルー」を用いて定義できる。あるいは「グリーン」は「グルー」と「ブリーン」を用いて定義できる。どちらが言葉として基本的かと問うのは、鶏と卵、どちらが先に現れたかと問うのと同じようなことである。

このことの衝撃を十分味わうために、「グルー」と「ブリーン」は論理的逆説用の人造の言葉ではなく、自然言語にある実際の言葉だと想像してみよう。その言語のネイティヴ・スピーカーは、二〇〇〇年になる前には、決まって芝生はグルーで、空はブリーンだと言う。彼らにとって、あるドレスがブリーンであると言っても、二〇〇〇年になるときに、それがブルーになるのは物理的にどういうからくりかという問いは生じない（われわれがバナナは黄色いと言っても、それが茶色に変わらず永遠に黄色であると言ってるわけではないのと同じだ）。あるドレスがブリーンだと言われるときは、それが今ブリーンと知覚されているからである。色相図の中の「ブリーン」と名がついている部分と同じ色なのだ。ブリーンの空、春の最初のブリーンバードの色である。あちらのブリーンとこちらのブルーの違いはといえば、時間条項が定義の中に組み込まれている点だけだ（それがどうしたというのか）。

反事実的条件

グルー＝ブリーンの逆説は、「反事実的条件」に関する部分がある。実際にそうなっていなくても、そうなったとしたらという話の条件である。クリップの針金は柔らかく、酸に溶け、融解する。実際に曲げたり、酸に溶かしたり、融解したりしなくても、これは言える。グルーのエメラルドがあれば、一九九九年以前に壊れるとしてもグルーである。

反事実的条件は、科学にはいくらでもある。グッドマンによれば、天文学者は太陽の色を「イェライト」と言ってもいいだろう。太陽は、今は平均的な黄色《イェロー》の恒星だが、百億年ほどしたら白色《ホワイト》矮星になる。もちろん、太陽が黄色の恒星から白色矮星になるところを誰も見たわけではない。われわれの直接経験は、太陽はずっとイェローであるということの確認例でもあり、「イェライト」であることの確認例でもある。

このこととグッドマンの逆説との違いは何だろう。誰かの辞書に、たまたま「イェライト」という言葉があることによる違いではない。こちらは、他の領域で確かめられている天体物理学の理論に基づいているということである。

「グルー」や「ブリーン」のような言葉が疑わしいのは、それが恣意的な未来に否定を先延ばししているからである。一九九九年までに行なわれる実験では、グルーのエメラルドとグリーンのエメラルドは区別できない。将来の色の変化は、(二〇〇〇年になるまでは)不要な想定である。そういうわけで、エメラルドはグルーであるという仮説を出す人のことを疑うのも無理はない。

それは確かにそうだが、それで逆説が消えるわけでもない。やはり、状況は残酷なほど対称的で、そのことが二重の頭をもたげてくる。グルーブリーン語を話す宝石商は、一九九九年までの実験は、グルーのエメラルドが二〇〇〇年になるとブリーン(あちらの定義では、これはこちらの「グリーン」のことだ)に変わるかどうか、判定する助けにはならないと文句が言える。逆説を一部でも解決するためには、状況が対称的ではないようにする方法を見つけなければならない。

回転する色環

問題は変化が唐突であることかもしれない。突然の変化には、一般に原因が必要だ。真空中では、物体はずっと運動を続けるが、突然の速度変化は、外からの作用を通じてのみ生じうる。

唐突さで悩むなら、「グルー」は、千年ほど時間をかけて徐々に進むグリーンからブルーへの変化を指すとしよう。さらにいいのは、すべての色は変化していると想定することだ。いわば、画家の色環は少しずつ回転していて、今はグリーンであるものが、千年たつとブルーになり、二千年たつとパープルになり、三千年たつとレッドになって、六千年たつと一周して戻ってくる。「グルー」は今はグリーンの事物の集合(エメラルド、若葉など)に適用されるが、千年後には今のブルーの事物に適用され、以下同様である。

六千年の周期を仮定すると、すべての事物の色は刻一刻、少しずつ変化していることになる。それでも人間の一生の間に蓄積された色の変化は、ほとんど誰も気づかないほど小さいだろう（エメラルドは自分が若い頃の色とは違うと嘆く年取った宝石商の気持ちもわかるだろう。老人には、冬は昔より暖かくなり、野球選手は下手になったなどなどのことを思っている人が多いではないか）。

歴史的な証拠からも、色がずれていると推測できるのではないか。今日のグリーンのエメラルドは、封建時代の領主の指輪を飾ったときはイエローで、クレオパトラの冠を飾ったときにはオレンジだったかもしれない。しかし古代の人々がその色を表す言葉で何を意味していたかは知るよしもない。古典作家がしかじかの言葉をエメラルドと草と大西洋の色を表す言葉として用いたとすれば、それをわれわれは「グリーン」と訳すことになる。タイムマシンに乗って西暦一年に行けば、これらのものがオレンジに見えることになるかもしれないが。語源的にはグリーンに相当する古英語の「グレーネ」が、実はイエローのことだった――なんてことが絶対になかったとは言えないのだ。

反転スペクトル

この考え方は「反転スペクトル」という思考実験と融合されて、哲学者に盛んに論じられている。自分は生まれたときから、色を他の人々と正反対に見てきたとする。つまり、紅玉りんごを見たときに得る色の感覚――「赤」と呼ぶように訓練される感覚――は、実は他の人が「緑」と呼んでいるものだということである。すべての色は、他の人の色と逆になる。二人が、自分たちは同じ色を見ていることを確かめられるような形で、お互いの主観的な色の感覚を記述できるようにする方法はあるだろうか。

これは不可能なのではないか。色はたいてい、他のものになぞらえることによって記述される（翡翠《ひすい》色、れんが色、象牙色など）。これは先に述べたのと同じ理由で役に立たない。自分たちが色覚の反転を探知できると信じる最大の論拠は、色が心理学的な状態と結びついていると想定される場合である。青の光と緑の光は落ち着く色で、赤は怒りや興奮を呼び起こすという話はよく耳にする。青は男の子の色で、ピンクは女の子の色と言われたりもする。ある色は（青かもしれない）は、他の色（オレンジ色や紫色かもしれない）と比べて人気があったり、趣味が良かったりする。

しかじかの色には、進化を通じて発達してきた本来的な心理的効果があるかもしれない。他方、これは単なる社会的な約束事で、子どもが幼いときに内面化するのかもしれない。こうした認識論的な争点の多くとは違い、反転スペクトル論争は、どこかにすべての色を逆転した国を立ち上げることで決着がつくかもしれない（毒性のない染料を徹底して使うか？）。緑の植物は、鮮やかな赤に染められる（それでも緑の植物と言う）。乳幼児の着るものは、男の子には「青」（実際にはオレンジ色）、女の子にはピンク（実際にはオリーブ色）が使われるなどである。画家の絵具を輸入する会社は、バイオレットのチューブから絵具を搾り出して、それを「イェロー」のラベルがついたチューブに入れ替える。外の世界で撮影されたカラー写真も持ち込めるが、ネガの色そのままである。この「国」は自給自足で、地下にあり、空の青を見て実験がおじゃんになることはない。この国で育った人は、われわれと同じ色の好みをしているだろうか。この国の人が描いた抽象絵画の作品があれば、そのことを確かめられるだろうか。

反転スペクトルがまったく検出不能かどうかは別としても、やはり検出は難しいだろう。そうすると、唐突な変化がなく、未観察の未来の変化もない、漸進的なグルー＝ブリーンの逆説が得られる。言われるところの「変化」は、ずっと生じてきて、今も生じつつあり、われわれの現在と歴史上の経験は変化と両立しうる。それは逆説の安易な解決を排除するように見える。

逆転スペクトルとグルー＝ブリーンの逆説は、色よりもずっと多くのことを探っている。グッドマンは、われわれが世界を分けて収めるカテゴリーの例として色を用いた。カテゴリーを通じて、経験は言語と融合する。グッドマンの宝石商は、それぞれ、エメラルドに関して経験的に信じていることがあり、それは時間のテストに耐えてきたものだ――それでいて信じていることは、根本的に違うのである。

魔物理論十六番

本能的には、「すべてのエメラルドはグリーンである」というのはいい仮説だが、「すべてのエメラルドはグルーである」はどこかおかしいということはわかっている。問題は、まっとうな仮説をそうでない仮説とどう区別するかである。「もちろん実験をする」と答えられるかもしれない。それは区別する方法の一つだが、科学者は、いい仮説も悪い仮説もどうでもいい仮説も、すべて真偽が確かめられるわけではない。

生物学者のマーストン・ベイツは、「研究とは、路地が行き止まりかどうかを確かめるためにその路地を進む過程だ」と冗談で言ったことがある。とはいえ、見境なく研究することは、厳しく制限されている。科学哲学者のヒラリー・パトナムは、「魔物理論」を用いてこの点を解説している。その理論（実際には仮説）はこうである。小麦粉の袋を頭に載せて、テーブルを素早く十六回叩くと、ある魔物（デカルトの魔物か？）が、目の前に現れる。もちろんこの仮説はばかばかしいが、それは仮説であり、真偽を確かめられる。たいていの科学的仮説の場合よりもずっと簡単に確かめることができる。

これが魔物理論十六番である。魔物理論十七番もあり、これは叩く回数が十七回でなければならないとする点以外は同じであり、十八番、十九番などもある。魔物理論は無限にある。当然、科学者は確かめる理論に関して選択的でなければならないとパトナムは言った。一生かけてばかな理論を確かめ、結局は何もわからないということもありうる。実験にまで進める前に、「わざわざ確かめるまでもない」仮説の中から、「もしかしたら正しい」仮説を選び出すことは、死活的に重要なことだ。

パトナムの魔物理論とは違い、たいていの仮説は経験を元にしている。雪の結晶が袖の上に落ちる。それは六角形をしている。まっとうな仮説は「すべての雪の結晶は六角形である」となる。しかし「火曜日に降る雪の結晶はすべて六角形である」でもなく、「あらゆるものは六角形である」でもなく、「融けるものはすべて偶数角形である」でも、「すべての六角形のものは、六つの辺をもつ」でもないのはなぜか。もっと大事なことに、雪の結晶の形について言えることを一般化できると考えるのはなぜか。「雪の結晶《スノーフレーク》」という言葉があることからして、空から降ってくる、小さな、冷たい、白い物体で、他にも何かの共通な特徴があるかもしれないものという集合があるという共通の知識を前提にしている。言葉によって与えられる暗黙のきっかけがなければ、「{この袖の上の白いもの、ヴィクトリア女王、ラザニア、南半球にあるすべてのビーチボール}から成る集合に属するすべてのものは六角形である」といった仮説を求めるかもしれない。

何でも何かの確認例となる

良くない仮説は証拠をひっくり返すことができる。一例が、よく「何でも何かの確認例となる」と呼ばれる逆説である——この逆説はおそらく、誤った推論という形を取り、本書で論じられる他のどの逆説よりも登場回数が多い逆説である。

ある仮説の確認例となるものは、その仮説の必然的な帰結のいずれかの確認例となると考えることは理屈に合っている。人間が類人猿の末裔なら、ダーウィンが類人猿の末裔であることは否定できない。人間が類人猿の末裔であるという仮説の確認例となる化石は、ダーウィンが類人猿の末裔であることの確認例でなければならない。ここまではいいだろう。

「8947は素数であり、月の裏側は平坦であり、エリザベス一世は火曜に戴冠した」のような混成の命題を考えてみよう（この例はグッドマンによる）。これを検査するためには、8947の約数を調べ、それは素数であるという結論を出す。それがわかると、混成の命題の確認例となる。混成の命題の一つの帰結は月の裏側が平坦であることである。8947が素数であるという事実は、月が平らであることの確認例となるのである。

もちろん、混成の命題は、そもそもどんな命題でもまとめられるだろう。自分で好きなものを選んで置き換えれば、それをお手製の逆説にすることができる。何でも他の何かの確認例になることを示すことができる。

明らかに、いくつかの仮説をつなぐ正当な理由があることを確信するよりも、その仮説を論理的に結びつける方が易しい。このつながりは、正当な確証には不可欠である。グッドマンの文は明らかに寄せ集めだが、それは半面、強力な理論であればその帰結は範囲が広いということではないか。疑似科学の信奉者には、この「何でも何かの確認例となる」論法を利用する人が多い。有名な例を一つだけ挙げておこう。

仮説――透視は存在し、それは可能である。物理学者が原因と結果を知らないことはたくさんあるからだ。

証拠――ベルの不等式実験は、原子より小さな粒子間に瞬間的な連絡があることを示すらしい（原因があってその結果が生じるという関係が成り立たないことになる）。

結論――ベルの不等式実験は先の仮説の確認例となるので、この実験は透視の存在を支持する。

オッカムの剃刀

科学には美意識がある。理論の「美しさ」は、おおむねその単純さで測られる。多くのことを説明する単純な理論は、少しのことしか説明しない複雑な理論よりも好まれる――額面どおりに見れば、複雑な理論の方が単純な理論よりも正しくないと信じる理由はとくにないのだが。

この重要な原理は「オッカムの剃刀」と呼ばれる。その名は一二八五年頃に生まれたフランシスコ派の修道士ウィリアム・オッカムに由来する（よく似た説は、それ以前にもドゥンス・スコトゥスやオドー・リガルドスも述べている）。法王とも反法王派とも論争し議論好きの人物だったオッカムは、中世の思想家の中でも最大級の影響を残した人物だった。一三四九年、おそらくペストで亡くなった。

オッカムは自分では言わなかったかもしれないことで有名になった。*Entia non sunt multiplicanda sine necessitate*――つまり「必要以上に事物を増やしてはならない」である。言葉そのものはオッカムのものではないとしても、その感覚はオッカムのものである。オッカムが言おうとしていたのは、必要な場合以外には、新たな仮定や仮説（事物《エンティティ》）に訴えるべきではないということである。雪についた足跡が熊でも説明でき、未発見の人間に似た生物でも説明できるなら、熊説の方が採られるということだ。

この原理は誤解されることがある。センセーショナルではない方の説明を選べということではない。熊説の方を雪男説よりも優先するのは、証拠（融けかかった足跡のような）がはっきりせず、熊説でも雪男説でも等しく説明できる場合のみである。

オッカムの剃刀は絶対ではない。そのために間違った仮説が選ばれることも多い。地球は丸いだろうか。微生物が病気の原因なのだろうか。これらの仮説が観測結果をうまく説明することは、今ではわかっている。しかしオッカムの剃刀は、これらを否定することもある。超常現象懐疑論が誤った有名な例として（霊やUFOなど、今は受け入れられていないことを信じる人々が引き合いに出すことが多い）、フランス・アカデミーが長く隕石の実在性を否定していたことがある。きわめて精密な科学的助言に基づいて、ヨーロッパの博物館にあった何十個もの隕石が、迷信の遺物として捨てられた。

ここが確証理論でいちばん困った点である。どんな科学的発見においても、二つの競合する理論が同等にうまく観測結果を説明するような局面がある。誰もがずっと信じてきた比較的に単純な仮説Aと、オッカムの言い方では新しい「事物」を仮定する新仮説Bが出てくる。理論Aは、たとえば地球が宇宙の中心であるという信条で、Bの方は、コペルニクスの太陽中心説でもいい。あるいはBの方が明らかに不利になるような例にするなら、AはUFOはいないとし、BはUFOが存在するというものでもいい。証拠はいつ新しい事物を正当化するだろう。

すぐに正解を出すことは難しい。われわれはみな、わずかな証拠を元に多くのことを信じているからだ。スーパーの棚にある週刊誌の見出しを見て、有名な女優が失踪したとあるのを見れば、それを事実だと思うだろう。同じ週刊誌の翌週の見出しに、同じ大きさの活字で、UFOがアリゾナで女性を誘拐したと書いてあっても、おそらく信じないだろう。天文学者のカール・セーガンが言うように、たいていは無意識だが重要な確証規則がここにはたらいている。仮説が突拍子のないものであればあるほど、それを確認する証拠はたくさん必要になるのだ。

あたりまえの仮説は、すでに同様の出来事に関するそれまでの知識が部分的な確認となっているからだ。信じがたい仮説はそこが違う。しかしこれは、間違って、一連の、あたりまえではあっても間違った仮説の方を、あたりまえではなくても正しい仮説よりも信じてしまう可能性を高める（フランスのアカデミーが隕石を否定したように)。たとえば、霊の存在を示す大量の証拠がある。何万という人々が見たと報告しており、その人々がみな、頭がおかしくなっているわけではない。ピンぼけの写真まである。霊の報告には決定的な説明はない(霊が存在するという説明以外には)。必ず「論理的な」説明があると言われるが、この説明によれば、ある場合は窓にぶつかる木の枝だったり、妄想だったり、屋根裏の鼠だったり、場合によってはでっちあげだったりする。さらには、そういう説明ができないものもあり、それでも超常現象とは無関係の原因が何かあるといわれる。

量だけで言えば、幽霊が存在することに有利な証拠は、鬼火、つまり沼地の上に浮かんでいるのが見られる奇妙な光の存在に有利な証拠よりも多い。それでも科学は鬼火があることは信じても、幽霊がいることは信じない。結局、反例によって否定されるよりも、自らに有利な証拠の質が落ちることによって否定される理論の方が多いのである。支持する「証拠」が多くても、それがどれも信用しがたい理論には、どこかおかしいところがあるのが常である。幽霊がいるという説についてもこれが言えるらしい。逆に、鬼火は誰にでも見えるものだ。

しかしグッドマンの逆説では、人は一方の仮説(エメラルドはグルーである)を、別の仮説(エメラルドはグリーンである)と同じ支持する証拠があっても疑っている。問題は仮説にあるのであって、証拠にあるのではない。

「すべてのエメラルドはグルーである」は、グルーであるという、なくてもすむことを言っている。オッカムの剃刀を持ち出せば、「もういい。色を表す言葉はもう十分ある。グルーの(しかもただのグリーンではない)実物を実際に出せるまでは「グルー」のような言葉を新たに立てるのは無意味だ」と言ってもいい。

しかし——ここでも——グルーブリーン語を話す人は、この台詞をそのままこちらへ投げ返すことができる。あちらも必要な色をすべてもっていて、「グリーン」の必要性は感じておらず、本当にグリーンの(しかもグルーではない)ものを見るまでは、必要と思うこともないだろう。

グルー＝ブリーン逆説についてはなお議論が続いている。今のところ、ほとんどの分析は、われわれが「グルー」ではなく「グリーン」を選ぶのは、単純さによるのだと主張する。なかなかわからないのは、このグルーブリーン語を話す人があらゆる論法をおうむ返しにできる悪循環を脱出する方法である。以下はその一つである。

審判の日

意味論の審判の日、西暦二〇〇〇年一月一日に何が起きるか考えてみよう。四つの可能性がある。

1　みんなが目をさますと空がグリーンになり、草がブルーになっている。「グリーン」は正確な言葉ではなく、「グルー」が正しかったことがわかる。

そうでなければ、グルーブリーン語を話す人々は、基準時を過ぎても色が同じであることを、次の三通りのうちの一つで受け入れなければならない。

2　グルーブリーン語を話す人々が目を覚まして、空(相変わらずブルー)がブリーンからグルーに「変わって」いるのを見て「驚く」。これはグッドマンが冗談めかして言っていたことである。

3　あるいは、グルーブリーン語を話す人々は、前の晩、「変化」を予想しきって床につくことができる。それは夏時間や時差に備えて時計を合わせなおすようなものである。グルーブリーン語を話す人は、自分たちの色を表す言葉が世界の仕組と一致しないことを意識していることになる。

4　もうひとつ、グルーブリーン語を話す人は、「変化」を認識しないかもしれない（「グルー」や「ブリーン」の定義にある時間に関する条項を理解できないことによって）。そもそも、グルーブリーン語を話す人々の親は、子どもにこの言葉をどう教えるというのか。

多くの哲学者は、グルーブリーン語を第一言語として本当に学べる人はいないと信じている。確かに親は草を指して「グルー」と言い、空を指して「ブリーン」と言うことができる。しかしグルーとブリーンにはそれではすまないものがある。一九九九年十二月三十一日の深夜十二時に知覚が変化する（色が変わるとは言うべきではない。グルーもブリーンもその言葉を使う人々にとっての色だからだ）ことを、言語の習得過程のある時点で伝えなければならない。あるとき、親か教師がグルーブリーン語を話す子どもを前に、グルーとブリーンの真実を語って聞かせなければならない。

ここで対称性が成り立たなくなる。英語を話す子どもには、グリーンの意味を間違わないように、二〇〇〇年にブルーに変わらないことをわざわざ教えてやることはない。それは当然のことなのだ。「グルー」の定義の中には、無関係の時間への言及がある。

拡張可能

グッドマンの謎は、帰納に関する考えを根本から変えた。グッドマンは、言語の中に収まる用語は「定着《エントレンチメント》」していると言った。グリーンを表す言葉があって、グルーを表す言葉がないのは、一方は世界のあり方に合い、他方は合わないからである。何か別の自然言語の色の区別が異なることは、グッドマンの格言に一致する。チョクトー語はグリーンとブルーの区別はしないが、自然言語のどんな単語も、グルーあるいはその類を意味することはない。[2]

グルーのような問題のある属性は、拡張不可能《ノンプロジェクタブル》といわれる。属性は、帰納的推論で正当に使えるなら、拡張可能《プロジェクタブル》である。グリーンは拡張可能である。グリーンのエメラルドという実例は、「すべてのエメラルドはグリーンである」というわかりやすい一般論の確認例となるという意味で、拡張可能である。

しかしながら、仮説に合う実例が拡張可能でない状況が三種類ある。一つはグルー＝ブリーン逆説の場合、それから「何でも何かの確認例となる」の場合である。

もうひとつの拡張不可能の場合は、グルー＝ブリーンの逆説に対する副命題である。「すべてのエメラルドはすでに観察されている」という仮説を考えよう。これまでに見られたエメラルドはもちろん観察されている。観察されたエメラルドの実例すべてを拡張すれば、われわれはすでに存在するすべてのエメラルドを観察したことがあるというばかげた結論になる――見たことのないエメラルドはないのである。この場合、観察されたという属性には作為的なところは何もない。「観察された」は「グリーン」同様、言語に定着している。

クォークの色はグルー風味か

科学者は拡張不可能な言葉には用心する。クォークという、陽子、中性子などの原子よりも小さな粒子の奥に閉じこめられていると言われる仮説的な物がある。クォークは反事実的である。分離されたクォークが観測されたことはないだけでなく、（ほとんどの理論の下では）クォークを分離することはありえない。クォークは、陽子が分割できるとしたら、そうなるであろうというものであって、実際には分割はできない。

　クォークは陽子や中性子の内部に「色力」なるものによって閉じ込められている。重力や電気の力など、たいていの物理的な力は距離とともに弱くなるが、色力は距離とともに弱くはならない。まるでクォークが、どんなに遠くからでも力を及ぼしつづけるゴムひもでつながっているようである。したがって、クォークを陽子から解放しておくために必要なエネルギーは、無限に必要ということになる。陽子からほんのわずかのところにクォークを引っ張り出すのでさえ、膨大な量のエネルギーが必要だろう（どうしてもうまくは行かないだろう――それだけのエネルギーがあれば、形が変わった陽子ではなく、新しい粒子ができることになるだろう）。

　自然が示し合わせて自由なクォークができないようにしている様は、必ず疑いの目で見られる。見たことのないクォークは、二十一世紀のグルーのエメラルドの見たことのないブルーのようなものではないかと心配する人々がいる。クォークと色力の理論――量子色力学――は、エメラルドがグルーであることとは違い、多くの点で確認されているものの、クォークは「実在する」粒子なのか、それで構成されていると言われる粒子を類別するための便利な略称なのか、論争になっている。

　十九世紀には同じ問題が、原子の実在性について提起された。しかしジョン・ドルトンの原子論は個々の原子の検出を排除しなかった――そのような確認例は、結局、アーネスト・ラザフォードの金箔実験（一九一一）で得られる。

　さらに、だんだん複雑になるクォークモデルにはうんざりだという不満もある。クォークにはいろいろ

2　グッドマンの逆説が広く論じられたため、「グルー」も「ブリーン」も英語の語彙に入り、将来的には大辞典には載りそうである。

な種類がある。これらの種類は「色《カラー》」とか「風味《フレーバー》」とかの名で呼ばれる（実際の色や風味とは無関係だが、五感の世界からこれほど遠いものの属性をどう呼べばいいだろう）。三つの色（レッド、ブルー、グリーン）と六つの風味（アップ、ダウン、ストレンジネス、チャーム、ボトム、トップ）がある。その組み合わせで、反粒子を考えなければ十八種類のクォークができる。電子、中性子、グルーオン、ヒッグス粒子があるのはそういうわけだ……

色と風味が、われわれがまだ理解していない単純な実在をわざわざややこしくしているのではと疑問に思っている人々もいる。もしかするといつか誰かが、事物の本当のありようを突き止め、今の物理学は、この実在を記述する制限された方法であることがわかるかもしれない。グルーブリーン語を話す人が、審判の日に空がグルーに変わった理由を理解しようとしているのと同じかもしれない。答えは空にはない。われわれの頭の中にあるのだ。

4

知りえないこと——一夜で二倍？

昨夜、みんなが眠っている間に、宇宙にあるすべてのものが二倍の大きさになったとしよう。何があったか知る方法はあるだろうか。科学の解説に優れ、当時高名な科学者でもあったジュール・アンリ・ポアンカレ（一八五四〜一九一二）が立てた、史上最も有名な謎である。

それほど大がかりな変化なら、すぐに察知できるだろうと考えたくなる。そこで考え直してみよう。すべての大きさが二倍になるのなら、定規も物差しも巻尺もすべて二倍になる。変化を測定することはできず、変化は検出できない。

パリ郊外のある一室にものものしく収められている白金／イリジウムの棒、メートル法の基準となる原器も二倍になるので、変化の手がかりは得られない。メートルは今、クリプトンの気体が発する特定のオレンジ色の光の波長一六五万とんで七六三・八三個分と定義されている。それも何の助けにもならない。このガスを含む特殊な蛍光管も二倍の大きさになるのはもちろん、含まれるクリプトン原子もそうである。クリプトン原子の電子の軌道も二倍の大きさになり、したがって生じる光の波長も二倍になる。

物は大きく見えるのだろうか。部屋の壁に掛けている写真は今や大きさが二倍だが、自分の頭も二倍になり、写真からの距離も二倍になる（大きくなった部屋の各点からの距離も）。二つの因子は知覚的な変化を打ち消してしまう。

それならこれはどうか。霧のロンドンにいて、ビッグベンを見ている。時計は二倍の大きさで、自分のそこからの距離も二倍で、どんな視点からも二倍である。視野は同一である。しかし自分の視線が霧をくぐる長さも二倍になる。ビッグベンはもっとぼやけるのではないか。

困ったことに、ぼやける原因は実は霧の水滴の数であり、その数は変化しない。水滴も大きさが二倍になり、二倍になった光子を以前とまったく同じに散乱する。ビッグベンがくっきりしている度合い、あるいはぼやけ具合は、二倍になる前と同じである。同様の論証から、すべて同じに見えることがわかる。

この思考実験の本当の要点はこういうことだ。変化を検出することができないのであれば、変化はあるのだろうか。この問題は、昔からある哲学の謎を思わせる。森で木が倒れても、その音を聞く人がいなかったら、音を立てるのか。

夜のうちに二倍になるのは、神あるいはその類の宇宙の「外」にいる存在が変化のことを知っているという意味で、本当にあると言われるかもしれない。神がどこかの超空間に鎮座しまし、この宇宙の大きさが二倍になるのを目撃していると想像できる。しかしこれはまったくの見当はずれだ。すべての大きさが二倍になるなら、神もそうだ。神でさえ、変化を証明することはまったくできないのだ。それでも本当に変化しているのだろうか。

反実在論

ポアンカレは本当に変化してはいないという。そんな変化のことを言っても無意味だと思っていた。言葉が誤解の元である。「宇宙にあるすべての物の大きさが二倍になったらどうなるか」というのは、変化を記述しているように聞こえるが、「変化」は錯覚である。

意見が違う人もいる。夜のうちに二倍の問題は、二つの競合する哲学を解説している。実在論と呼ばれる一派は、夜のうちに二倍になるのは観測できないとしても、現実かもしれないことを認める。実在論は、外の世界が、それについての人間の知識や観測とは別に存在すると唱える。われわれの認識できない真実がある。そこには、今のところ未知で識別できないように見える真実（行方不明になったアンブローズ・ビアスの身の上に起こったことや、アルファ・ケンタウリに生命がいるかどうかとか）だけでなく、決して知ることのない真実もある。実在論派は、こうした真理が存在すると言う。常識はもともと実在論である。木は誰も聞いていなくても音を立てる。

反実在論派の哲学者は、証拠を超越した真実（経験的に実証できない真実）はないと論じる。夜間二倍化が誰にも検出できないとすれば、二倍化があったと言うのはばかげているし、誤解の元だ。昨夜すべてが二倍になったと言おうと、すべては元のままだと言おうと、同じ事態の記述のしかたが違うだけだ。

哲学の大部分は、世界についての問いのうち、どれに意味があるかを判断することである。反実在論は、観測や経験に依拠して片がつきそうなものだけが意味があると言う。観測されないもの、観測しえないものについて何かを仮定するのは否定する。反実在論は、世界を映画のセットのように見る。建物は書割で、こちらに見えているところだけというわけだ。裏側を埋めたいという誘惑に抵抗する。

知られていないことと知りえないこととの間の違いは微妙だ。誰もチャールズ・ディケンズ（一八一二～七〇）の血液型は知らない。ＡＢＯ式の血液型が発見されたのは、ディケンズの没後の世代であり（一九〇〇年、オーストリアの生物学者カール・ランシュタイナーによる）、ディケンズの血液型が調べられたことはない。ディケンズの血液型が永遠に知られないとしても、たいていの人は、ディケンズは何かの血液型はしていたという事実には変わりないと思うだろう。

対照的に、「デーヴィッド・コパーフィールドの血液型は何か」という問いが無意味であることは、誰もが認める。それが無意味なのは、この架空の人物は、ディケンズが想像した世界にのみ存在し、血液型に関する情報は小説には与えられていない。われわれはコパーフィールドの血液型を知らないだけではない。知らない対象そのものがないのだ。

それですべてだったら、実在論か反実在論かという問題は、哲学上の好みの問題にすぎないことになる。実際には、物理学、認知科学など、知りえないものと意味のあるものとの関係が曖昧になる分野の未解決の問題がたくさんある。本章では、倒れた音を聞く人がいないという問題の変種をいくつか検討することにする。

物理学のほころび

一夜で二倍論にはさらに先がある。たとえば、夜のうちに二倍になるのが検出できないという点には誰もが合意しているわけではない。検出できるとする側の議論で最高レベルのものが、ブライアン・エリスとジョージ・シュレジンジャーから出されている。

二人は、一九六二年と六四年の論文で、二倍化からは、物理的に測定可能な結果が数多く出てくるだろうと説く。それぞれの結論は、思考実験をどう解釈するかに左右されるが、検討に値する。

たとえば、シュレジンジャーは、地球の半径が二倍になるのに質量は同じままなので、重力は四分の一になると言う。ニュートンの理論によれば、重力は物体間の距離（この場合なら、地球の中心と地球表面で落下する物体の距離）の平方に反比例する。質量が二倍にならないまま半径が二倍になるなら、重力は四分の一に減る。

この重力による引力の変化を測定するという直接的な方法には、うまくいかないものもある。天秤で物体の重さを量るのは使えない。天秤は、物体にかかる小さくなった引力を、基準となるおもりに対する、やはり同等に小さくなった引力と比較する。しかしシュレジンジャーは、旧式の気圧計にある水銀柱の高さで測定できると論じた。水銀の高さは三つの因子で決まる。気圧、水銀の密度、重力の強さである。通常の条件下では、大きく変動するのは気圧だけである。

気圧は二倍化の後は八分の一になるだろう。すべての体積が2^3倍、つまり八倍になるからだ(だからといって潜水病になるわけではない。血圧も八分の一になる)。水銀の密度も八分の一になる。この二つの効果は相殺されて、弱くなった重力の変化が残る。重力は四分の一になるので、水銀の高さは四倍になる——物差しが二倍になるので、目盛では二倍の高さとして測定される。したがって違いは測定できるというわけだ。

シュレジンジャーは二倍化を他の標準的な物理法則にも適用し、さらにこう説く。

- 振り子時計で測定される一日の長さは一・四一四倍(二の平方根)になる。
- 光の速さも、振り子時計で測定すると同じだけ増大する。
- 一年は二百五十八日になる(365÷√2)。

シュレジンジャーの研究について、あら捜しをすることはできる。シュレジンジャーは時間の単位として振り子時計を用いている。この時計は、重力が弱くなり、振り子の長さが伸びるので、ずっと遅くなる。

他の時計にはこの遅れはない。フックの法則（ばねの反発を支配する法則）に基づいて、普通のばねで動く腕時計は、二倍化の後も同じ速さで進むと論じることができる。

普段どおりの保存則が、拡大しても成り立つかという問題もある。シュレジンジャーは、地球の角運動量は、二倍化のときも一定でなければならないと想定している（通常のありうる相互作用ではそうなる）。地球の角運動量が元のままなら、地球の自転は遅くならなければならない。

保存則の帰結は他にもあるだろう。宇宙はほとんどが水素で、この水素は、一個の陽子の周囲に一個の電子があるという構成だ。両粒子の間には電気による引力がある。すべての原子の大きさが二倍になるということは、すべての電子を「坂道を上って」、陽子から遠ざけるということである。これには途方もないエネルギーがかかることになる。質量＝エネルギー保存の法則が二倍化の際にも成り立つなら、このエネルギーはどこかから来なければならない。もっとも可能性があるのは、宇宙全体の温度が下がることから生じるものである。すべてが冷たくなり、それもまた二倍化の結果ということになる。

シュレジンジャーの論法の進み方はこうである。ある朝目覚めると、世界中のすべての水銀柱気圧計が壊れている。さらに調べてみると水銀は七六〇ミリではなく、一五〇〇ミリほどまで上がることがわかる（気圧計が壊れていたのは、ガラス管をそんなに長くしていなかったからだ）。振り子時計とぜんまい時計とは指す時刻が違う。光の速さは、振り子時計で測ると、四一・四パーセント大きくなる。一年の長さも変わってしまう。違いはいくらでもある。物理学の法則がすべてぼろぼろになったみたいだ。

そこで誰かが、起きていることはすべての長さが二倍になったということではないかと言い出す。この仮説は観測されている変化をすべて説明し、他の変化についても多くの予測を出す。夜のうちに二倍になったという仮説を聞いて、物理学の中の聞いたこともないような分野の専門家が、「ちょっと待ってくれ。

距離と関係するしかじかの法則があって、それによると、すべての長さが二倍になったとしたらしかじかのことが起きるはずだ」。そのような帰結の有無が確かめられると、そのとおりであることがわかる。二倍仮説はすぐに確認され、科学的事実として確立する。それだけではない――確証のパラダイムになる可能性も十分にある。これほど多くの独立に真偽が確かめられる帰結がたくさんある理論はなかなか想像できない。

問題の核心に来た。すべての長さが二倍になったと結論せざるをえないような事態が考えられ、その事態には今のところなっていないとすれば、昨夜のうちにすべてが二倍になったという事態は起きていないと言えることになる。

魔物と二倍化

シュレジンジャーの論点はわかった。これは元の思考実験の意図を限定はするが、成り立たなくするわけではない。実際、ポアンカレの思考実験には二つの形が考えられる。こんなふうに考えると有益だろう。物理学の法則がある魔物によって実施されているとしてみよう。魔物は宇宙を走り回って、すべてが定められた法則に確実に合致するようにしている。魔物は警官が巡回するように働き、あちらへこちらへと見回っては、法則が守られるようにしている。

二倍化の直後、魔物はいつものニュートンの万有引力検査をしている。この法則は、二つの物体間にかかる力（F）は、重力定数（G）掛ける両者の質量（m_1とm_2）の積割る両者の距離（r）の二乗に等しいと言っている。つまり、である。魔物は地球と月が確実にこの法則に従うようにしている。地球の質量を測定し、月の質量、両者の距離を測定する。マニュアルにある重力定数を調べる。電卓のキーを叩くと、地球と月の間に作用する重力の正しい値が得られる。今度は制御パネルのつまみを回して、地球と月の間の今の重力の強さを設定する。

問題は、魔物はどうやって距離を測定するかである。ただ「知って」いて、二倍になったこともどういうわけか知っているのか。あるいはわれわれと同様で、他の距離との比較によって距離を測定しなければならないのか。

二倍化のことを知っているなら（「物理学の法則が二倍化を認知しているなら」）、シュレジンジャー型の思考実験になる。その種の二倍化は検出できるだろうし、われわれがまだそれを検出していない以上、物理法則に対して見える夜間二倍化は起きてないと正当に言える。一方、拡大が自然法則にも見えないなら、拡大を検出する方法はない。疑問の余地はないと思うが、ポアンカレが言おうとしていたのは、自然法則に対して見えない二倍化のことだろう。

厳密に言っておけば、普遍的は変化は哲学者の専売特許ではない。物理学者のロバート・ディッケは、重力定数が時間とともに徐々に変化する重力理論を唱えたことがある。ポアンカレの例からすれば、使える仮説なら、当然、測定可能な帰結があるはずだ。ディッケの理論にはある。重力定数は重力の普遍的な強さの尺度だ。一夜にして二倍になれば、それはわかる。翌朝、体重計は体重が二倍になったことを教えるだろう。鳥は飛びにくくなるし、ヨーヨーはうまくできなくなる。世界はあちこちで違ったものになる。

実際には、重力定数が二倍になって生き残れる人がいようとは思えない。重力が強くなれば地球は圧縮されて、次々とわけのわからない地震と津波が起きるだろう。太陽も縮み、温度も高くなり、地球を焼き尽くすだろう。

ディッケの理論は、重力定数が大きくなるのではなく、小さくなるのではないかと言っている。重力定数が半分になれば、逆の結果になるが、やはり壊滅的なことになるだろう。体重は軽くなり、鳥は今までよりも高く飛ぶことになり、太陽は冷えて膨張し、われわれは凍死してしまう。もちろん、ディッケの理論では、減少の速さはそれとわからないほど遅い。十億年で一パーセント程度かもしれない。その程度のわずかな変化でも、惑星運動や、もしかしたら地球物理学的な影響を高度に精密に測定すれば検出されるかもしれない。重力定数の変化を示す証拠を探す試みは、今までのところは失敗している。

変種

ポアンカレの思考実験は、アインシュタインの相対性理論を受け入れる地ならしの役目をし、最も好ましい形の反実在論を提供している。ポアンカレの想像にはいろいろな変種が考えられる。明らかに、一夜にして宇宙が縮む方も検出はできない。次のようなことを見分ける方法はあるだろうか。

- 宇宙がある方向にだけ二倍に「伸びた」こと（変化した後は、向きが変わるとそれに応じて伸びたり縮んだりするか）。
- 宇宙が上下逆さまになったこと。
- 宇宙がそれ自身の鏡像になったこと。

・宇宙にあるものがすべて、価値が二倍になる。貨幣も貴金属も、他の惑星で貨幣として使われている何でも。
・時間が二倍の速さで流れ始めたこと。
・時間が半分の速さで流れ始めたこと。
・時間が一兆分の一の速さで流れ始めたこと。
・時間が完全に止まり、たった今流れ始めたこと。
・時間が逆流しはじめたこと。

たいていの人はこうした想定はやはり検出できず、意味がないと言うだろう。ここに挙げられた項目の最後の二つについては一言しておいた方がいい。

時間が止まったかどうかは知りようがない。昨夜あるいは「たった今」の文字を読んだ三秒前に時間が止まらなかったとは言えない（ここで言っているのは「ずっと」止まってしまう時間のことで、単に「しばらく」止まってから再び動きはじめるだけではない。一時的な時間の中断は検出できない）。今この瞬間が時間が止まっている瞬間かどうかは、後になってからでないとわからないことだ。

時間が逆転していないと確信しているなら、それがどうしてわかるか、考えてみよう。おそらく過去の記憶が挙げられるだろう。今は二〇〇四年で、二〇〇三年、二〇〇二年、二〇〇一年などの経験の記憶がある。二〇〇五年、二〇〇六年などの記憶はない。しかし、時間が二〇〇四年から前に進もうと後ろに進もうと、記憶は記憶として残るだろう。問題は、時間を指で追うとき、この記憶の蓄えを増やすか減らすかということだ。区別する方法はない。

時間は五分前に始まった？

時間に関する思考実験で最も有名なものは、一九二一年、バートランド・ラッセルが考えたものである。世界が五分前にできたとしよう。記憶や「以前の」出来事の痕跡も、造物主のいたずらとして五分前に作られたのである。そうでないことを、どうやって証明するだろう。それはできないとラッセルは言う。

ラッセルと論争しようという人は少ないだろう。同じ論法で、どんな反論も打ち砕けてしまうからだ。一九四五年産のシャトー・ラトゥールのワイン、一四五七年刊行のグーテンベルク聖書の黄ばんだ頁、化石、炭素14による年代測定、星の年齢に関する天体物理学の証拠、ハッブル時間、いずれも絵に描いた時計の上に示された時間以上のことは意味していない。

（哲学の真似をするある奇怪な神学の例として、ダーウィン進化論に反対する人々の中には、神は人を誘惑して、アッシャー大司教が欽定聖書の余白に記した、天地創造が紀元前四〇〇四年であることを信じないように仕向けるために化石を作ったと説いた人もいる）

反実在論危うし

反実在論の立場は使い方を間違えることがある。現時点で知りえないことは永遠に知りえないとうっかり思い込んでしまう危険が常にある。一八三五年、フランスの哲学者にして数学者で、実証主義の創始者であるオーギュスト・コントが、必然的に人間の知識を超えたことの例として、恒星の化学的組成というのを挙げた。「実証哲学の分野は、すべてわれわれの太陽系の範囲内に収まる」とコントは書いている。

コントはただ間違っていただけではない。言う時期も間違えていた。コントがこの文言を書いている頃、物理学者は、ヨゼフ・フォン・フラウンホーフェンが、太陽のスペクトルに発見した何本かの謎の黒い線のことで悩んでいた。一世代後のグスタフ・キルヒホフとロベルト・ブンセンが、その線は太陽にある化学元素によってできることに気づいた。分光分析器を遠くの星に向ければ、その星の化学組成もわかることになる。

反実在論側の話によく引かれる科学の話題の一つにブラックホールがある。ブラックホールの内部についての予測は確認できず、その予測は無意味であると反実在論は主張し、その主張は受け入れざるをえないと言われることがある。しかしこれは厳密には成り立たず、なぜそうなのかを検討すると役に立つかもしれない。

ブラックホールは、重力場が強すぎて、そこへ入ってしまうと離れられないような空間の領域である。いかなる種類の物質もエネルギーも出てこられない。情報も何らかの物質かエネルギーで伝えなければならないから、情報すらもブラックホールからは出られない。

そのことについて考えよう。ブラックホールの内側にいる人がわれわれに電波を送る方法はない。瓶にメッセージを入れて、それを外に送り出す方法もない。外にいるわれわれは、ブラックホールの内側で生じている何についても、直接には決して何も知りえない。すると、ブラックホールの内部で起きていることをうんぬんすることに、何か意味があるだろうか。

ブラックホールは、アインシュタインの重力理論、つまり一般相対性理論から予測されるものである。この理論は、確かにブラックホール内部について予測をする——同時にその真偽が決して確かめられないことも、事実上保証している。ブラックホールは、十分に大きな質量が、十分に小さな体積の空間に集中すれば、必ず生じることになっている。大きな星（われわれの太陽の二倍ほどかそれ以上）が熱核融合の燃料を使い果たしてつぶれると、星自身の重力が当の星をどんどん小さく圧縮することになる。星の密度が高くなると、その重力場も強くなる。重力がある分岐点を越えると、物理学でわかっている力ではそれを止めることができなくなる。原子はつぶれて存在しなくなる。星は一点に（わかっている範囲では）縮んでしまう。

星は消えるが重力は残る。強力な重力場、つまりブラックホールが残る。ブラックホールの「境界」は、「事象の地平」と呼ばれる。これは文字どおり、後戻りができない地点である。この球形の境界の中に飛び込んでしまうと、そこから再び出てくることはできない。

ブラックホールは球形で、周囲も何キロという程度だろう。それは完全に真黒であり、その背後にある対象の光をすべて曲げてしまう。ガラス板に入った泡のようなものである。太陽の質量の二倍の星がつぶれてできる、ごくありふれた恒星によるブラックホールは、実際の直径は十二キロほどになるだろう。この直径は虚構である。ブラックホールの直径（あるいは半径）を測るには、巻尺でも何でも、ブラックホールの内側で伸ばさなければならない。それを行なった観測者は、測定結果を外の世界に伝えられない。おまけに、この直径は理論的には空間の歪みを通じて無限大になる。できることといえば、ブラックホールの周を測定することだけだ。原理的には巻尺を、事象の地平のすぐ外でブラックホールに巻きつければいい。この周をπで割れば、実際の直径が得られる――ブラックホールが占めているらしい空間の、外の世界にいる観測者に対する大きさである。

ブラックホール探査船

ブラックホールの外へ情報を運び出す構想をいくつか検討しよう。電波を使ってデータを送り返してくるNASA型の探査船を送り込んでも役に立たないだろう。電波は可視光と同じで、電磁放射の一種である。電波信号も、懐中電灯の光と同じで、ブラックホールから出てくることはできない。ロケットを打ち込んで向こうから発射するというのも、すぐに否定される構想だ。どんな惑星でも恒星でも、しかるべき脱出速度がある。ロケットが天体を飛び立って、引き戻されないためには、その脱出速度を超えなければならない。ブラックホールについては、脱出速度は光の速さである。光の速さは宇宙のどこでも制限速度で、何ものもそれを超えることはできないので、どんなロケットを設計しても、ブラックホールから脱出することはできない。

深海潜水艇のような探査機を作ることも考えられる。サーチライトとカメラを備え、絶対に切れないケーブルにつないでブラックホールに降ろしていく。ケーブルは何か大きくて固いものにしっかりと固定する。探査船は写真を撮り、それからまた引き上げる。

これもうまく行かない。ケーブルの原子が事象の地平線の内部へ入ったとたん、物質をまとめている電磁力も含め、いかなる物理的力も原子を外へ運び出すことができなくなる。ブラックホールのある宇宙では、「絶対に切れない」ケーブルはありえない。

そこで、ブラックホールに入ったものは永遠に出てこないことに同意しよう。それは必然的にブラックホール内部に関する予測は確かめられないということである。原理的には、人はブラックホールの中へ行って様子を見ることはできる。しかし決して出てくることはないし、中で長い間は生きられないだろう。さらにとても大きなブラックホールでないと、事象の地平を通過する間も生きていられないだろう。

ブラックホール周辺の時間と空間の歪みは、巨大な潮汐力の形を取る。これは地球上で潮の満ち引きをもたらしているのと同じものだ。月の引力は地球を引き伸ばしたり縮めたりする。岩石は水よりも形を変えにくいので、それとわかるのは、海面が膨らむ方だけである。

ブラックホール付近のとてつもない潮汐力は、どんな物体でも、ブラックホールの半径方向に引き伸ばし、横の方向には圧縮する傾向がある。自分が空間に浮いていて、足がブラックホールの方を向き、頭が反対側を向いているとしよう。潮汐力は身長の方向に引き伸ばし、脇から押しつぶすように作用するだろう。

ロケットでも何でも、物体は同じ力を受けることになる。太陽の数倍ほどの質量があるブラックホールなら、事象の地平のところでかかる力は、人を殺すほどのものになるのは確実で、既知の素材でできたどんな物でも破壊するだろう。普通の大きさのブラックホールに近づいて生き残れる人はいない。ましてや入るなどとんでもない。

ブラックホールにもいろいろな大きさがある。ブラックホールの（あるいはもっと正確に言うと、その境界、つまり事象の地平の）大きさは、それを生んだ物体の質量によって決まる。皮肉なことに、事象の地平のところでの潮汐力は、質量が大きなブラックホールほど小さい。

一般相対性理論に従えば、事象の地平のところでの潮汐力は、ブラックホールの質量の二乗に反比例し、質量が大きいほど潮汐力は小さくなる。太陽の千倍ほどの質量のブラックホールにできる地平なら、人体はその潮汐力に耐えられるだろうと推定されている。それほど大きい星は知られていないが、それよりもずっと大きいブラックホールはあるのではないかと見られている。

一九八七年、天文学者のダグラス・リッチストーンとアラン・ドレスラーは、アンドロメダ銀河やその衛星銀河M32の中心に、大質量のブラックホールが存在する可能性を示す証拠を報告した。二人はこれらの銀河の中心付近にある恒星が、予測よりもずっと速く公転していることを発見した。アンドロメダ銀河の場合には、これらの星が、見えない、比較的密度の高い、質量が太陽の七千万倍ほどある物体を中心に公転しているとしたら説明できた。既知の理論上の物体でそんなことができるのは、ブラックホールだけだ。他のもっと間接的な証拠からも、われわれのいる銀河の中心にも同様のブラックホールがある可能性がうかがえる。それほどのブラックホールにできる事象の地平なら、潮汐力は穏やかで――太陽の千倍のブラックホールの五十億分の一ほどになる。銀河ブラックホールの外なら、事象の地平に耐え、内側でもしばらくは進めるだろう。

ブラックホールの中心には、「特異点」という、空間が無限に圧縮された、曲率が無限大の点がある。事象の地平を横切る物体は、特異点に引き寄せられる。観測する側から見れば、それがどういうものであれ、特異点は終わりである。どんな存在も装置も、無限大の潮汐力には耐えられない。

特異点に達するまでにかかる時間はブラックホールの大きさによる。計算では、1.54×10^{-5}×ブラックホールの質量／太陽の質量（秒）となる（これは落下する観測者が測定する時間である。他の観測者にとっては、時間の幅は異なる。ブラックホールから遠く離れて静止している観測者から見ると、落下には――文字どおり――永遠の時間がかかる。これも、ブラックホール周辺の時間と空間が大きく歪んでいることの結果である）。

太陽二個分の質量という、ごく普通のブラックホールについては、事象の地平から特異点までかかる時間は3×10^{-5}秒ほどである。太陽千個分の質量のブラックホールなら、落下にかかる時間は最大〇・〇一五四秒かかる。いずれにせよ、観測者は事象の地平を通過すると死んでしまうだろう。

しかし、アンドロメダ銀河の中心にあるかもしれないと言われる太陽七千万個分の質量のブラックホールとなると、かかる時間は千百秒（十八分）になる。特異点まで落下する十八分のほとんどの間、潮汐力は耐えられる程度である。確実に死ぬほどになるのは、最後の何分の一秒かになってからだ。

ブラックホールに入る人の最終的な運命は、シュールレアリスム風に恐ろしい。特異点に衝突する直前には、潮汐力が果てしなく増大することになる。骨と筋肉は耐えきれなくなり、ついで細胞と原子構造がもたなくなる。スパゲティがどんどん長く細くなるようなものだ。細長い紐はどんなに細い糸よりも細くなり、長さは無限大になる（ブラックホールの半径は、内側から見ると無限大である）。最終的な体積はゼロになる。ブラックホールに入る人体は、ユークリッドの理念的な直線になる。

（落下する観測者から見ると、これはおそらく残念なことだ。特異点は見てみたいだろう。少なくともそれまでに体積ゼロの無限に伸びる針に変形した物体なりとも見たいのではないかと思う。残念ながら、ブラックホールになった星を含め、すでに消滅した物体からの光は、後から落ちてくる観測者には決して届かない。自分よりも後に事象の地平を通過した物体が見えるだけだ。ヒンドゥーの神、ブラフマーのように、特異点は、観測者がその一部になるまでは見えない）

この実験が人気を博することはありえないだろうが、それが考えられるということは、ブラックホールの内側の「実在性」に関係している。落下する観測者にも、写真を撮り、実験を行ない、その実験について日誌をつける時間はあるだろう。観測者にとっては、実験の実在性については疑問の余地はない。実験問題は、観測者が自分の経験を外にいるわれわれに伝える可能性がまったくないというところだ。実験は人間が共有する経験の総体に統合されることはありえない。この経験は何かの違いをもたらすだろうか。もしそうだと思うなら、地球が銀河ブラックホールに落下するとしてみよう。十八分間、全員がブラックホールの内側にいることを意識することになる。

このことは、ブラックホール内部は実在することを明らかにしていると強く感じられる（一般相対性理論が正しければ）。どんなものであれ、誰も確認例が得られない仮説（ポアンカレの夜のうちの二倍化のようなもの）と、単に真偽を確かめるのが非常に難しい——自殺行為でさえある——もの（ブラックホール内部の天体物理学など）とには大きな違いがある。科学の領分は、テストできる仮説――どうにかして「区別をつける」仮説である。ポアンカレの二倍化は、違いがないだろうからということで幻である。逆に、ブラックホールに入れば、何かが起きるし、その何かは一般相対性理論の確認例となるか反例となるかだろう。

他者の心

認知科学、つまり心の研究が扱う事項には、確かめられないものが多い。「他者の心」という哲学者の大問題は、われわれが他人に自分と同様の思考や感情があることをどうやって知るかと問う。ひょっとすると、他のみんなが、話したり反応を示したりするようにプログラムされたロボットのような存在で、実は何も感じてはいないこともありうるだろう。そうではないとどうやって証明するか。

「他者の心」という問題は、ポアンカレ風の思考実験の形にして表すこともできる。昨夜、自分以外のすべての人がその魂／意識／心を失ってしまったとしよう。みんな同じようにふるまっているが、いわば内面での対話が完全に消えてしまっている。そうなったことを知る何らかの方法があるだろうか（あるいは、世界中の半分の人々には魂があり、残り半分の人にはないとしてみよう。魂がある人とない人とは、どうやって識別できるだろう）。

確かに他人は喜怒哀楽を口にする。しかしそれは何も証明していない。観察される人間の多様な行動は、無意識の自動装置の範囲内にあるものと仮定しなければならない。他者の意識が幻想だとすれば、それはよくできた幻想である。

求められるのは、ロボットではないかと思われるものの不意をついて、そこに真の感情がないことを明らかにするような巧妙な質問である。他の人も「他者の心」問題を考えてそれを論じるという事実が、向こうにも心がある証拠だと言われるかもしれない。ロボットのような存在なら、本当の意識があるかどうかなど構いはしないし、そんなことがあるとも思わないだろう。そのことによって、ロボットと仮説されるものには十分な信用が与えられなくなる。

他者の心を信じるための帰納的な理由もある。いろいろな形で、われわれはそれぞれ、自分が他の何十億の人類と同様であることを学ぶ。われわれのそれぞれが、自分には心があることを知っている（と考えられる）以上、それを他の全員に投影するのは当然のことだ。これは危うい帰納である。たった一つ知っている心を手がかりにして外挿しているからだ。問題は、客観的な確かめ方を見つけることである。

この確かめ方は、「他人の頭の中に入り」、他人が感じていること（感じていないこと）を感じる方法でなければならないだろう。ＥＳＰが存在すれば、それができるかもしれない。脳を他の人の脳と人工的に連結する未来風の脳実験の類でもいいかもしれない。こうした変わった手段があったとしても、疑念を完全に払うことはできないかもしれない。やはり自分だけが意識を備えた人間で、他の自動機械の脳が生み出す「脳波」、「オーラ」、「波動《バイブレーション》」に対応しているという可能性は残るのだ。

哲学者はたいてい、他者が意識を経験するかどうかは、厳密には知りえないことを認める。さらにその先へ一歩踏み出して、意識と意識の完全なシミュレーションとは同一であると論じる人もいる。これにはたいていの人が反対する。誰でも、たとえいかなる観察や実験によっても確認できないとしても、意識とそれが欠けた状態との間には違いがあると思うだろう。これは合理的な反論だろうか。

快／苦の二倍化

新たにポアンカレの思考実験を巧妙にひとひねりしたものがある。そちらでは、みんなの快／苦の感覚が一夜にして二倍になったとしたらどうなるかという問いになる。元の形のものよりも、これの意味は相当曖昧になるが、同じ推論があてはまるところもある。

一九一一年、経済学者のスタンリー・ジェヴォンズはこんなことを書いた。

……どんな例を考えても、一方の心にある感覚の量を別の心にあるものと比べようとしても、比べようがない。一方の心の感じ方が、ことによると、別の人の千倍も大きいかもしれない。しかし、感じ方がすべての方向に同じ比率で違っていたとしても、その違いを発見することはできない。すべての心はかくのごとく、他の心にはうかがい知れず、感情の共通分母はありえない。

ジェヴォンズは、ただの可能性ではあっても、友人の感じ方が自分の感じ方よりも千倍も強いかもしれない、あるいは千分の一かもしれないと言う。そこでこの思考実験を検討してみよう。

夜のうちに快／苦が二倍になる——つまり、アーモンド・ケーキの味、セックスの絶頂、蜂に刺されるなど、個々の刺激が、以後、前の二倍の快感または苦痛になるということだ。主観的感覚が二重になるだけだとしなければならない。快も苦も、一定の測定可能な脳の活動と結びついている。エンドルフィン（いくつかの快感と関係する脳内物質）の濃度が高まるか、C線維（苦痛と関係するとされている）の電気的活動が高まるのが測定されたとすると、神経学者にはその変化が明らかに探知できるだろう。主観的な二倍化だと、探知できるかどうかはそれほど明らかではない。

まず問うべきことは、好み（選ぶ自由があるときに行なわれる選択）に何かの変化があるかである。それはないと考えられる。好みは快と苦の相対的な程度に基づくだけだからだ。

哲学者のロイ・A・ソレンセンは、好みの二倍化は検出できないとした。変化があった翌日、アイスクリーム屋に入るとしよう。店には三十種類のアイスクリームがあり、そのうち二十九種類は程度の差はあっても好きで、一つ（せんぶり味）だけは嫌いだとする。快／苦とも二倍になったのだから、せんぶり味のアイスクリームは二倍いやな味がする。もちろん、二倍化する前でもせんぶり味のアイスクリームは注文しなかっただろう。珍しい味を求める気持ちが選好に打ち勝って、別の味を選ぼうという気にならない限り、好きな味のものを注文しただろう。

今度は二倍化があった後でも、同じことをする。好きな味は二倍の差をつけて二番めに好きな味に勝つ。珍しい味を感じた快感も二倍になるだろうし、お気に入りよりも新しい味を試してみようと思うかもしれないが、二倍化があったからそうしたのだろうか。一般には、食事をする人はメニューから同じ選択をするだろうし、死刑を宣告された囚人も、処刑の方法を選ばせてもらうなら、やはり選択が変わるわけではない。テレビ番組の視聴率が二倍化で上がったり下がったりするわけではないだろう。

ジョージ・シュレジンジャー（ポアンカレの物理的に二倍化は検出可能と論じた人）は、好みの二倍化は区別できなかった好みを通じて検出できるようになると説いた。要するにこういうことだ。ミツバチに刺されるのがいいか、スズメバチに刺されるのがいいかという選択を迫られても、どちらもほとんど同じ程度の苦痛があるからということで、決められないとする。ところが二倍化があったとしたら、好みの物差しにおける両者の「間隔」は大きくなるので、ミツバチに刺される方が実は痛くないことがわかる。両者の間に入る痛みもわかるかもしれない。ミツバチに刺されるよりも税務調査を受ける方がましと思うかもしれないし、税務調査を受けるよりスズメバチに刺される方がいいと思うこともあるかもしれない。ソレンセンは、これは長さが夜のうちに二倍になった場合、前には同じ長さに見えていた鉛筆を比べなおせば検出できると言うのと同じだと論じた。
フロイト派心理学の快楽原則は、われわれはいつも、いちばん快いことをしようとすると唱える（当面あるいは予測可能な範囲で長期的に）。それが正しければ、最も快いことが二倍快くなるかどうかは関係なくなる。「いちかばちか《ジェパディ》」というクイズ番組では、参加者が指定された賞金を賭けて問題に答える。CM明けには、「二倍《ダブル》ジェパディ」と呼ばれるゲームが始まる。各問題は賞金額が二倍になるのだ。もちろん、「ダブル・ジェパディ」用の戦略は、金額が二倍になっても変わらない。これは意思決定理論の基本学説とも一致する。「効用」（特定の結果をどれだけ望むか、あるいは望まないかを比べる数値的尺度）を二倍にしようと、正の数なら何倍にしようと、違いはないという説である。

ジェームズ・オールズとピーター・ミルナーの「快感中枢」実験を、快／苦の二倍化は察知できることの証拠として挙げた人もいる。一九五〇年代、オールズとミルナーは、ラットの脳に銀線の電極を埋め込み、脳の電気刺激がどう行動に影響しうるかを見た。二人は仮説されている「回避中枢」を探していた。そこを刺激するとラットにその行動を回避することを教えるような場所である。ラットは台の上を自由に動き回っていた。ラットがある隅に近づくと、実験者は、埋め込んだ電極に刺激用の電気をかける（五ないし一〇〇マイクロ・アンペアを〇・五秒）。

オールズとミルナーは非常に強力な回避中枢を見つけた。禁止区域に近づいたラットの脳のこの部位を刺激すると、方向転換をして逃げ出した。このような実験一つでも、ラットはこの区域を何となく避けて通ることをおぼえる。そこで科学史の相当部分を構成する偶然の事故が起きた。あるラットがその区域に近づいて電気刺激を受けて歩みを止めた。さらに何歩か禁止区域に向かって進み、逃げずに止まった。区画から遠ざけると、戻ろうとした。オールズとミルナーがこのラットをもっと詳しく調べると、その電極は脳の少しずれたところに埋め込まれていることがわかった。この部位は、回避中枢とは反対の機能を有していたのである。

この部位は、「報酬」あるいは「快感」中枢と呼ばれるようになった。逆に、回避領域は、苦痛の部位ではないかと推測された。ラットは快感中枢に刺激を受けるために、すぐに迷路を通り抜けることを学習する。レバーを押せば快感中枢を刺激してもらえるラットは、すぐに他のことをしなくなる。疲れ切ってのびてしまうまで、一分間に百回もレバーを押している。少し眠ると、すぐにまた同じことを始める。

これらの部位を快感中枢、苦痛中枢と特定したのも一時的なことだった。オールズとミルナーは、齧歯類の「他者の心」問題に突き当たった。ラットは快感や苦痛をわれわれと同様に体験しているのだろうか。それともラットは仮想の自動機械なのだろうか。後には人間の志願者に対して実験が行なわれた。快感中枢を刺激することによって生じる感覚は快い（ただしラットのときほどには有無を言わせないものではない）。心理学者は脳にいろいろな快感中枢を何十も特定している。セックス、食物、渇きなど、基本的な欲求に関係するものである。

快／苦が二倍になったら、われわれはオールズとミルナーのラットのようなもので、きりなく快楽に浸りきってしまうのではないかと思う人もいるだろう。しかしオールズとミルナーの実験では、増加したのは一個の行動の快感（檻でレバーを押すことの快感）だけだった。それでラットの好みは変わった。すべての行動が等しく快感を増大するなら、その状況はポアンカレが最初に立てた状況にもっと似てくるだろう。

アイスクリーム屋で自分の好きな味のアイスクリームを食べているとしよう。その味はそれまでの二倍おいしい。だからといって、それに浸りきることになるだろうか。アイスクリームの食べ過ぎで腹痛を起こせば、これまた痛みも二倍になる。自分が脂肪を摂取するのを見て、自分の食事量を二倍落とさなければばならなくなるのはいやだろう。また、食べることと他のことをいつも秤にかけている。食べるのは、空腹のときには優先順位が高いが、満腹しているときには優先順位は低い。アイスクリームをおかわりしないでその代わりにできることすべてが、やはり二倍魅力的になるだろう。

人のふるまい方が同じだとしても、本人は二倍化に気づいているのではないか。自分の今の快感や苦痛を過去の経験と比べれば、変化がわかるかもしれない。「これは今まで食べた中でいちばんおいしいアーモンド・ケーキだ」といった陳述をすることが、われわれは過去の快感の記憶を持っていて、それを用いて今の快感を計れることを示している。

これには賛成したい気がするが、それが「外見からすると、シアーズ・タワーはこれまで見た中でいちばん高い建物だ」という陳述とどう違うかははっきりしない。建物の高さは、客観的／主観的二通りのうちの一方で判断される。客観的な方法は、その高さに関する公式の発表を参照することである。観光案内には、シアーズ・タワーの高さは四四三メートルとある。これを他の見たことがある高層ビルと比べ、シアーズ・タワーがいちばん高いとすることもできる。快／苦の方はどう客観的に比べるのだろう。好みに関係する過去に公表された解説を通してのみ可能である（ワインのテイスティング結果など）。その解説は、ある快／苦の（古い）程度を、他の（古い）快／苦と比べており、全然役に立たない。二倍になったシアーズ・タワーを二倍になった物差しで計るようなものである。

ビルの高さを計る主観的方法は、近くのビルの高さとの比較や、てっぺんを見上げる首の角度（つまり、自分の身長との比較）などである。快感と苦痛の体験のうちいくつかは同時期の快感と苦痛との比較を伴う（これまで味わった最高の食事は、夏合宿、監獄、いかだでずっと何も食べないで過ごしてきた後で食べたものだ。頭を壁にぶつけるのは、それをやめるときが気持ちいい。産みの苦しみの後には幸福感がくる）。すべての快感と苦痛が二倍になっても、そのような比較は変化を検出できないだろう。

記憶が変化を明らかにすると思うなら、その変化が徐々に生じるとしてみよう（何世紀にもわたって）。プラトンの時代には、ギリシア人は現代のわれわれが感じているのに比べると二倍の快感と苦痛を感じていたことが納得できるようなことを、プラトンは書けただろうか。

もっと論駁しがたいのは、ストレスが大きくなるという一部の哲学者の説である。外国のカジノに出かけて、床に緑のチップが落ちているのを見つけ、それを使ってラッキーナンバーの7に賭けるとしたらどうなるか。それは百なんとかのチップで、米ドルでは二ドルに相当する。もう変更はできないというときになって、友人が、交換レートを間違えてるよと教えてくれる。このチップは実は二千ドル相当だった。二千ドルを失うか、七万二千ドルを儲けるかである。勝ちと負けの比率は同じだが、それでも賭け金が高くなれば、手に汗握る度合いは高いのではないか。快／苦が二倍になった世界では、ストレスが大きくなるように見える。儲けも二倍なら、損も二倍になるのだ。

一つの答え方はこうだ。確かにストレスは二倍になるだろう。ストレスも一種の苦で、苦が二倍になるからだ。比率は同じと計算されることになる。他方、このストレスは胃潰瘍の進み方、鎮静剤の服用量、自殺率などが高まることに表れる──客観的な変化である。

サディストとマゾヒストは快／苦の二倍化を察知するかもしれない。サディストは一定量の苦痛を与えることから二倍の快感を得るだけでなく、一定量の残酷さが二倍の苦痛を与えるのである。サディストの行為は、二倍の苦痛を起こし、したがって四倍の快感となる。同様の推論がマゾヒストにも成り立つ。苦痛が二倍になるが、その苦痛の「単位」あたりの快感も二倍になるので、快感は四倍になる。

この巧妙な説を退けるのは、誰も、サディストを含め、実際には他者の快感や苦痛を（あるいはそもそも心があるかどうかも）知らないということだ。これは物理的二倍化についてのシュレジンジャーの答え方に対応する。サディストは苦痛が二倍になったことをどうやって知ることになるのか。

現実はひとつか

これらの例はどれも、経験と両立する仮説はいろいろあって、広い範囲に及ぶことを明らかにしている――無限個あるとポアンカレは言った。科学的方法には、これら他の仮説を排除する力はない。夜のうちに二倍になるといった仮説が真か偽か、言えるだろうか。

ポアンカレは、これらの論駁できない仮説には、扱いやすくても必ずしも真実度が高いわけではないものがあると感じていた。ポアンカレの見方をつまらないと思う人は多い。現実はひとつではなく、たくさんある。どれを取るかは自由だ。

「現実が、それを考え、見て、感じる精神とは完全に独立していることはありえない」とポアンカレは書いた。「それほど外にある世界は、たとえ存在したとしても、われわれには手を出せない。『客観的実在』と呼ばれるものは、厳密に言えば、何人かの考える存在にとって共通で、もしかしたら誰にも共通のものである。この共通の部分は、後で見るように、数学的法則によって表現される調和にしかなりえないのだ」

第2部

中仕切り　ジョン・H・ワトソン博士の謎

この種の問題を解くときに物を言うのは、推理を逆向きにできるかどうかだ。
――シャーロック・ホームズ『緋色の研究』

シャーロック・ホームズが引退してサセックス・ダウンズの養蜂家という静かな暮らしを始めて何年かたっていた。その私信（最初の）には、ただこうある。「田園暮らしは全然私には合わない。頭に刺激が欲しくてたまらない。都合をつけて来てくれないか」。私は予定をいくつかキャンセルして、翌日の南行きの列車を予約した。

その夜、遅い夕食をともにしながらの話で、通っているクラブで昔の事件を分析していたんだと言った。「ホームズ、君は誤解されている点では、イギリスでも第一級だと思うね。みんな君の評判は解決した事件の難しさのためだと思っているが、私は、あの話が有名になったのは、その答えが単純だったからだと思っているんだ」

ホームズは両手の指先を合わせた。顔には面白くなってきたという表情が出ていた。「君はイギリスの人々が、単純な探偵話を聞きたいと思っているのかい」

私はうれしいことにポートワインで口も滑らかになり、話を続けた。「さっきも言ったが、人々は答えがはっきりとわかりやすくて、すぐわかる事件が好きなんだ……そんな解決にたどりつくのが難しそうに見えていても。答えが正しいとすぐわかるときだけ、読者はどうして自分でそのことに気づかなかったんだろうと思って悔しがるんだ」

「問題というのは、後から考えれば易しいものだよ。迷路を目標から逆向きに解くようなものだ」とホームズは言い返した。

「いや、違う。目標から始めたって難しい迷路はあるよ。答えが問題と同じくらいややこしいものだってたくさんある。味気ない弾道計算や指紋で、ロンドン警視庁がやるみたいにして何人も犯人を絞首台に送ったって、私が語った君の手柄話には、今の十分の一も読者はつかないだろう。みんなすぐに理解できる答えを求めているんだ」

「面白い説だね。私は養蜂家ぐらしの退屈を紛らわすためにいくつか妙な新聞を取っているんだ。その中に、わが国の数学者のウィリアム・シャンクスが、最近、πを小数点以下七百七桁まで計算したという記事があった。二十年かかったんだそうだ。その答えで、本のまるまる一頁が、味もそっけもない不規則な数で埋まっている。誰かがシャンクス先生の答えを疑ったとしても、そいつは同じ時間をかけてその仕事を繰り返さなければならなくなるね。そのときにも、答えを確かめることが、最初にその答えに達したときと同じくらい難しくなるわけだ――まさに『分かりやすい答え』の反対だね」[1]

「そのとおりだ。私もそれをロンドンにいる学校時代の友人に話したら、それは『UNDで始まりUNDで終わる英語の単語は何?』という謎々みたいだと言っていたよ。そんな単語を考えるのは難しいが、思いついたら、自分は正解を出したことは疑いようがない。辞書で調べたりすることはないんだ」

ホームズはこれを聞いて額に皺を寄せていたが何も言わなかった。

「クラブで何人かの知り合いに、君のところへ言って少しばかりの謎を考えて過ごすんだといったら、面白そうな、難しい問題をいくつかくれたよ。どれも君が専門にしていそうなたぐいのものだ。答えがわかってしまえばわかりやすいというわけだね。そうやって、何週間か頭を使えるだろうし、私もここに残って答えが正しいかどうか教える必要もないだろう」

「何週間も？　そんなにかかりっこないよ」

巧妙度検査

食事の後、私はホームズを、私に与えられた客間の隣の部屋へ連れて行った。ホームズが借りていたのでは、ほとんど使われず、家具もろくになかった。その日の午後、ベッドと椅子を運び出して、その部屋を空っぽにしておいた。

天井からは二本のひもが下がっていて、それぞれの長さが一・八メートルあった。二本のひもの間隔は三メートルあった。部屋の高さも三メートルあったので、ひもの下の端は床から高さ一・二メートルのところに垂れ下がっていた。

部屋にあるものと言えば、他には床に並べられたいろいろなものだった。万能ナイフ、爆竹、小さなエーテルの瓶、十キロの氷の塊、三毛猫である。氷はインド製の絨毯を痛めないよう、大きな皿に載せてあった。

1　ホームズの時代にはわからなかったことだが、シャンクスは小数点以下五百二十八桁めでミスを犯した。それ以後の答えもすべて間違っていた。

「参ったよ、ワトソン君。何をしようと言うんだ？」とホームズは訊ねた。

「問題だよ。ひもの両端を結ぶんだ。ひもとひもの間は、腕を目いっぱい広げたよりもまだ一・二メートルほど広いことがわかるだろう。一方の紐をつかんでいると、もう一方のひもには手が届かない。問題を解くのに使えるのは、万能ナイフ、爆竹、エーテル、氷、それから猫だ。カーテンのレールとか、壁紙とか、絨毯とか、この部屋にある他のものはどれもだめだ。自分が着ているものもだめ」

ホームズの目は床と天井を細かく調べていた。「君がひもをぶら下げるのに使った脚立は三段目が緩かったね」

私はこれを無視して続けた。「ひもは引張ればすぐほどける結び方で天井の止め具に結んである。君の体重は支えられない。ヒントとしてこれだけは教えといてやろう。これは推理が難しそうに見えても、わかってしまえばばかばかしいほど簡単な答えがあるという、君を怒らせるパズルだよ」

ガス、水道、電気

ホームズはほんのつかの間、黙って考えていた。それから「次の問題は？」と訊ねた。

「次の問題は、最近、ヘンリー・アーネスト・デュードニーが新聞に書いたものだ。しばらく時間をかけて考え込んだんだが、結局答えはないと言われたよ。それでももうしばらく考えて、答えはあることがわかった」と私は答えた。

私はホームズに、その新聞から切り抜いた図を見せた。「三軒の家があって、ガス、水道、電気の三つの会社がある。どの会社も、それぞれの家に配管か配線をするのだが、どのパイプも線も、交差しないようにしたい。パイプは曲げられるし、無駄に遠回りしてもかまわないが、交差はしてはいけない」

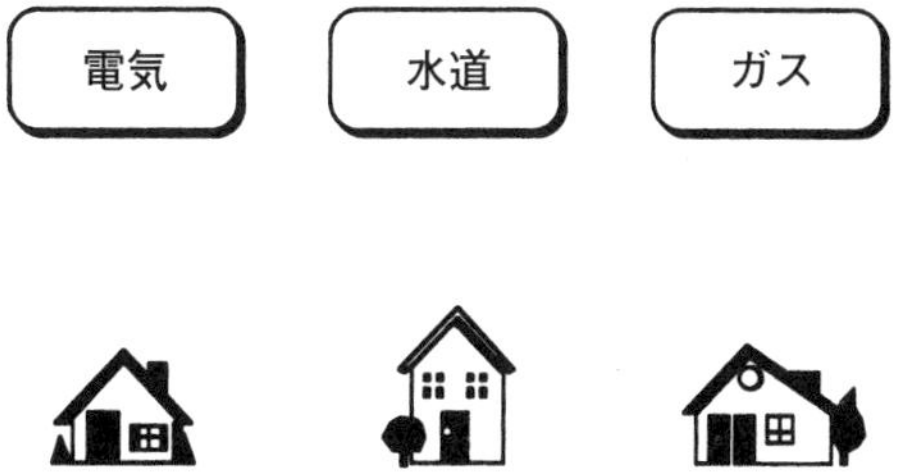

ホームズは切り抜きをほとんど見もしなかった。「その問題はよく知っているよ、ワトソン君。これは電灯よりも、ガス灯よりも昔からある話だ。近代的になる前は、鳩小屋と井戸と干し草の山だった。君が解いたと思ったのなら、間違いだと断言できるね。これは解けないんだよ」

「それでも答えはあるんだ。きっと認めてくれると思うがね」

ホームズはしかたがないというようにため息をついた。「出されてきた不正解もよく知っているよ。家の中を突き抜けられるパイプとか。水道管をガス管に同心円状に組み込むとか。そういう考え方の巧妙さには敬意を表さざるをえないがね、それはずるいと思うだろう。それでは元の問題の位相幾何学的な要点を外してしまう。家も配給元も、次元のない点と考えて、配管は幅がゼロの曲線と見るべきだろうね」

「その先は意見は合わないな。君の言う位相幾何学の要点についても正しい答えがあるんだ」

会社の裏情報

私の第三問はこうだ。「ある大企業に千人の従業員がいて、特異な解雇方法が用いられている。誰も自分が解雇されることは教えられない。解雇予定の従業員は、自分の近い将来の運命を推論して、解雇されるのではなく、希望退職することも認められる。

全従業員はいつも職を失う不安を抱えて暮らしている。解雇が近いという噂は即座に会社中に広まる。この噂の元は百パーセント正確だ。解雇の流れはしっかりしていて、誰も悪意や退屈しのぎで嘘は言わない。誰かが解雇予定になると、本人以外は会社中の誰もがそのことを知る。本人は文字どおり、最後に知る人となる。誰も、本人にそのことを教える勇気はなく、誰もが不運な同僚がいるときには、何も変わったことはないかのようにふるまう習慣を身につけている。

この噂と裏表の環境は、従業員の論理力を鋭くした。誰もが毎晩、自分が聞いたことと聞かなかったことを考えて眠れず、自分の会社での立場に関して、ありうる仮説を何度も考える。いかなるニュアンスも、ささいなことも、気づかれず、考えられないことはない。すべての従業員は頭がよく（心配性でもあり）、どんな行動にも論理的な意味を見てとる。従業員が自分は解雇されると推論すれば、翌朝いちばんで、希望退職を願い出る。

ある日、この会社はもっと大きな企業に買収された。買収した側の大会社の上司が従業員全員を集めてこう言った。『ここらで贅肉を落とさなければならない。何人かが解雇される』。上司は誰が解雇されるかは言わなかった。何人が解雇されるかも言わなかった。いつものように、会社の裏情報網には隠し事はできない。集まりの後、裏情報は解雇される人をつかんでいた。これからどうなるか

「どうなるとはどういう意味だい」とホームズは訊ねた。

「解雇について美しい推理ができるということだ。このパズルで、これこそ推理というのがわかるよ」

「情報が十分じゃないな」

「ホームズ、このささやかな謎の魅力は、最小限の情報からどれだけのことが推理できるかということなんだ」

ホームズはいくつかのアイデアを試してそれをすべて棄てたようだった。「他人の行動のしかたからこれからどうなるか推察できる者もいるんじゃないか」

「違うよ。それじゃ的外れだ。みんな完全な役者で、気も小さくて、親友にもその運命は教えないんだ」

「私の経験では、目を見れば、どんなに上手な嘘つきだって嘘はばれる」

「私は目の話はしていないから、それはどうでもいい」

「従業員は集まって知ったことを教えられないのか？」

「噂の元になっている人以外はだめだ。いかなる事情であれ、解雇される本人が解雇されるとは誰も言わないし、会社の外の第三者から教わることもない」

「匿名の手紙は？」

「それもだめ」

墓地の謎

「匿名の手紙と言えば、ある男が署名のない手紙を受け取って、そこには午前零時に地元の墓地に行けと書いてあった。普段はそんなことに関心を向けない人物だったが、好奇心にかられて出かけた。物音一つしない夜中で、三日月しか明かりはなかった。男は自分の先祖の納骨堂の前に立った。そこを離れようとしたときに、すり足の足音が聞こえた。男は大声を上げたが誰も答えない。翌朝、男が死んでいるのを管理人が発見した。不気味な笑みが顔に浮かんでいた。

さて、この男は一九〇四年のアメリカ大統領選挙でセオドア・ルーズベルトに投票したか」

ホームズは熱心になって答えた。「いいね、やっと論理的な答えが出せる問題だ」

測量技師の悩み

次は鞄からボール紙を出して三つの図形を作った。三角形、一つの角が欠けた正方形、角がとれていない正方形である。「アメリカの砂漠のどこかに、三人の地主がいてね。スミスとジョーンズとロビンソンとしておこうか。スミスには三人の息子がいて、ジョーンズには四人、ロビンソンには五人いる。アメリカ人は民主的だから、三人とも自分の地所を相続人全員に平等に分けるんだ。

スミスの地所は正三角形の形をしている。どの息子のひいきもしたくないので、測量士に土地を正確に同じ大きさ、同じ形に切り分けるよう依頼した。測量士もそうすることができた」。私はペンでボール紙の三角形に分け方を記した。

「ジョーンズの息子は四人で、L字形の土地を所有していた。正方形の四分の三だ。あれこれ考えたあげく、測量士はこの土地を四つの部分に分けた。どれも同じ大きさ、同じ形だ。

最後のロビンソンだが、こちらは息子が五人で土地は完全な正方形だ。ロビンソンも測量士に五つのまったく同じ部分に分けるよう頼んだ。測量士はこの問題はとても厄介だと思った。それだけにかかりきりになって、他の仕事を無視した。最後には髪の毛をかきむしってしまい、流動食を与えてやらなければならなくなった。最後の問題はこの、正方形をまったく同じ大きさ、同じ形の五つの部分に分けるという問題だ。これは解けるが、答えは一通りだけだと言っておこう。

この気晴らしで間が持てるといいんだがね。そろそろ部屋に下がらせてもらうよ。徹夜なんかしないでくれよ。答えを見つけても、夜中に起こさないでくれるとありがたいね。いずれにせよ、私に答えを確かめる必要はないだろう。正解は紛れもなく明らかだからね」

ホームズを残して部屋を出るとき、ホームズはテーブルについて腰かけ、あれこれメモを書き込んで、

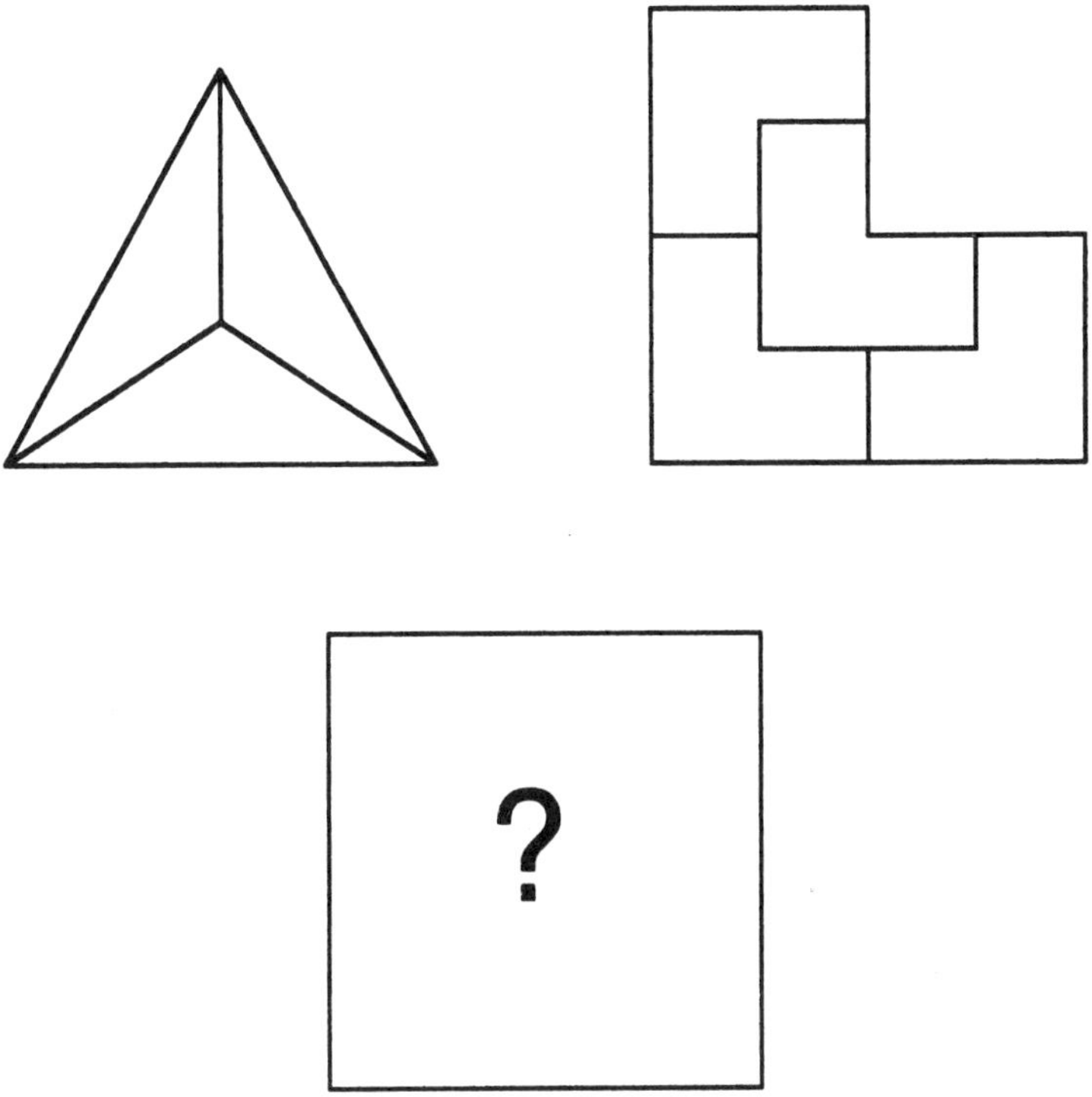

私には目もくれなかった。

答え

私は悪い夢を見ていた。見せられていたのだと思う。夜じゅうバイオリンを弾く音が延々と続いていたからだ。私は翌朝八時に起きた。まず隣りの空っぽの部屋を覗いてみた。天井にくくりつけられた二本のひもは、私の頭のすぐ上のところで結ばれて垂れ下がっていた。ひっかけのために猫なんか使うのではなかった。猫がおとなしくしていて怪我もないのを見てほっとした。

ホームズはあまり動物に優しくはないことを思い出した。ホームズは煙草の煙が立ちこめる客間の長椅子に横になっていた。服装は昨夜のままだった。「ひとつ以外はすぐにわかったよ」とホームズは言った。

「本当かい」、そう言って私はテーブルについた。気が狂ったように正方形を何通りにも区切った図が何枚も何枚もあった。一枚の紙のいちばん上には、やけくそのように、ウンダクスフント UNDACHS-HUNDという造語が書いてあり、線で消されていた。ひとこと言いたいのを堪えるのは容易ではなかった。その下に正解が書いてあった。

「どれが最初にわかったんだい?」

「UNDの問題が最後だ」

「そいつがいちばん易しいと思っていたのに」

「私も最初はそう思った」とホームズも認めた。「このクイズが難しいのは、整理して解く方法がないからだね。直観がはたらかなければ、UNDで始まりUNDで終わる、ありうる文字の組み合わせをすべて調べるしかない。

「ここを見てくれ」と、ホームズは文字で埋まった紙を一枚くれた。「UNDは単語ではないし、UNDUNDも単語ではないから、UNDAUND、UNDBUND、UNDCUNDというふうにしてUNDZUNDまでやってみる。この二十六個の七文字単語はどれも普通の英語ではないとすれば（普通の英語ではないことはすぐにわかった）、八字単語の集合を調べなければならない。UNDAAUND、UNDABUND、UNDACUND……UNDZZUNDというふうに。今度は二十六の二十六倍の組み合わせがある。全部で六百七十六通りだ」

「で、それでも答えは見つからない」と私が続けた。

「そうだ。調べる単語が長くなるほど、組み合わせの数は等比数列で増えていくんだ。結果論で言えば、正解に偶然に行き当たるまでには何百万通りも調べなければならないだろう。だからこの問題はフェアじゃないと思う。誰もこの問題は論理的には解けないだろう。面倒すぎるんだ」

「答えはどうやってわかったんだい」

「まぐれ当たりだよ。いわゆる潜在意識の頭だね。どちらにしても面白くない。論理的に導き出したかったのに。すべて暗闇の中だと思っていたら次の瞬間、UNDERGROUND〔地下〕という言葉が浮かんだんだ[2]」

「まぐれ当たりの方が推理に勝る場合は他にもあるんじゃないかい」と私は言った。

「ひものことかい。ある程度はね。今は答えがわかっているから、目くらましもわかる。君がくれた物の中で奇抜なものの方が、まず関係ないなとすぐに睨んだと言ってもあまり驚かんでくれよ。君がうまかっ

2　ワトソンの当時の辞書にはなかったと思われる答えとして、UNDERFUND〔財源不足〕がある。

たのは、答えが特定の物で決まるんじゃなくて、どれでもいいことだ。私は万能ナイフを使った。エーテルの瓶でも使えただろうし、爆竹でも氷でも使えたかもしれない。猫は暴れるだろうね――エーテルで大人しくさせればいいのかもしれんがね。僕はナイフをひもに結びつけて揺らせたんだ。もう一方のひもをつかんで、揺れるナイフをつかみ、ひもを優雅な放物線に結んだんだ。単純そのものだ――後から考えれば」

「優雅な懸垂線だ」と私は訂正した。

「今度はガスと水道と電気の問題に行こう」とホームズは言った。「君が考えていたのはこういうことだろう。君の位相幾何学的答えとやらは」と、私の答えを鉛筆がきできちんと描いた。

ホームズは説明した。「このクイズは平面上の問題として与えられている。地球は実は球だと言っても同じことだ。球面上の点と線の網目は平面上の網目と同等だ。球は反対側で「パンク」させれば平面になるんだからね。パイプの通り道は別の位相幾何学的面では交わる必要はない。問題は、メビウスの帯やトーラス――穴のあいたドーナツ型――上で解くことができる。自然のトンネルは地球をトーラスにする。『天然橋』、あるいは『ウィンドウ・ロック』〔岩の側面に穴があいている景勝地〕地形でも、開口部が二つある洞窟でも、噴気孔でも、プレーリー・ドッグの巣穴でも、何でもかまわない。トンネルは、確かに交差自由だ。何もしなければ二本のパイプが交差しても、一方はトンネルを通し、もう一方は山越えをさせることはできる。

トーラスの孔はパイプのネットワークの内部になければならない。最初にどのトンネルだか巣穴だかも家と公共事業会社の近くにあるとするのが思い込みで、これでしばらく時間を取られた。それから山がこ

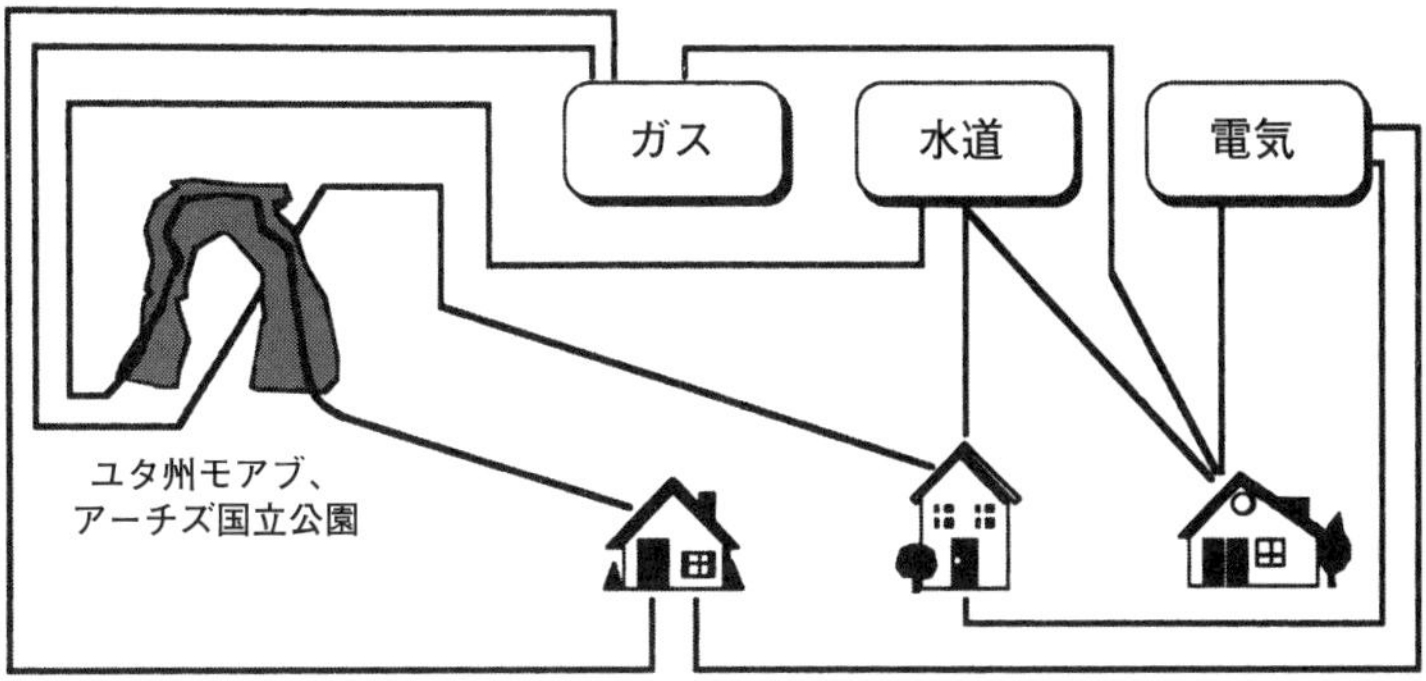

っちへ来ないなら、こっちから行けばいいんだということに気づいた。この問題はこの地球の上で行なわれると考えるのがいい。地球には自然のトンネルがいくつもある。公共事業会社なら、三本のパイプを、そういうトンネルや穴でいちばん近いものまで伸ばし、それから家まで戻せるだろう」

「会社の噂の話もわかったんだろうね。あれこそ純然たる演繹ではないかい」

「これはとても変わっていたよ。答えは純然たる演繹なのに、演繹できたとは全然思えない。これも幸運なあてずっぽうじゃないかと思うんだがね」

「あてずっぽう？」

「メディチ家には遅効性の毒薬があって、陽に当たってだめになったかというほど日にちがたって、初めて命取りになるんだそうだ。後継ぎ問題のライバルや、浅はかな愛人に十五日後に死んでほしいとき、フィレンツェの太陽で十五日間焼いておいた薬を投与した。化学式は失われてしまったが」

「医者として言わせてもらえば、そいつはおとぎ話だね。問題の方はどうなったんだい」

「メディチ家の毒薬の話をしたのは、まさにそのことを考えていて（偶然なんだが）答えにたどり着いたからなんだ。解雇予定の社員はみんなそのことを推理して、同じ日に希望退職する。この推理に達するまでには、解雇予定の人の数と同じ日数がかかることになる。会社が七十九人を辞めさせる気なら、発表があって七十九日めに七十九人全員がやめることになる」

「その結論にはどうやってたどり着いたんだい」と私は訊ねた。

「見事な――異様な――論理でね。パズルを一人だけが解雇されると仮定して単純にしたんだ。噂の元はその人の正体を知っているし、本人以外は全員が状況を知っている。その夜、不幸な定めの人物は、何度も寝返りを打っている。誰かが解雇されることはわかっている。それが誰か、耳に入ってこないのは変じゃないか。会社の情報網はあんなに効率的なのに……ありうる唯一の結論は、自分だけが解雇されるということだ。解雇予定者が何人かいて、自分がその一人なら、他の予定者の名前は聞いているはずだ。そういうことで、この一人だけ不運な男は翌日希望退職しなければならない。それだけが論理的にありうることだ。一人だけが解雇されるなら、まさにそのとおりのことになる。

今度は二人が解雇されることにしよう。情報網のおかげで、全員が少なくとも一人の名を知っており、最初の夜はみんな安らかに眠れる。それぞれの従業員は、一人だけ解雇という筋書きが進行しているものと想定できる。発表があった次の夜、解雇予定の二人が眠れない夜に陥る。それぞれはこう考える。誰それが首になるのは気の毒だが、どうしてあいつは今日、希望退職しなかったんだろう。それがわからない。従業員はみんな完全に論理的で、行動の意味を考える時間は十分にあるのだから、誰それが希望退職しないとしたら、そいつが解雇予定者として別の人物の名を知っていたとした場合だけだ。この二人は自分こそがもう一人の解雇予定者だと考えざるをえない。発表の二日後、二人が辞めるに違いない。

後はすべて同じことだ。三人が解雇予定なら、翌日と翌々日に誰も辞めなかったら、解雇予定者を二人しか知らない人が解雇予定だということになる。みんなの断固たる論理を信頼する限り、人数がどんなに多くなろうと違いはない。九百九十九日たっても希望退職者がいないなら、千人全員、従業員全員が解雇されるという結論になって、眠れぬ一夜を過ごすことになる」

「じゃあ、墓場の男の話は？」

「これは簡単だと言っただろう」

「君にはそうかもしれないが、どれが易しくてどれが難しいか決める客観的な方法はわからないからね」

「確かにそうだ。いずれにせよ、答えはノーだ。この男はルーズヴェルトには入れなかった。答えは、話に出てくる三日月が夜中に見えるなんてありえないことに気づくかどうかにかかっている。世界中、たいていのところでそうだ。いわゆる教育のある階層の連中でも、この初歩的な事実を知らない人が多いのは衝撃的なほどだ。例外は北極と南極だけ。太陽——と、その近くにある三日月——が、二十四時間ずっと見える。つまり、この男がアメリカ人なら、北極圏近くかその内側にあるアラスカに住んでいるに違いない。アラスカ準州にいる市民は大統領選挙に投票できない。支持政党がどこであれ、この男はルーズベルトには投票しなかった[3]」

「大正解だ、ホームズ」と私は言った。「じゃあ今度は君を悩ませた土地の分割問題だ」

3　この問題は一九五六年の大統領選挙（アイゼンハワーとスティーヴンソン）までなら、どの選挙に変えてもいい。アラスカは一九五九年に州となり、一九六〇年の選挙から住民に投票資格が認められた。一九六〇年の選挙でこの男が投票したのはケネディかニクソンかと聞いてしまうと、答えられるだけの情報がないことになる。

ホームズはうなずいた。「昨夜眠れなかったのはこの問題のせいだ。このパズルは他のとは質的に違う。他の問題については、考えられる答えの数が何らかの意味で限られているが、平面に引ける線の数は無限にあるからね。だから平面のありうる分割のしかたも数え切れないほどある。うまくいかなかったどころか、どこから手をつけていいかもわからなかったよ」

「降参かい？」

「そうだ。答えを教えてくれ」

「せっかく考えたんだから、私が無事にロンドンに着いてから、手紙で知らせるのがいいと思うんだが」

「どうして」

「君は喜ばんだろうから」

「ワトソン君、今教えてくれ」

翌日私は、家に着いてから、ホームズにこんな図を描いて投函した。

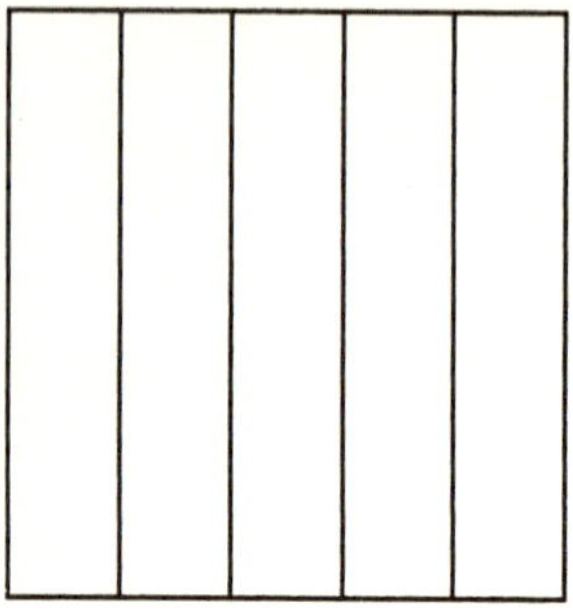

5

演繹——積み重ねの逆説

パズルと逆説との関係は微妙だ。パズルではいろいろと考えられる仮説のうち一つだけが矛盾を避けられる。一つの仮説だけがパズルの答えとなる。逆説では、成り立つ仮説は一つもない。

生牡蠣のように、論理パズルは好みが分かれる。やる気をそそられ面白いと思う人もいれば、面倒くさいと思う人もいる。重要な問題は、論理の問題を解く一般的な方法があるかどうかだ。誰でもおぼえられて、どんな論理の問題を扱うのにも使える、型どおりの手順、こつ、秘訣があるのだろうか。そういうものがあれば、科学の世界でも他の世界でも量りしれない値打ちがあるだろう。

実際には、論理とは、一段一段進める演繹と、ありうる仮説をしらみつぶしに探すことが混じったものである。演繹の方は、一群の古典的逆説で解説される。

テセウスの船

テセウスがミノタウロスを倒してアテネに戻ると、その船は「アテネ人によって、パレロンのデメトリオスの頃〔紀元前四世紀〕まで保存された。板張りが古くなって腐ると取り去り、代わりに新しい丈夫な木材を張っていたのだ」とプルタルコスは書いている。「船は哲学者の間で、成長する事物に関する論理学的な問題を表す格好の例になった。一方の陣営は船は同じものだと言い、対する陣営は、同じではないと言う」

誰もが船の板を一枚入れ替えても船の正体には変わりないことに賛成する。置き換えても同じ船である。もう一枚替えて修理しても、船に違いはないはずだ。もしかすると何らかの時点で、テセウスの船は元の船にあった板が一枚もなくなることがあるかもしれない。するとアテネ人はきっと、誤ってそれをテセウスの船と言っていることになる。船が保存されておらず、後のアテネ人が、元のとは違う板で直接この船を建造したら、それはテセウスの船の立派なレプリカとしか呼ばれないだろう。

この種のこまごまとした逆説を、古代ギリシア人はよく知っていた。ゼノンは言う。粟粒ひとつを落としても音をたてない。それなのに、升いっぱいの粟粒を落とせば音がするのはどういうわけか。同類をまとめて「積み重ね《ヒープ》の逆説」という。砂山から砂を一粒取り除いても、砂山は残る。砂山を思い浮かべ、そこから砂を一粒取り去ろう。過去の経験に基づいて、砂粒を一つ取り除けば砂山ではないものが残るようなことがありうるか。もちろんない。すると砂山から始めて、一粒ずつ砂を取り除いていこう。いずれ山は小さくなって一個の砂粒になるだろう。それでも砂山でなければならない。最後の粒を取れば何も残らない。その何もないところもやはり砂山でなければならない。

もちろん山に最低限の大きさを設定すれば、この事態からは脱出できる。「砂山は少なくとも千粒はなければならない。規則はこうなる『砂粒を少なくとも千と一粒ある山から一粒取り除く』」。そんなことを口にするのはすっきりしない。どこか見当はずれではないのか。「山」のような言葉が曖昧なのだと考えられる。

現代風のものはワンの逆説である（ハオ・ワンにちなむ）。ワンの説はこうだ。数xが小さければ$x+1$

も小さい。0は小さな数であることにみんな賛成してくれるだろうか。よろしい。すると1（つまり0＋1）も小さい。2（1＋1）も小さい。3（2＋1）も小さい。以下同様で、すべての数は小さい……馬鹿な話だ。

連鎖式

連鎖式は三段論法の連鎖である——各命題の述語が次の命題の主語になるような形態の論証である。言い換えればこういうふうになる。

すべてのレイヴンはからす類である。
すべてのからす類は鳥である。
すべての鳥は動物である。
すべての動物は酸素を必要とする。

連鎖式の前提はつながって、明らかな結論に至る（すべてのレイヴンは酸素を必要とする）。連鎖式を察知することが鍵になる論理パズルも多い。前章の会社の裏情報の答えは、手の込んだ連鎖式である。

連鎖式《サライティーズ》は、ギリシア語でかたまり《ヒープ》を意味する語に由来する。それはヒープの逆説で用いられる（しかも誤用される）推論形式だからである。

xがヒープなら、xマイナス一粒もヒープである。

xマイナス一粒がヒープなら、xマイナス二粒もヒープである。
xマイナス二粒がヒープなら、xマイナス三粒もヒープである。
xマイナス三粒がヒープなら、xマイナス四粒もヒープである。
……
xマイナス12,882,902粒がヒープなら、xマイナス12,882,903粒もヒープである。

ここでは区別できる論理の段階は何万にもなる。

連鎖式の逆説は、いちばん単純な形の演繹の逆説かもしれない。これほど始末におえないものもない。すべて、前提のわずかに不正確なところが、その前提が何度も適用されると蓄積されることから出てくる。連鎖式の逆説にある魔力は、それが非常にありふれた、かつ重要な推論を使用（誤用）しているところだ。われわれが知っていること、信じていることは、たいていは連鎖式による。

ある日、鳥類学者も誰も見たことのないレイヴンを見る。それでもそのレイヴンについて多くのことがわかっている。それは温血で、羽と皮膚の内側には骨があり、卵からかえり、生きていくには水と酸素と食物が必要であり等々のことを知っている（あるいはそう思うしっかりした理由がある）。これを知ったのは、すべてが直接の体験によるものではないし、すべてが明示的にそう言われたからでもない。窒素しかない部屋にレイヴンを（ましてや今初めて見るそのレイヴンを）入れたことがあるだろうか。明瞭に「すべてのレイヴンには骨がある」と書いてある本を読んだことがあるだろうか。レイヴンに関するこれらの事実は、必要に応じて組み立てる連鎖式によって知るのである。

科学は連鎖式に基づいて築かれる。この種の演繹を通じて、誰でも、おぼえているわずかな一般論から情報を生成することができる。連鎖式に依拠すれば、いちいち実験しなくてもよくなる。レイヴンは酸素を必要とすることを実験してみた人はいないのではないか。実験はいろいろな種の動物が酸素を必要とすることを証明しており、レイヴンが嫌気性の生物であると思う理由があるのなら、そのことを調べることになるだろう。

科学者は「すべてのXはYである」式の一般論を求めている。それによって手早く演繹が行なえるようになるからだ。対照実験（原因が結果と分離され、特定される）の考え方は、世界の重要な事実はこの種のものであることを前提にしている。しかし、すべての真理がそんなに単純に明らかになるということにはならない。真理の一部を描き出してながら、切り取った現実の一部が、全体と同じ形をしていないかもしれないと考えてみた方がいい。

複雑性

前章のUND問題に関するホームズの不満――「論理的に」解くようにできていない――は、正反対の論理的手順の典型である。それには連鎖式の一つずつ進める演繹があてはまらない。

UND問題は、複雑性《コンプレクシティ》の理論と呼ばれる数理論理学の一部門に属している。複雑性の理論が研究しているのは、問題が難しいとはどういうことか、その客観的で抽象的な意味である。それはコンピュータ・プログラマの経験に基づいている。プログラマは、問題のタイプによってコンピュータで解くのが難しかったり易しかったりすることを知っている。

複雑性の理論がコンピュータにしか応用できないのなら、それほど役には立たないだろうが、それは人間が問題を解くことにも応用できる。人間は問題を何かの方法によって解かなければならず、その方法

（ハードウェアではない）が、複雑性理論の関心である。

問題がどれほど難しいかを表す客観的な尺度を探すのは無駄に見えるかもしれない。実生活に現れる問題は、たいてい、人によって難しかったり易しかったりする。その問題と他の事実とに、頭の中でいろいろなつながりをつけないと問題が解けない場合も多い。そのつながりがつけられるかどうかである。

ある意味で、頭の中での特定のつながり（ワトソンの土地分割問題）を必要とする問題は、論理パズルの中でもいちばん難しいものだろう。それをどうやって解くか、はっきり言えないからだ。見方を変えれば、いちばん易しいとも言える。つながりがつけば、どうということもないからだ。

答えを導く系統的な方法が存在しても解きにくい問題もある。複雑性の理論はたいてい、そういう問題に関するものである。人間の頭やSF的な遠い未来のコンピュータによっても解けないような、本来的に難しい問題がある。それでもこの問題は解ける。逆説ではないし、答えのない「ひっかけ問題」でもない。

複雑性の理論の中心概念は「アルゴリズム」である。アルゴリズムとは、何かをするための、正確な、「機械的」手順のことだ。察したり勘をはたらかせたりする必要もなく、また想像力も要らない。それはほど完全に指定された指示の集合である。コンピュータのプログラムはアルゴリズムだ。野菜スープのレシピも、自転車組み立て指示書も、多くの単純なゲームの規則もアルゴリズムである。小学校で教わる算数の規則もアルゴリズムだ。二つの数を足すとき、それがどんなに大きな数でも、規則から必ず正しい答えが得られることがわかっている。答えが間違っていたら、規則の当てはめ方が正しくなかったに違いない。アルゴリズムそのものを疑うことはない。

アルゴリズムは正確でなければならない。「森の中で迷ったら、冷静になって常識をはたらかせ、勘をはたらかせよ」というのは助言ではあってもアルゴリズムとは言えない。ボーイスカウトの指示

森の中で迷ったら、水が流れているところまで斜面を下り、それから下流に向かって歩けば、いずれ
町にたどりつく

はアルゴリズムである。

効果的なアルゴリズムにたどりつくのは簡単なことではない。予見していなかった状況が出てくる。ボーイスカウトのアルゴリズムが使えない場面を考えることは難しいことではない。斜面を下りた先が砂漠の盆地だったら、水の流れではなく、干上がった湖の底にたどりつくことになる。どこか辺鄙な場所には、人間の住むところの近くを通らないで湖や海に達する川もある。さらに悪いことに、平坦で、すぐにそれとわかる「下り斜面」がないところでどうすべきかについては、この指示は何も言っていない。理想的なアルゴリズムなら、状況がどうあれ成り立つものだろう。

われわれはいつもアルゴリズムを使うわけではない。レシピに従う料理人もいるし、その場の思いつきを自由に取り入れるので、料理の作り方を説明することはできないと言う料理人もいる。どちらのやり方が正しいとか間違いとか言えるものではない。ただ、分析にかけられるのは、アルゴリズムによる手法だけだ。

嘘族と本当族

論理パズルは世界を理解するために用いる演繹的推論のミクロコスモスである。論理の問題がどうすれば系統だって解けるかを見てみよう。論理パズルの最古のジャンルに属するもので、どこか遠くの島の住民の話がある。いつも本当のことを言う人々と、いつも嘘をつく人々がいる。本当族の人々は必ず本当の

ことを言う。嘘族の人は必ず嘘をつく。嘘族の人には、時々本当のことを言ってどれが嘘かわからなくするような細かい芸はしない。嘘族が立てる陳述は、すべて本当のことの正反対である。着るものなどの特徴では、どちらの部族の人かはわからない。嘘族と本当族の問題でいちばん伝わっているものは、グルー＝ブリーン問題のネルソン・グッドマンが立てて、一九三一年、ボストンの『ポスト』紙のパズル欄に載せたものかもしれない。少し手を加えると、こんなふうになる。

嘘族と本当族のいる島で、三人の人物に会う。名前はアリス、ベン、チャーリーだ。

アリスにあなたは嘘族ですか、本当族ですかと尋ねると、地元の言葉で答え、何と言っているのかがわからない。

次に、アリスは何と言ったのかとベンに尋ねると、英語を話せるベンは、「私は嘘族です」と言ったんですよと答える。そこでベンにチャーリーのことを尋ねる。「チャーリーも嘘族です」とベンは断言する。

最後にチャーリーが言葉を挟む。「アリスは本当族です」

三人はそれぞれ何族かわかるだろうか。

嘘をついているのは誰？

三段論法の場合と同様、「嘘族と本当族」問題の基本的な論理は、素材によらない。話が飛行機から落下傘で降下して島に降り立った登場人物で始まっても、違いはない。三人組の名前が違っていても、答えに出てくる名前がそれになるだけで、それ以上の違いはない。根幹を成すのは論理的関係の問題であって、肝心なのはそれだけだ。

関心の対象はひとつだけ――この三人の住人の部族を当てることだ。算数の問題を解くときは、x＝

12＋5yのようなものを書くことがある。xとyが変数で、とりうる値の範囲のいずれかになる未知数である。問題を解くとは、xとyが取らざるをえない値が何か、はっきりさせることである。論理学の問題は同じように扱える。この論理パズルには三つの未知の項目がある。アリスは本当族か、ベンは本当族か、チャーリーは本当族か。

未知の項目は、アリス、ベン、チャーリーがそれぞれ嘘族かどうかだと言ってもいい。それで違いは生じないが、疑わしきは善意に解釈することにして、本当族かどうかで作業を進めることにしよう。すると真か偽か、いずれかになりうる三つの単純な命題が得られる。

アリスは本当族である。
ベンは本当族である。
チャーリーは本当族である。

これらの陳述は、状況をできるだけ基本的な言い方にしたものである。この三つが、状況における論理の原子である。これらの文は、事実だとわかっていることではなく、真であるか偽であるかいずれかのダミー文なので、この文が演じる役割は、代数の変数のようなものである。これらの文が取る「値」は、もちろん、「真」または「偽」である。論理学者の用語では、このような陳述はブール変数と呼ばれる。イギリスの論理学者ジョージ・ブール（一八一五〜六四）にちなんだ名称である。

問題の最初の問いはアリスに向けられる。その答えはわからないので、そこから演繹できることはない。本当に情報と言えるものが最初に得られるのは、ベンからである。ベンはアリスが、自分は嘘族だと言ったのだと言う。おそらくお気づきのように、これを額面どおりに受け取るわけにはいかない。ベンがアリスの言ったことについて嘘をついているかもしれないし、アリスも自分について嘘を言っているかもしれない。ベンの発言は、各人の部族への帰属関係が一定の場合――誰が嘘族で誰が本当族かに関する一定の想定の場合――にのみありうる。

さて、アリスとベンが両方とも本当族というのはありえない。もしそうなら、アリスは正直に自分は本当族だといい、ベンも正直にその発言を伝えることになる。アリスは自分が嘘族だとベンが言ったとなると、両方が本当族ではないことがわかる。

アリスとベンがともに嘘族だということはありうるだろうか。それはありうる。アリスは自分が嘘族かと聞かれれば、自分は違うというだろう。すると反射的に嘘をつくベンは、それを否定して二重否定になる。ベンはアリスが自分は嘘つき族だと言ったと言うことになる。実際にベンはそう言った。

実を言うと、誰も「私は嘘族だ」と言うことはない。本当族はそんな嘘はつかないし、嘘族はその真実を語ることはない。まともに訊ねられれば、誰もが自分は本当族だと答える（現実の生活もそういうものだ）。アリスは自分が嘘族だと言ったというベンの発言は、真相をもらしている。アリスがどちらであれ、アリスは自分は本当族だと言ったはずなのだ。ベンはそう言わなかったということは、ベンは嘘族だということだ。

（アリスがそもそも質問を理解していなかったらどうなるか。その場合はたぶん「私は英語がわかりません」とか――嘘族だったら――「英語はわかります」とか言っただろう。ベンはそのいずれかを伝えるか、嘘族なら間違ったことを伝える。嘘族は融通がきかないので、ベンの実際の答えから、アリスが質問を理解して、自分が属する種族を答えたことがわかる）

ベンは嘘族なので、第二の発言「チャーリーは嘘族だ」も嘘であるに違いない。チャーリーは本当族である。

残りはチャーリーの発言だ。チャーリーはアリスが本当族だと言う。すでにチャーリーは本当族であることはわかっているので、この発言も正しいにちがいない。答えは、アリスは本当族、ベンは嘘族、チャーリーは本当族ということになる。

この解にいたる系統的な方法はあるだろうか。ないことはない。自分は嘘族だと言う人はいないという認識が役に立つ。それによってベンが嘘族だということがわかり、状況がしかるべく収まっていく。

しかしこの方法は、それを方法と呼ぶにしても、どんな嘘族と本当族の問題であってもすべてあてはまるわけではない。次のような、レイモンド・スマリヤンによる、単純でも新しい嘘族と本当族の問題を取り上げよう。未知の部族に属するある人物が「私は嘘族であるか、または2＋2は5であるかだ」と言う。この人物はどちらの部族か。

今度はこの人が自分は嘘つき族だと言っているわけではない。二つの命題を「または」でつないでいるのであり、それはつまり、命題のうち少なくとも一つは正しいということだ——もし話している本人が本当のことを言っているのであれば。

発言の主には二つの仮説がありうる。本当族か嘘族かである。発言の主が本当族なら、この人が言っていることは本当である。「この人が嘘族であるか、または2＋2は5であるか」という発言は信頼していいことになる。

ところがこれはありえない。この複合した命題が真であるためには、「または」でつながれた二つの陳述の少なくとも一つは正しくなければならない。2＋2が5が真であるわけもなく、発言の主が嘘族であるという部分が本当だということにならざるをえない。それはこの発言の主が本当のことを言っているという仮定と矛盾する。

それならば逆の仮説を考えてみよう。発言の主は嘘族だとする。すると「この人が嘘族であるか、または2＋2が5であるか」は成り立たない。「または」でつながれた陳述が偽であるためには、成分となっている陳述の両方が偽でなければならない。一方だけでも真なら、「または」の陳述は真となってしまう。したがって、『『AまたはB』は偽である」とは、「AもBも偽である」と同じことである。発言の主が嘘族なら、「この人は嘘族である」と「2＋2は5である」という二つの命題が、どちらも偽でなければならない。またしても矛盾に陥る。この人が本当族なら、嘘族でなければならず、嘘族なら、本当族でなければならない。

実は、スマリヤンのこのパズルは、嘘の逆説が巧妙に変装したものである。「答え」は、いかなる答えもありえないということになる（あるいは、スマリヤンが言うように、ありうる唯一の結論は、問題の作者が本当族の人ではないということだ）。

「嘘族と本当族」問題に使える筋道だてた方法は、スマリヤンの問題のように解決不能であることがわかるものであれ、存在する。言及される島民のそれぞれについて、部族には嘘族と本当族の二通りの可能性がある。島民それぞれについての推量（「アリスは嘘族である、ベンは嘘族である、チャーリーは本当族である」のようなもの）は、どれも「完全仮説」と呼ぼう。どんな問題にも、島民について、決まった数の完全仮説がある（グッドマンの問題なら2×2×2の八通り）。しなければならないのは、仮説を見渡して、問題の記述によって認められるものはどれかを調べることだ。

いずれの場合にも矛盾を探す。つまり背理法だ。たとえば、グッドマンの問題では、三人とも信用できるという仮定から、ベンは実際に言ったこととは違うことを言ったはずだということになる。この仮定は間違いであり、その仮説は一覧から外される。八通りの可能性すべてを調べれば、一つだけが矛盾にならないことがわかる。アリス、ベン、チャーリーが、順に本当族、嘘族、本当族とした場合である。消去法の手順によって問題は解決する。

「いつも言ってるだろう。ありえないことを除外してしまえば、残ったものが、どんなにありえないように見えても、それを真相と考えざるをえないんだ」とシャーロック・ホームズは『四つの署名』〔鮎川信夫訳、講談社文庫など〕で言っている。消去の手順によって解ける問題の種類は多い。しかしそれがいつも使えるわけではない。

困るのは、消去の手順は遅いということだ。その理由は、ありうる仮説の数が膨大になる場合が多いことである。

ブール変数は真か偽かいずれかの値しかない。未知のこと一つにつき二通りしかない。未知の項目が一つ増えるごとに、完全仮説の総数は二倍になる。ブール変数が三つある問題では、ありうる仮説の数は 2^3、つまり八通りである。一般には、n 個の真か偽かの未知の項目があれば、2^n 通りの完全仮説がありうる。嘘族と本当族に何十人もの島民が出てくれば、仮説の数は何万、何億にもなる。

充足可能性

これで演繹推理の核心へやってきた。論理パズルの話としての構造——何に「ついての」問題か——は、答えにとってはどうでもいい。飾りを取り去ったら、後には何が残るだろう。

残るのは**充足可能性**である。複雑性の理論にとっては、これは論理の根本をなす、他に帰着させようの

ブール変数	アリス（アリスは本当族である） ベン（ベンは本当族である） チャーリー（チャーリーは本当族である）
陳述	1　（ベンかつアリス）なら、アリスではない。 2　ベンならチャーリーではない。 3　チャーリーならアリスである。

ない核である。演繹の問題の内側に存在する「骨格」である。

二百七十三個のりんごを四百五十九個のりんごに足すという問題は、二百七十三個のみかんを四百五十九個のみかんに足したり、二百七十三個のボールを四百五十九個のボールに足すという問題と基本的に同じだということはわかる。この三つの問題がすべて同じだという認識が算数の土台である。

複雑性の理論は、もっと複合的な問題が実は同じであることの認識の上に立っている。算数は古代人が数を数える問題に発した。麦の枡の数を足したり引いたりするのは、ラバの数、金貨の数を足したり引いたりするのと何の違いもないことに誰かが気づいた。複雑性の理論は、一九六〇年代から七〇年代にかけてコンピュータのプログラマが遭遇した問題がきっかけになっている。このプログラマたちは、一見すると異なる問題の多くが同等であることを発見したのである。

約束事によって、**充足可能性**はイエスかノーかの質問として表される。前提がいくつかある場合、それらは両立するか。それらの前提群はありうる世界を記述しているか。それらの前提群には解決できない逆説が含まれるか。

完全な**充足可能性**問題は、ブール変数——真か偽かが最初はわからない基本命題——の集合と、ブール変数に関する論理的陳述の集合を含む。この陳述は、「または」、「かつ」、「ない」、「〜なら……」といった標準的な論理関係を用いてよい。

しばしば、個々の陳述が一個の曖昧な観察結果を記述する。グッドマンの嘘族と本当族のパズルを取り上げよう。三つのブール変数を個々人の名前で表すことにする。問題は基本的には前頁の表のようになる。最初の少々凝った陳述は、ベンの、アリスが自分は嘘族だと言ったという発言に対応する。ベンとアリスの両方が本当族でその発言が信用できるなら、アリスは本当族ではない。

骨付き肉問題

充足可能性問題は実に難しい場合がある。ルイス・キャロルは厄介な論理パズルを作った。それを解くとすると、十いくつもある無意味な前提から一個の正しい結論を導かなければならない。そのパズルのいくつかは、キャロルの未完の論理学の教科書『記号論理学』に載っている。問題は科学や数学の推論の非条理なもじりで、驚くほど難しくもある。難しいものになると、たいていの人の忍耐の限度を超えてしまう（コンピュータなら解けるが）。最も難しい問題は、キャロルのメモから見つかり、一九七七年まで発表されなかったもので、前提が五十もある。

手作業でもコンピュータでも詳細に分析されているものは、有名な「骨付き肉問題」である。このパズルは「完全な結論」、つまり他のすべての陳述と両立し、そこから求められる仮説を導くものである。

骨付き肉問題

(1)ある論理学者は、夕食に骨付き肉を食べ、おそらく金を損する、[1]
(2)ある賭博師は、食欲が旺盛でなく、おそらく金を損する、
(3)ある憂鬱な男は、金を損してさらに損しそうで、いつも五時に起きる、

(4)ある男は、賭博師ではなく、夕食に骨付き肉も食べず、きっと食欲が旺盛である、
(5)ある快活な男は、朝四時前に床に就き、馬車に乗って出かけた方がいい、
(6)食欲が旺盛な男は、金を損しておらず、朝五時にも起きず、いつも夕食に骨付き肉を食べる、
(7)ある論理学者は、金を損しそうになり、馬車に乗って出かけた方がいい、
(8)ある誠実な賭博師は、憂鬱であり、しかして金を損しておらず、損するおそれはない、
(9)ある男は、賭け事をせず、その食欲は旺盛ではなく、いつも快活である、
(10)ある元気な論理学者は、実に誠実で、金を損するおそれはない、
(11)食欲が旺盛なある男は、本当に誠実なら、馬車で出かける必要はない、
(12)ある賭博師は、憂鬱で、しかして金を損するおそれはなく、朝四時まで起きている、
(13)ある男は、金を損し、夕食に骨付き肉を食べず、朝五時に起きなければ、馬車で出かけた方がいい、
(14)ある賭博師は、朝四時以前に床に就き、食欲が旺盛でないのなら、馬車で出かける必要はない、
(15)食欲が旺盛なある男は、憂鬱で、しかして金を損するおそれはなく、賭博師である。

われわれは論理を自然に出てくるものと考えるのに慣れている。論理の問題の答えには、それにどうやってたどり着くか本当に考えなくても、ちゃんと突き当たるものだと思っている。キャロルの問題では、陳述があまりにも多く、しかも筋が通らないので、すぐにはつかめない。樹状図などのアルゴリズムに依

1　今日のわれわれにとっては、問題は言葉や区切りが曖昧なことによってさらにわかりにくくなる。キャロルは限定用法の関係節にもカンマを用いており、これは現代の用法とは異なる。キャロルのメモからは、この最初の前提は「骨付き肉を食べる論理学者はすべておそらく金を失うだろう」と理解すべきであることがうかがえる。「しかして（ゾウ）」とあるところ（たとえば前提8）は、論理学で言う「かつ」と解さなければならない。

拠し、キャロルが述べたことを整理しなければならない（あるいはコンピュータのプログラムを使うか）。
骨付き肉問題には十一のブール変数がある（誠実である、骨付き肉を食べる、賭博師である、午前五時に起きる、金を損する、食欲が旺盛である、金を損しそうだ、快活である、論理学者である、馬車で出かけた方がいい男である、午前四時まで起きている）。任意の個人については2^{11}、つまり二〇四八通りの仮説がある。

結論を求めるという点で、骨付き肉問題は科学研究と似ている。この問題は、**充足可能性**、つまりイエスかノーかの質問とは違っているように見える。しかし**充足可能性**がイエスかノーかの質問であることは、その一般性を制約しない。「二十の扉」などの場合のように、どんな情報も、イエスかノーかの答えをつなげることによって伝えることができる。任意の質問を出す論理問題は、いくつかのイエスかノーかの問題に置き換えることができる。

「骨付き肉を食べる男は快活だ」という結論を確かめたいとしてみよう。第一段階は、元の十五の前提を**充足可能性**問題と考えることである。その前提は互いに両立するか。その答えは「両立する」でなければならない。そうでなければ正当な問題ではない。それから立てられている結論を十六番めの陳述として加える。修正された陳述のリストはやはり両立するか（第二の**充足可能性**問題）。両立するなら、新しい陳述は、少なくとも元の前提によって許容される。

だからと言って、必ずしもこの陳述が正当な結論だということではない。「月はブルーチーズでできている」を十六番めの陳述として確かめることができ、この命題群ももちろん充足可能である。論理学者、賭博師など、キャロルのでたらめの文の成分については何も言っていないので、矛盾になることはありえない。

仮説が元の前提によって要請されることを確実にするために、第三の**充足可能性**問題が必要だ。仮説をその否定、つまりその論理的な反対物に置き換えよう。「骨付き肉を食べる人がすべて快活なのではない」。この否定を新たな十六番めの陳述として、その集合が両立できるかを調べよう。

何かの仮説、またはその正確な否定が矛盾なく前提群に加えられるなら、明らかにその仮説がどうでもいいということだ。「月はブルーチーズでできている」も「月はブルーチーズでできていない」も、骨付き肉問題と両立するので、いずれも妥当な演繹ではない。

逆にある仮説が前提群と両立し、かつその否定は両立しないなら、それはまっとうな結論となる（仮説が両立せず、否定の方が両立するなら、否定の方が妥当な結論となる）[2]。

問題は一般にそういうものだが、**充足可能性**も易しいときもある。ブール変数の数と条項が膨大にあっても易しいことはある。

必ずしもすべての可能性、あるいは可能性の大半を調べる必要はない。しばしば、多くの命題は物語に連結できる。しかじかであればかくかく、かくかくであればしかじか……そのような演繹は、多くの陳述を「わかりやすく」するために威力を発揮する。

物語の連鎖の個々の環は、二つのブール未知数についての、「〜なら……」という陳述として表すことができる。**充足可能性**問題の陳述が言及するブール変数がそれぞれ二つだけなら、問題は易しい。ありうる仮説すべてを調べて正しい答えを見つけるよりもずっと速く問題を解ける効率的な方法がある。

論理学の問題すべてがそんなに易しいわけではない。陳述が三つ以上のブール未知数をつなげるとき、消去法よりも有意に速い一般解はない。キャロルの骨付き肉問題が著しく難しいのは、前提が三つや四つ

2　悩んでいるといけないので言っておくと、骨付き肉問題の答えは「誠実な論理学者はいつも午前五時に起き、かつ午前四時まで起きている」である。

のブール変数（論理学者、骨付き肉を食べる人、金を損しそうな人）をつないでいるからだ。

エレベーター問題

陳述に三つの未知数が関係してくると難しくなることは、「エレベーター問題」の場合に明らかである。

六人の人がエレベーターに乗り合わせている。そのうち少なくとも三人が知り合いどうしであるか、あるいは少なくとも三人が全然知らないどうしであるかである。必ずそうなることが証明できるだろうか。

これは正しいが、それを「論理的」に証明するのは難しい。知っているどうし、知らないどうしについての常識的な推論ではどうにもならない。BがCを知っていることからAがBを知っていることは導けない。問題は二人の組合せについては何も言っておらず、三人一組について言っているのである。

エレベーター問題にはいろいろな形がある。ディナー・パーティに呼んだ客の組合せが悪く、何人かは過去の諍いのせいで互いに口をきかないというのもある。どの三人組を取り上げても全員が口をきく関係ではないとして、まったく口をきかない三人組があることを証明せよ。少々猥褻な形では、大学の寮の六人の住人のうち、少なくとも三人は一緒に寝たことがあるか、少なくとも三人は一緒に寝たことがないか、いずれかが言えるというのもある。

エレベーター問題は、「グラフ理論」という数学の一部門の例題となる。グラフ理論は、実用的にも娯楽の面でも多くの問題に分かれる（しばしばそうと認識されないが）。中でも有名なもののひとつが、二十世紀初めに新聞や雑誌にクイズやパズルを書いていたヘンリー・アーネスト・デュードニーが広めた「ガス、水道、電気」の問題である。この当初の問題の答えでは、「ない」である。平面上で三つの点を他の三つの点と、少なくとも一本の線と交差しないでつなぐことはできない。この種のパズルが流行っていた

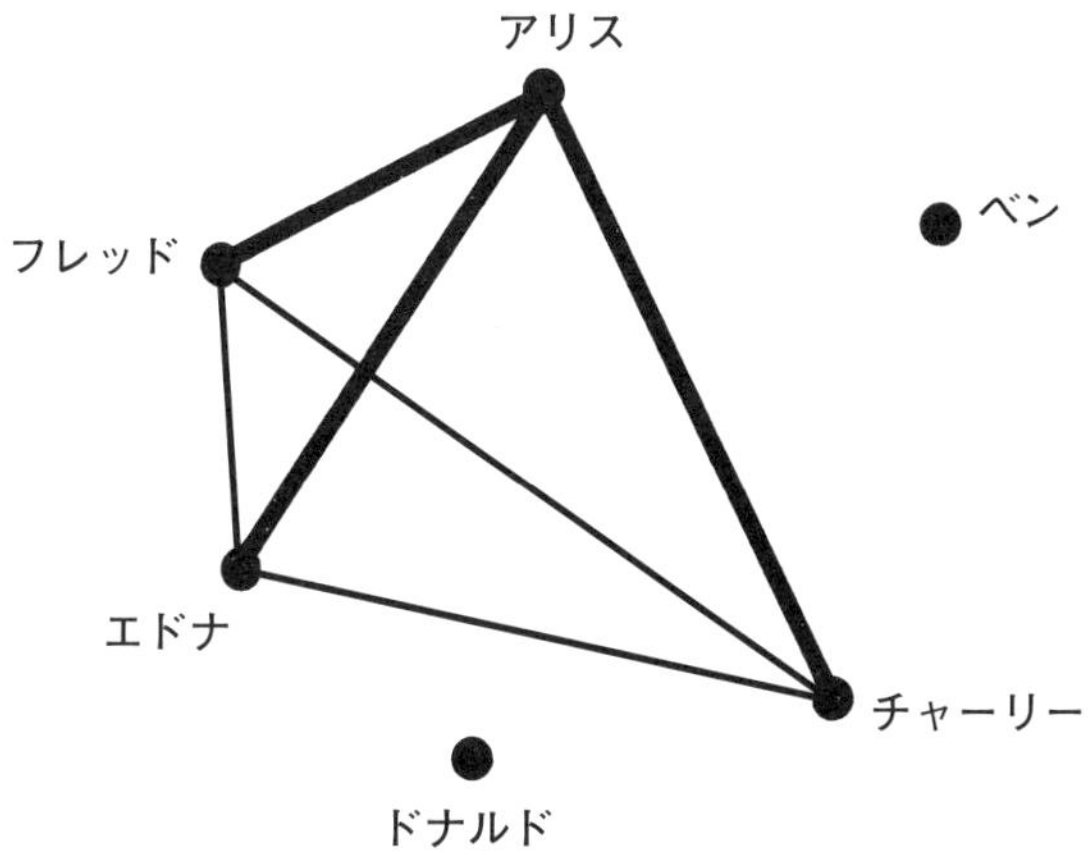

頃は、疑うことを知らない読者が、解けない問題に何時間も何日もかけることがあろうとは、誰もあまり心配していなかった。もちろん、前章のワトソンとホームズの巧妙な答えは見当違いである。

グラフ理論のグラフは平均株価や年間降水量の水位を示すグラフではない。グラフ理論のグラフは、線でつながれた点の網目であり、空港で見られる航空路線の地図のようなものである。線がまっすぐだろうと曲がりくねっていようと関係ないし、点の相対的な位置も関係ない。網目の位相幾何学的な特性だけが考慮される――どの点がどの点と線でつながれているかということだ。これだけで立派に正しいが、そういうことが重要だったり役に立ったりする理由については何も言っていない。もっと広い意味で言えば、グラフ理論は要素間の関係あるいはつながりの研究である。

エレベーター問題は、すぐにグラフの問題に変換できる。六人の人物を点で表す（上図を参照）。二点間には関係を表す線が引ける。太い線は二人が知り合いであることを示し、細い線は知らないどうしであることを示すとする。互いに知り合いどうしの三人組は、太い線の三角形として表される。互いに知らないどうしの三人組は、細い線の三角形になる。三本とも太線の三角形も三本とも細線の三角形もできないように、すべての点の間に線を引くことはできるだろうか。

証明はすぐに出てくる。アリスから始めよう。アリスからは五本の線が引け、それぞれが他の五人と知り合いかどうかを表す。どんな場合でも、少なくとも三本の線は同種である。五本の線があり、線の種類は二つだけだからだ。いちばん均等に近い分け方をすると、五本のうち三本が一方で、二本がもう一方ということになる。そうでなければ四対一か、五対ゼロになる。

アリスが少なくとも三人は知っている（太線）か、少なくとも三人は知らない（細線）かはわからない。最初の場合を取り上げよう。三本の太線で、アリスとチャーリー、エドナ、フレッドがつながれているとしよう。アリスの知り合いであるこの三人をつなぐ線の種類はどうすればいいだろう。

この三本の線のいずれかが太線なら、それですべて太線の三角形ができる。互いに知り合いの三人組である。三人とも太線にならないようにする唯一の方法は、チャーリー、エドナ、フレッドの間の線を細線にすることだ。それによって全部細線の三角形ができ、それはもちろん、互いに知らない三人組ができるということだ。いずれにせよ、三人の知り合いどうしができるか、知らない同士の三人組ができるか、いずれかである。

アリスが他の五人のうち三人以上を知らなくても、同様の推論から同じ結論に至る。すべてが太線の三角形か、すべてが細線の三角形か、いずれか存在するしかない。

論理の問題が幾何学の問題と同等になるのは、これだけの話ではない。複雑性の理論は、いろいろな種類の問題が手順としては同じであることを認識している。

科学とパズル

科学の営みを表す喩えは、クイズ、暗号、ジグソーパズルなど、いろいろある。確証は、前章で論じた帰納のモデルよりも論理パズルを解く方に似ている場合も多い。単純な一般論は、関係する観測を確認例にしたり反例にしたりするが、科学の理論はたいていそれよりは複合的で、数多くの観測結果と照らし合わせて評価しなければならない。与えられた観測結果は、それだけ切り離しても、確認例になるともならないとも言えないこともある。

地球が丸いという仮説を考えてみよう。これを確証するのは、地球は丸いという観測結果（宇宙飛行士による?）は多数集まるのに、そうではない例はないという話ではない。地球が丸いことを人が認めるのは、そうなる前には無意味に見えていた経験と関係してそれがわかりやすくなるからだ。古代人にとっては、極北の地方では夜中にも太陽が出ていることや、月食の丸い影や、船が港から遠ざかるにつれて、波間に沈むように見えることなどは、互いに無関係なトリビアで、これほど無関係に見えるトリビアもそうはなかった。今やそのすべては地球が丸いことの論理的な帰結と見られている。地球が丸いことがこれほど有無を言わせなくなるのは、これほど無関係な観察結果が、数多くそれで説明できるからだ。地球が実際には丸くもないのに、観測結果の方は地球が丸いとした場合に合致するなどということは、信じがたいめぐりあわせでもなければありえないだろう。

この微妙な確認は、演繹を帰納と組み合わせる。仮説には、まずは過去の観察結果を説明しなければならず、それから新しい予測をする論理的帰結がある。正しい予測は仮説を確認する。帰納と演繹の相互作用が、これまで論じてきた逆説よりも当惑する逆説の元になっている。

6

信じること——予期せぬ処刑

囚人が絞首刑好きの裁判官の前に出てくる。判事はまず「当職は残酷なあるいは異例の処罰を下すことは許されていない」と、おどろおどろしい言い方をする。「当職に認められている最も苛酷な罰は、首から吊るして死に至らしめることである。絞首刑とするほかはない。それ以外に当職に与えられている自由は、絞首の日を定めることだけである。その点について、まだ決めかねている。

気持ちとしては即刻処刑を命じて片づけたい。しかし、それでは逆に親切すぎるかもしれない。のしかかる運命について考える時間がなくなるからだ。そこで以下の案を選ぶことにする。来週の七日のうちいずれかの日の日の出の時刻に絞首することを宣告する。執行官には、どの日に絞首が行われるか、前もって執行される本人にはわからないようにするよう命じる。毎晩、翌朝は絞首刑になるのだろうかと思いながら眠ることになる。最後の道を歩く朝は、その日とは思っていなかった日にやってくることになる」

囚人は被告席に連れ戻されるとき、この信じがたいほど残酷な宣告に弁護士が笑みを浮かべているのを見る。法廷を出ると、弁護士は「君を絞首することはできないよ」と言う。説明はこうだ。「来週の最後の日〔＝土曜日〕の日の出のときに絞首されるとしよう。金曜の朝に絞首されなければ、君は執行の日は土曜だと確実にわかってしまう。それでは君には前もって執行日がわからないようにするという判事の指示に違反する」

囚人はもっともだと思う。弁護士はさらに続ける。「したがって、君を絞首できる最後の日は金曜日だ。ところが金曜日にも絞首はできない。土曜日が実は問題外だとすると、金曜が絞首できる最後の日だ。木曜の朝食にありつけたら、死ぬのは金曜だということが確実にわかる。そうなると判事の命令に違反してしまう。どうだい？　同じ論理で木曜も、水曜も、他のどの日も除外される。判事は策におぼれてしまったんだ。この宣告は実行できないよ」

囚人は喜んで火曜を迎える。ぐっすり眠った後、刑場に送られる――その日とは知らずに。

抜き打ち試験と隠れた卵

「予期せぬ絞首刑」の逆説は、二重の仕掛になっている。逆説である所以は、一見するともっともな宣告が実行できない――それなのに実行できるところらしい。哲学者のマイケル・スクリヴンは、それについてこう書いている。「ここには実世界によって否定される論理という趣向があり、それがこの逆説を魅力的にしている。論理学者は、前はうまく成り立っていた手をせっせと調べているが、どこからか、見当外れの現実という怪物が、それでも前進してくる」

この逆説には、現実の出来事が元になっているという、きわめて異例の特徴がある。その出来事は、戦時中（一九四三年か四四年）、スウェーデン放送のラジオでの発表にまで遡る。

今週、民間防衛演習が行なわれます。民間防衛組織の態勢を万全に整えてもらうために、この演習が何曜日に行なわれるかは、前もって知らされません。

スウェーデンの数学者レナート・エクボムは、微妙な矛盾を認識し、オスターマルムス・カレッジでの授業でそのことを取り上げた。そこからこの話は世界中に広がった。いくつかの尾ひれもついた。「Aクラスの停電」という突然の軍事演習が翌週に行なわれるとする話もある。先生が「抜き打ち試験」を予告するという話もある。

この逆説のようなことは、ある人物の知識が完全ではないという状態なら、いくつもできる。E・V・ミルナーは、新約聖書の「金持ちとラザロ」の話〔「ルカによる福音書」16章〕に似たところがあることに気づいた。金持ちは地獄へ行き、貧しく、一生病気に苦しんだラザロは天国へ行く。金持ちはアブラハムに慈悲を請うが、断られ、生きている間の不公平が、死後に埋め合わされているのだと言われる。生きているときに幸運だった者は苦しまなければならないのだ。ミルナーによる金持ちとラザロの逆説は、この少々皮肉なあの世での公平という概念を考える。

実際に、何らかの手段が見つかって、生きている人が、金持ちだろうと乞食だろうと、あの世で「正義は行なわれるであろう」ことを納得できるとしよう。すると、興味深い逆説が生じるように思える。この世で苦しむ不幸は、後生での永遠の至福によって埋め合わされるなら、この世でも幸福であるはずだ。しかしこの世で幸福だということは、言わばあの世での幸福の側に選ばれないということだ。したがって、そのような埋め合わせが待ち受けていても、自分はそれが存在することについて、少なくとも全面的には納得できないということになるらしい。警句風に言えば、命題「正義は行なわれるであろう」は、それが偽であると信じる人にとってのみ正しいということらしい。それが正しいと思う人にとっては、正義はすでに行なわれているのである。

死刑囚の逆説には小さな弱点がある。囚人が絞首されない可能性である。処刑が避けられないのは、囚人の演繹に必須である。この弱点を避けるために、マイケル・スクリヴンによる、イギリスの専門誌『マインド』に掲載された一九五一年の分析では、この逆説が卵に置き換えられている。目の前に1番から10番までの番号がついた十個の箱が並んでいる。あなたが後ろを向いている間に、友だちがどれかに卵を隠す。そのことに疑いはない。卵は必ずどこかにある。友だちは言う。「箱を順番に開けると、必ず、次だとは思っていないところで卵が出てくる」。もちろん友だちは卵を10番に隠すことはできない。9番まで開けてしまうと、卵の位置がわかってしまう。演繹と逆向きの演繹が続いているうちに、卵はたとえば6番のところで、そこだとはわからないまま出てくる。

ホリスの逆説

囚人の論理の連鎖が達する先には限界はない。「ホリスの逆説」という、次のような新しい形のものを見てみよう（名称はマーティン・ホリスによる）。

二人の人物A、Bが列車に乗っている。それぞれが一つ数を考えて、それを同乗のCに囁く。Cは立ち上がってこう宣言する。「私はここで降ります。二人は別々の正の整数を考えていました。二人とも、どちらの数が大きいか演繹できません」。そう言ってCは列車から降りてしまう。

AとBは黙って旅を続ける。157を考えたAは「Bは当然1を選んではいない」。もしそうだったら、Cが二人の数が違うと言ったとたん、こちらの方が大きいということがわかるからだ。それにBもこちらが選んだのは1ではないことを知っている。可能性がある数でいちばん小さいのは2だ。しかしBが2を考えたのなら、私が選んだのは2ではないことがわかる。だから2ではない……」
Aの列車の旅が続く限り、Aはすべての数を除外できる。

切り詰めた逆説

疑わしいときは単純にしてみよう。七日でも十箱でも（あるいはアレフ・ゼロの整数でも）、かさばりすぎる。この逆説は六日／箱でもいいし、五でも四でもいい。どこまで絞れるだろう。二日？　それとも一日？

一日でやってみよう。判事は囚人に土曜に処刑されると宣告する（もちろん囚人はこれを聞く）。囚人は前もっていつ処刑があるかは知らないものとされる。もちろん囚人は知っている。執行官が知られずに執行するとすれば、絞首しないこと以外にはない。それは最初から除外されている。したがって、知られずにも逆説もありえない。「おまえは土曜に死に、かつ、それは前もってわからない」と言うのは、「おまえは土曜に死に、かつ、2＋2は5だ」と言うようなものだ。この文の後半は間違いであり、それですべてだ。

もう少し切り詰め方を減らしてみよう。二日の場合を考える。判事は囚人に、今度の土日に処刑されるが、土曜と日曜のいずれになるか、あらかじめ推理できてはいけないと宣告する。逆説はまだ存在するだろうか。何がどうあれ、二日のうちいずれかに処刑されることには異論はない。土曜の朝がきて、執行がなければ、土曜の朝食のとき、囚人は、執行は日曜の朝だということを確実に知る。

しかしそれは、宣告が指定通りに実行されないことを意味する。明日だとわかるのだ。結論——日曜に囚人を絞首して宣告を実行することはできない。

明日と知られてはならないという要請は、土曜なら満たせるだろうか。囚人が土曜の処刑を予想しているかどうかによる。二つの可能性がある。囚人が土曜の処刑を予想しているか、そうでないか、いずれかである。

囚人は「もうどうしようもない」と思ったきり、処刑が土日のどちらとも思わないかもしれない。この場合は、執行官は土曜に絞首して判事を喜ばせればいいだけだ（日曜は除外される。どんなに自制心の強い囚人でも、土曜に執行されなければ、日曜に死ぬことになると悟らざるをえない）。

逆説のひっかかりどころは、もう一方の選択肢にある。囚人が自分の状況を分析し、執行官が土曜に来ることを予想するのである。すると執行官は、明日と知られてはいけないという指示を満たせなくなる。

これは論理の逆説であることをしばらく忘れよう。自分が執行官だとしたらどうするだろう。囚人を土曜か日曜に処刑しなければならないし、判事の命令には、可能なかぎり従わなければならない。

一見すると、最善を尽くして命令を守ろうとする理性を備えた執行官なら、土曜を選ばざるをえないようだ。日曜に今日と知られないで処刑ができる可能性はない。土曜なら、少なくとも、囚人があまりこのことを考えていないかもしれないと期待できる。

そこで執行官は土曜の朝に囚人を死刑台に連れて行く。慣例として、囚人は遺言を残すことができる。囚人は判事に向かって言う。「あなたの命令は実行されなかった。私は執行は今日だと予想していた。私がそれを予想していなかったとすれば、可能性は今日しかなかっただろうが、私は予想していた」

囚人と執行官は機知比べをするはめになる。それぞれが、いずれかの日を特定するために相手が考えそうな理屈はどれも予想できる。相手が自分の運命を考えないで、後からとやかく言う「愚かな」囚人なら、逆説は回避できる。しかし囚人と執行官が完全に論理的なら、確かに逆説からはなかなか抜け出せない。

時間旅行の逆説

スコットランドの数学者、トマス・H・オバーンは、正しくても、他の人は後にならないと正しいとはわからない未来の出来事を、正しく予言することは可能であることを指摘した。囚人には不意打ちになると判事が言うのは正しい。ただ、囚人はそれを（まだ）知らないのだ。

このことは、逆説を次のように書き換えると明らかになる。判事の宣告は、囚人が翌週のいつかに死ぬということだ（何曜にするかは執行官に任される）。そこで判事はタイムマシンに乗り込み、行き先を一週間とちょっと先にセットする。近未来についた判事は、マシンを降りて新聞を手に入れ、囚人が判決の後の火曜に処刑されたことを知る。囚人の最後の話で、今日とは思わなかったと言っている。自分は週末まで生かしてくれると思っていたと言うのだ。そこで判事の頭に残酷な考えが浮かぶ。「判決の日に戻って、この囚人に、執行の日がいつかを推測することはできないと言ってやったらどうだろう」と判事は思う。「これは先になってみれば正しい発言だ。あいつが予想していなかったことはわかっているのだから。そのことを言ってやれば、あいつは頭がおかしくなるだろう」

判事は再びタイムマシンに乗り込み、判決当日に戻る。マシンを降りると囚人に（先の逆説のとおり）「来週中に絞首されるが、前もって執行日は推測できない」と言う。囚人は、自分を絞首することはできないと推理する。そしてそれは間違っている。判事が正しいのだ。

何かおかしいことがあるだろうか。判事は実際に自分の元の宣告（こちらでは何曜になるか予想できないとは言われていない）の結果を見た。囚人に予想はできないと言ったことが事態を変える——無視できるほどかもしれないし、大きく変えるかもしれない。囚人が予想していないことは確実ではなくなる。

未来において、判事は自分が妹の誕生日に仕掛けたびっくりパーティが予想されなかったことを知るかもしれない。前の週に戻って、妹にそのことを言えば、当然、妹は驚かないことになる。未来についての正しい情報を何か共有することが、その情報の正しさを壊すことがある。判事が自由にタイムマシンを使えるなら、これはあまり制約にはならない。囚人に予測できないと言っておいて、未来へ戻り、自分の予言がやはり成り立つことを確かめることができる。成り立つなら、それでいい。成り立たなければ戻って予想と現実が合致するまで判決を修正できる。結果は、正しくはあっても、囚人はそうなってからでないと正しいとは知りえない予想どおりになる。

見かけはかなり違うが、「ベリーの逆説」（バートランド・ラッセルにこの逆説を説明した、司書のG・G・ベリーにちなむ）にも、同様の趣向のところがある。「十九音未満では言えない最小整数《じゅーきゅーおんみまんではいえないさいしょーせーすー》」〔*the least integer not namable in fewer than nineteen syllables*〕を考えよう。そういう条件を満たす整数が何かあるのは確実だ。ところが「十九音未満で言えない最小整数」というのは何かの数を規定していながら、しかも十八音しかない〔長音は、整を「せー」と読むのを含め一音に数えた。英語では「音節」で数えている〕。ゆえに、「十九音未満で言えない最小整数」は、実は十八音で言えることになる。

ベリーの逆説は、安易な答えを受けつけない。曖昧な言葉づかいで書く気になってしまえば、全知の存在というよくある型の逆説になる。この存在は、あらゆる数あるいは文のありうるすべての規定を知りうるように見える。この存在にとっては、ある一つの数は十九音未満で言えない最小整数である。この存在は先の判事同様、われわれには禁じられていることを知っているらしい。

こうしたことからすれば、判事は逆説に陥ることがわかっていると想定されることでも知りうることを明らかにしているのかもしれない。しかしもっと興味深いのは、囚人と執行官の演繹である。どちらかが正しいとすれば、それはどちらなのだろう。

知識とは何か

予期せぬ絞首刑の逆説は、「知識とは何か」という問題を立てる。囚人は、予測、予測に基づく予測、その予測に基づく予測というふうに、思考の蜘蛛の巣にとらわれている。自分を土曜に処刑できないことはわかっていると思っている。執行官は、囚人は自分の執行日を知りえないことはわかっていると思っている。逆説は、誤った理由で正しい側と、正しい理由で間違っている側の対を立てる。これと同じ心配が、科学哲学にも頻繁に顔を出す。そこでは（刑事裁判の場合以上に）、この囚人のような入り組んだ推論の連鎖によって物事を「知って」いる場合が多い。

たいていのありふれた言葉と同様、「知っている／わかっている」という言葉はそこに多くの柔軟性を組み込んでいる。われわれは誰でも、「ボストン・ケルティックスがＮＢＡリーグで優勝することはわかっている」の類のことを、実際には疑わしいところが相当にあっても言う。科学では、それよりももっと高い確度で知りたいと思うのが普通だ。

長年、哲学者は知識を、「三部立ての説明」と呼ばれる三つの基準によって定義した。要するに、何かを知っているときにかぎり、この基準は満たされるということだった。

数学という確固たる領域とされるところから一例を取り上げよう。4,294,967,297は素数（それ自身と一以外の整数では割り切れない数）であることを知っているとしよう。その場合、次の三つの条件が成り立たなければならない。

第一——4,294,967,297は素数であると思っていること。それを信じてもいないのに、知っているとは言えない。地球は平らだと信じている人々は、地球が丸いことを知っているとは言わないだろう。

第二——4,294,967,297は素数であると信じる根拠があること。それを信じるに足る立派な理由がなければならない。計算間違いをしたせいで信じることはできない。勘や占いに基づいて、あるいは一時的に錯乱して信じることはできない。

第三——4,294,967,297が実際に素数であること。当然、その言明が間違っていたら、それを事実として知っているわけではない。

三部立ての説明を初めて耳にすると、それはあまりにも陳腐でどうでもいいと思われる。しかし知るというのは、一見するとそう見えるよりも込み入っている。第二の基準は三つのうちでいちばん厄介だ。そもそも、信じていることになぜ「根拠《ジャスティフィケーション》」がなければならないのか。何かを信じていて、それが正しいのなら、それで十分ではないか。

基準を二つにして定義すると、理由が間違っていても、何かのことが「まぐれ当たり」で正しい場合も含まれることになる。ケネディ暗殺（一九六三）やレーガン暗殺未遂（一九八一）の後、何人かの超能力者が、自分はこの事件を予測していたと言って名乗り出てきた。少なくとも何人かは、その辺りの日に大統領が遭難するという予測をしていて、事件の前に活字になったり、記者発表されたりしていた。同じ超能力者が、当たらなかった予想をいくつもしている。ワシントンの超能力者ジーン・ディクソンは、毎年いろいろな予言をするので、必ず当たるものがいくつかある。これも「知識」と言うなら、あまり役に立ちそうにはない。

何かを信じる「立派な理由」とはどういうものか、必ずしも簡単には言えない。一六四〇年、フランスの数学者ピエール・ド・フェルマーは、4,294,967,297が素数であると信じるのは正しいと思った。素数はという式で作れることに気づいたのである。フェルマーの式は指数が二重になっている。2^3のような普通の指数の式は、下側にある数（2）を、小さな上付文字で記された数（3）の回数だけ掛けることを意味する。2^3とは、2×2×2、つまり8のことだ。フェルマーの式では、nとして任意の数を選び、上についている式（2^n）がいくらになるかを計算し、その回数分、下の数（2）を掛け、それから1を足す。たとえば、$2^{2^1}+1$は5で、5は素数である。$2^{2^2}+1$は17であり、$2^{2^3}+1$は257であり、$2^{2^4}+1$は65,537であり、いずれも素数である。フェルマーは、4,294,967,297（$2^{2^5}+1$）など、この数列のどんな大きな数でも素数であるにちがいないとにらんだ。

そう信じた人は、他にも大勢いた。経験的な証拠も、権威筋の支持もあった。しかし推測がつくように、4,294,967,297は素数ではない。スイスの数学者、レオンハルト・オイラーが、この数は641×6,700,417であることを発見した。[1]

科学と三部立ての説明

信じていること、根拠、本当にそうであること——科学史には、これら三条件の順列それぞれに相当する例がある。条件が成り立つときは真《トゥルー》のT、成り立たないときは偽《フォールス》のFで表すことにし、今挙げた順で基準に関する状態を列挙してみよう。

TTTは、根拠のある正しいことを信じている、あるいは正しい知識であると思われていることを表す。この区分には、科学で信じられていることがほとんど収まる。いずれにせよ、科学の正しい部分のことである。

FTTは、根拠のある正しいことが信じられていないということだ。ここに入る例はたくさんある。創造主義という、圧倒的な証拠を前にしながら進化論を拒否する、疑似科学的信仰がそうだ。新発見を拒否する人々の頑なな姿勢（フランス科学アカデミーが隕石を認めなかったり、ハーバート・ディングルという物理学者が異常なほど相対性理論を否定したり）はFTTである。物理学者のマックス・プランクが嘆いた惰性（一九四九）もそうだ。「新しい科学的真理は、その反対派を納得させ、相手に見るべきものを見せることでは勝てず、むしろ反対派がいずれ死んでしまい、新しい真理になじんだ新世代が育つことで勝つ」という。[2]

TFTは、根拠なく正しいことが信じられている場合である。超能力者のまぐれ当たりのような、間違った推理が当たっている場合だ。この場合の実例も多い。紀元前五世紀のデモクリトスは、すべての物質は目に見えないほど小さな粒子、つまり原子でできているという正しいことを信じていた。デモクリトスの著作は失われているが、今日のわれわれが妥当な証拠と考えそうなことを何か得ていたとは考えにくい。デモクリトスが得ていたのは哲学的な洞察で、それが後で正しいことがわかったのである（二十世紀の物理学の原子が、デモクリトスが考えたような分割不可能ではないことを考えれば、その偶然の発見も、さほどすごいことではなくなる）。

TTFは、根拠があって信じているものの、間違っていることである。この区分には歴代の宇宙論の諸説がある。古代の人々は、自分の感覚を根拠として、太陽が地球のまわりを回っていると信じていた。学

1　しばらく素数ができるが、いずれ成り立たなくなる公式はいくつもある。よく知られているものの一つに、$n^2-79n+1601$がある。これはnが79になるまで成り立ち、80のときに素数でない数ができる。数学で帰納的な一般化をすると、このような危険がある。

2　これに対してアラン・L・マッケイはこう答えた。「これまでに存在した科学者全員のうち九十パーセントがまだ死んでいないのに、新しい考え方や展望をどうやって得るのだろう」

校の先生は、これを間違いの典型として引き合いに出してきたが、太陽が物理的な物体で、はるか彼方で地球を回り、それが夜と昼を生んでいるのだと想定するのには、相応の知的な飛躍を要する。コペルニクスが太陽を宇宙の中心に置いたのにも根拠はあったが、それもやはり間違いだった。TTFで信じられていることは偽なので、その例として、現在、一般に受け入れられて信じられていることは挙げられない。われわれの今の宇宙論の大部分も間違いだとしても、意外なことではないだろう。

残った四つの順列は、知っていると言える基準の少なくとも二つが満たされない場合である。TFFは、根拠なく信じられていて、実際に間違っていること、つまり迷信や間違った伝承である。FTFは根拠があるのに信じられない誤りという特異な場合である。これは右のTTFの事例について懐疑的な人のことを言っている。また、コペルニクスの太陽が宇宙の中心だという、根拠のある、ただ結局は間違って信じていたことを、カトリックの権力中枢は信じなかった。

FFTは根拠がなくて信じられていない真理である。何かを否定する人がもっともな疑念を抱いているが、それでもそれは正しかったというような場合である。デモクリトスの原子説は、代々の哲学者から否定されてきた（それを信じる理由がなかったから）というのがその一例だ。科学革命では、ある時点で、根拠のある保守的な立場（FFT）が、ただの反動（FTT）になる。

最後のFFFという場合は、根拠なく、誤って信じられていることが否定されるということだ。永久運動機関に懐疑的な人がそれを信じていないことや、「月はブルーチーズでできている」のような無意味な命題を信じていない場合である。

このいずれの区分にも収まらないことが信じられる場合もある。十四世紀の哲学者ジャン・ビュリダンの『ソフィスマタ』という本に出てくる例にちなんで「ビュリダン文」と呼ばれるものは、いかなる知識の定義にも立ちはだかる。

この文を信じる人はいない

これが真なら、誰もそれを信じないので、誰もそれを知らないことになる。これが偽なら、それを信じる人が少なくとも一人はいるが、それは偽なので誰もそれを知っているとは言えない（信じていようと信じてなかろうと）。したがって、この文が真であることを、誰も知りえない。

次のようなら信じるだろうか。

あなたはこの文を信じていない。

この文を信じることはばかばかしい。信じるなら、自分が信じてないことを信じていることになるからだ。しかし信じないのなら、この文は正しいのだから、信じてもいいことになる……この文を信じる気になれば、それはまたご破算になる。やはり信じるのは馬鹿げていることになる。奇妙なことに、この文については筋の通った立場に達することができない。それでもどの時点でも、あなたの考えをすべて知っている全知の存在なら、あなたがそれを信じているかどうか、言うことができる。

その反対の文（「あなたはこれを信じている」）は、デカルトの「われ思うゆえにわれあり」の要点である。

あなたがこの文を信じているときだけ、それは真となる。あなたがそれを信じないなら、それは偽であり、それを信じない立派な根拠を得ることになる。この文についてのあなたの意見がどうであれ、あなたは正しい。

さらに奇妙なことに、「知っている人の逆説」というのがある。これは次のような文を中心にする（予期されない絞首刑に出てくる判事の宣告に似ている）。

この文を知っている者はいない

これが真なら、誰もそれを知らない。それが偽なら、ただちに矛盾が出てくる。誰かがそれを知っているが、誰もそれが偽であることを知りえないのだ。したがって、文は偽ではない。誰も決して知りえないという疑いもなく正しい事実ということになる。

ゲッティアの反例

三部立ての説明の三つの条件はすでに逆説に至っているが、その三つでは十分ではない。それでは知っている保証にならない。根拠のある正しいことを信じていて、かつ、自分が信じていることを知らない場合もいくつかありうる。この皮肉な状況は、ゲッティアの反例と呼ばれている。アメリカの哲学者エドマンド・ゲッティアが、一九六三年の論文で、この反例について論じたことにちなむ名である。

帰納的一般化のときと同様、ここでの反例は、陳述あるいは論証の方向を否定するものである。ゲッティア反例は、従来の三つの基準では、必ずしも知っていることにはならないことを明らかにする、架空の

（通例では）状況である。先に言及した超能力者が「誤った理由で正しい」ことがあるとすれば、ゲッティアの反例の根幹は、「正当な理由で正しいが、推論があてはまらない」ものである。この種の誤りは、昔から哲学者の（また小説家の）関心を引いてきた。ゲッティアの反例は、典型的にはオー・ヘンリーのような、ありそうにない偶然の趣がある。

プラトンは、『テアイテトス』というソクラテス式対話篇の一つでゲッティアを先取りしている。そこでプラトンはある弁護士のことを語る。この弁護士は、依頼人が有罪でも、陪審員に無罪だと思わせることができるほど弁が立つ。この依頼人が無実だとしよう。陪審員は、依頼人が無実だと思い、耳にしたばかりの正しい証拠を挙げることもできる。しかし見事な弁舌に乗せられているのであって、有罪の依頼人が無罪だと信じてしまうことにもなる。プラトンは、これは人々が抱くことのある間違った種類の知識だと論じる。陪審員は実は、依頼人が無実であることを知ってはいない。

ゲッティアのもともとの例題の一つはこうなっている。スミスとジョーンズが会社の求人に応募している。スミスはこの会社の社長と話し、ジョーンズが採用されると聞いたところである。スミスはジョーンズが採用されると信じているし、そう信じる理由もちゃんとある。スミスはジョーンズがポケットに十個の小銭を持っていることも信じている。ジョーンズが電話に使える小銭を探してポケットの中身を全部出し、ポケットに十個の小銭を戻すのを見たばかりだったからだ。スミスはその後ずっとジョーンズを見ていて、小銭を入れたり出したりしていないことも確かだと思っている。

スミスは何となく「採用される人間はポケットに小銭を十個持っているらしいな」と思う。そう信じるのに根拠もある。ジョーンズが採用され、ジョーンズがポケットに十個の小銭を持っていることから論理的に出てくることなのだ。

ゲッティアは、こうした信じ方は間違っていることがあるが、それでもスミスは正しいことがありうることに気づいた。スミスが採用されて（社長が気を変えて）、ジョーンズが実はポケットに十一個の小銭を持っていたとしよう（一個は縫い目にひっかかっていたのだ）。さらに、スミスはポケットに十個の小銭を持っていたことがわかる。すると、「採用される人物はポケットに十個の小銭を持っている」ことになる。スミスがそれを知っていたと言うのはばかげている。それが正しいのは、ただのまぐれである。

ゲッティアの反例はそれほどわざとらしくする必要はない。昼食から戻った人が、今何時か訊いてくる。あなたは時計を見て、二時十四分だと答える。あなたが今は二時十四分だと信じるのは、確かに根拠があってのことだ。これまでずっと確かだった高価な腕時計だし、毎晩、一秒一秒、現在時刻を放送している政府機関のラジオで時計を合わせている。もちろん、今は午後二時十四分なのだ。しかしあなたが知らないうちに、その日の未明、午前二時十四分で止まってしまっていた。たまたまめぐりあわせで、その後の十二時間、壊れた時計が正しい時刻を指すときになるまで、時計を見なかったのである。

別の例を。ルーヴル美術館へ行って、「モナ・リザ」を見る。いくつも見た写真と絵は違い、「モナ・リザ」のある部屋にいるために鳥肌が立つ。後で、美術館の職員が、その日は絵を盗むという予告があったため、代わりに精巧な複製を置いてあるという案内を立てているのを見る。しかしあなたはあのダヴィンチの傑作と同じ部屋にいたのも確かだ。本物の「モナ・リザ」は、そばにあったあまり値打ちのない絵の背後――泥棒が探そうとはまず思わないところ――に隠してあったからだ。

科学史にもゲッティアの反例はあった。ひとつは錬金術師が金属は金に変えられると信じていたことだ。そう信じたのは、ただの山勘の上に立っていたにすぎない。錬金術師は物質の知識を初めて体系化し、物質が化学反応でまったく別の物質に変化することを、正しく心に留めていた。さらに、世界は無限に多様なのではなく、比較的少数の基本物質でできていることも認識していた。辰砂〔水銀を取る赤い鉱石〕が水銀に変わるなら、卑金属が金に変わらないわけがあろうか。しかるべき物質の組合わせにたどり着くかどうかの問題にすぎないように思われた。

後になってみても、これはもっともな推測である。ただ、たまたま間違っていただけだ。真赤な辰砂が銀色の水銀に変わるのは、それが水銀と硫黄（いずれも元素）の化合物だからだ。金がありふれた元素の化合物なら、あるいはそうでなくても、何かのありふれた物質が金と何かの化合物なら、ありふれた物質を金に変えることは可能だろう。確かに金は元素であり、残念ながら、金の化合物であるありふれた物質はない。化学者は、たとえば塩化金から金を作ることはできるが、塩化金は当の金よりも珍しいものだ。

そうは言っても、他の元素が金（あるいは何かの元素）に原子核反応で変わることがある——錬金術師たちは知らなかったことだ。錬金術師は根拠があって正しいことを信じていたが、錬金術師が他の元素が金に変わることがあることを「知っていた」と言えば、確かに間違いだ。

ゲッティアの反例には、それは間違った理由で正しいことを信じている事例のちょっと変わったものにすぎないと反論されることもある。いずれの状況でも、「根拠があって」信じていると言っても、あらゆる疑いを超えて根拠があるわけではない。可能性が高いことが、確かなことと混同されているのだ。

先のスミスの話で、スミスが社長と話したことは、ジョーンズが採用されると信じる適切な根拠にはならなかったに違いない。ジョーンズが採用される可能性を高いと考える理由ではあっても、確かなこととして信じる理由ではなかった。スミスは会社の経営陣が決定を覆すことができ、求職者にわざと見込みについて誤解を与える可能性もあることに気づいてもよかった。

他方、ゲッティアの状況は、「外部世界について信じていることが確かだと言えるのと同じくらいに確かだと信じていること」について工夫できる。現に今、この瞬間に、自分で確かだと思っていることは何だろう。この本が目の前にあることは確かだと思うかもしれない。しかしあなたは体から切り離されて水槽に入れられた脳かもしれない。実験室の管理人が掃除をするときに、水槽の前に本を置いていて、たまたまその本がこの本なのかもしれない。

要するに、「根拠があって」信じていることは、自分で確かだと思っていることの一つでなければならないと求めるとすれば、知識を定義しようとする試みをだめにしてしまうということだ。その場合、何かが確かだと思う基準の一つは、それを確かなことにする理由があるということだろう。さらに悪いことに、外部世界には、異論の余地なく確かなことはない。百パーセント確実でなければ何かを知っているとは言えないとすれば、われわれは何も知らないことになる（根拠があって信じている正しいことであっても）。

第四の条件

知識の第四の条件を見つけようとして、多くの人が苦労してきた。そういう条件が見つかれば、先の三つの条件と組み合わせて、知っていると保証できる追加の条件になるだろうというわけだ。それはゲッティアの反例を消さなければならないし、もっと妙な反例が出る余地があってはならない。

今のところ、誰もがなだれを打ってそれを認めるというほど明白な第四の条件に達した人はいない。第四の条件を立てるいくつかの試みのうち、最も論じられているものは、根拠があって信じられている正しいことは、「破棄できない《インデフィージブル》」ものでなければならない――情状酌量などによって知識の資格を奪うことはできないのだという。

ゲッティアの誤った知識の犠牲者は、首をかしげて「知ってさえいれば」と言うことになる。この犠牲者は確かな情報（ペンキがはがれていた、時計が止まっていた）を知っていれば――あるいはただ信じていれば――誤りを避けることができたのだ。こうした知っているとは言えなくするような事実は破棄理由《デフィーター》と呼ばれる。ゲッティアの犠牲者がデフィーターを信じていたら、逆説的に正しい陳述を信じる根拠はなかっただろう。

今は午後二時十四分である。時計を見て、今は午後二時十四分だと信じている。腕時計は今朝止まってそれから動いていないとも信じている。すると、信じている今は二時十四分だという内容は非合理である。それが非合理なのは、時刻に関する元の証拠（針が二時十四分を指している）に、デフィーターがまったく別の光を当てるからだ。こうなると腕時計の針は、適切ではなくなる。破棄できないかどうかという条件は、このような酌量の余地がないことを求める。

信じていることが、いつ、今のようなデフィーターによって危うくなるのか、実は誰も知らない。破棄できないという条件は、第四の条件であるために、理論的に必要なことではあっても、ゲッティアの偽の知識を避ける助けにはならない。

死刑囚とゲッティア

死刑囚と判事と執行官の話に戻ろう。三部立ての説明から、死刑囚が「知っている」ことは錯覚だと論じることもできる。W・V・O・クワインは、死刑囚（あるいは弁護士）の推論はすべて間違っていると見た。最初の推論、つまり死刑囚は七日のうちの最後の日には処刑できないということからして成り立たない。

判事が、死刑囚は処刑の日をあらかじめ知ることができてはいけないと言ったその意図は、明らかに、完全に論理的な死刑囚は、執行日を確かなこととして演繹できないだろうということである。山勘でしかじかの曜日と言うこともあるだろうし、それが正しいこともあるだろう（根拠なく信じていることが正しい）。執行日が当たっても、まぐれ当たりではないことの証拠にはならない。判事の命令にともかく意味があるとすれば、合理的な曜日の特定ができないということだとするしかない。

話を簡単にするために、二日版を使おう。論証のために、判事の指示が実行されるには、処刑は土曜に行なわれるほかはないことを、囚人は論理的に決定することができるとしてみよう。執行官（死刑囚と同様、頭はいい）も、同様にそれを導くことができる。すると、執行官は日曜ではなく土曜に執行する理由はない。なぜか。死刑囚は土曜だと予想している（それがこの背理法の前提だ）。しかし何かの奇蹟によって土曜に執行できなければ、日曜だということを導くことができる。執行官はどちらにするかを決める理由がないことになる。土曜に執行してもだめ、日曜にしてもだめだ。

だからこそ、執行官はどちらの日に執行してもいい。つまり、死刑囚が執行は土曜だとした結論は間違っているということだ。

死刑囚が論理的に決まる執行日として日曜を導いたとすることもできる。これによって、土曜に執行する理由もできるし、死刑囚はやはり間違っていることになる。

この結果は、ゲッティアの状況をひとひねりしたものだ。死刑囚は土曜に処刑されると言ってみよう。表面的には、死刑囚は正しかったように見える。死刑囚の根拠があって信じていることが正しいのだ。しかしそれは本当に知識が進んだことにはならない。死刑囚は、信じていることを覆すデフィーターに気づいていない。日曜に処刑されるとする立派な根拠も存在するということだ。このように述べると、死刑囚は土曜に処刑されるほかはないという前提が、どちらの日に処刑されることもありうるという結論につながる。死刑囚が信じていることそのものが、その内容についてデフィーターとなる。

予期せぬ絞首刑の話は、演繹に注意を促す話である。死刑囚は、日曜に処刑することはありえないから、残るのは土曜しかないと演繹する。その致命的な誤りは、ありえないことを消去すれば、必ずありうることが残ると考えたところである。どの道をとっても矛盾が生じることもあるのだ。

弁護士は、命令は実行できないことを導くことの方に真理があると見た。弁護士も死刑囚も、決定的な一歩を踏まなかった。死刑囚が命令を実行できないことを認めれば、執行官は何曜にでも執行できるのだ。最後の日であったとしても、それは予想外ということになるだろう。

7 ありえないこと——予期の逆説

あなたは大学の心理学科の主任で、人間を被験者にして変わった実験を行なっているとする。被験者Aは机について心理テストに答えている。被験者Bは、Aに対面して座り、Aがしていることを見ている。Bの正面には押しボタンがある。Bがボタンを押すと、Aはきつい電気ショックを受ける（ただし、一時的なもので、影響が残ることはない）と言われている。定期的にジョーンズ教授がAの机を見回りに来て、間違った答えに気づくと、Bにボタンを押すよう指示する。

実は、Aはジョーンズ教授と示しあわせている。ボタンは何ともつながっておらず、Aはボタンが押されると苦しそうなふりをするだけだ。ジョーンズ教授は、Aを「罰する」という自分の指示をBが守るかどうかを調べるために実験を行なっているのだ。教授の持論は、権威ある人物によって承認されていれば、人はたいてい残虐なことも許容するというものだ。ジョーンズ教授はBの役をする人十人について実験を試み、そのうち八人はボタンを押した。

ジョーンズ教授は次のようなカフカ風の皮肉な現実を知らない。本当の被験者は、当のジョーンズ教授で、実験しているのは別人だということだ。その別人の関心は、心理学の実験で「見込まれる誤差《ファッジ・ファクター》」――あるいは「実験者のバイアス効果」――である。研究者が心理学の実験で一定の結果を予想している場合、この研究者は予想した結果を得る可能性が高い。研究は当人の持論を支持する傾向がある――つまり、どこかがおかしいということだ。

別のやり方で研究すれば、実験者のバイアス効果は減らしたり、なくしたりすることができる。新薬の検査は、「二重盲」検査といい、被験者には薬を与えられる人と偽薬を与えられる人がいて、被験者も実験する側も、結果が得られるまでは誰がどちらを与えられたかはわからない。それによって、実験する側が、新薬を与えられる人だけにやる気を伝えてしまったりすることのないようにするのである。

しかし二重盲対照実験は、心理学の研究ではほとんど不可能な場合がある。実験する側は、必ず何が行なわれているかを知っている。ジョーンズ教授の例を取り上げよう。教授は被験者が「ナチになる」と予想しており、したがって、たいていの人はそうする。スミス教授の方は、人は基本的にまともだと信じており、同じ実験をしても、十人のうちボタンを押したのは一人だけだったと報告する。問題はわざと不正をはたらくということではない。無意識の操作がはたらくのだ。スミスもジョーンズも、どちらとも取れる結果を、自分が望む結論の側で解釈するのである。ジョーンズが被験者にボタンを押すように言うとき、ジョーンズはスミスよりも厳しく、命令口調になる。スミスとジョーンズは、望む結果が得られるような人をBとして選んでいるかもしれない。二人ともそうとは知らないまま、自己達成的な予言をしているというわけだ。

実験する側のバイアス効果が広まっているとすれば、人間を被験者とする研究にとっては大きく影響することになるだろう。そこであなたは大きな財団を説得して、この実験の資金を出させたのである。あなたの実験の被験者は、実際に何が行なわれているかを知らない他の心理学者だ。財団はジョーンズの実験も、スミスの実験も、他の多くの人々の実験も行なえるよう、十分な資金を提供した。あなたはジョーンズであれ、スミスであれ、他の被験者であれ、実際の被験者が行なう実験で何がわかるかは気にしていない。いろいろな性格の心理学者が、何も知らない被験者に対して考えられるあらゆるタイプの実験を行なうのを、数多く観察してきた。言えることは明らかだ。実験する側のバイアス効果は疑いようがなく、どこでも見られるのである。全事例のうち九十パーセントでは、心理学実験の結果は実験する側が予想した通りになった。

それこそが問題だ。この結果もまさにあなたが予想した通りになっている。あなたの研究が正しいなら、人間に対する心理学実験の結果は妥当とは言えない。あなたの研究も人間を被験者とする心理学実験である。したがって、あなたの研究も妥当ではない。しかしそれが妥当でないなら、実験する側にバイアス効果があると信じる理由もなくなり、あなたの研究は正しいと言える可能性が高くなり、その場合には、実験は妥当ではないということになり……

キャッチ22

「一般論はすべて危険だ。この一般論も含めて」とは、息子の方のアレクサンドル・デュマの皮肉である。右の状況との類似は見逃せない。「予期の逆説」は、ジョセフ・ヘラーの小説『キャッチ22』の逆説的状況も思わせる。

落とし穴が一つだけあった。それがキャッチ22で、これは、差し迫った危険に直面して自分の安全を心配することが、合理的な精神のなせるわざだということだ。オーアがいかれていたら出撃しなくていい。ただ取りやめを求めればよかった。そして求めたとなると、本人はもうおかしくなくて、これからも出撃しなければならなくなる。オーアは出撃すればおかしくて、出撃しなければ正気だが、正気なら出撃しなければならなかった。出撃したらまともじゃなくて、行かなくてもよかった。行きたくなければ正気で、すると行かなければならない。

これを、ソフィストの開祖、プロタゴラス（紀元前四八〇頃〜四一一）に関する、有名だが典拠はどうも不確かな話と比べてみよう。プロタゴラスは、古代ギリシアで初めて授業料を取った教師だった。ある法学生が、プロタゴラスに取引をもちかけた。学生は、自分が最初の訴訟事件に勝ったら授業料を払うというのだ。最初の事件に負けたら、何も払わない。学生は事件を引き受けないことによって支払いを免れようとする。プロタゴラスは授業料をもらうために学生を訴えなければならなくなる――学生は自らを弁護する。学生が負ければ、学生は払わなくていい。学生が勝てば、払わなくていい。

（話はそうなっている。最初の事件を受けるのを先延ばしにできるかどうかという点で学生は勝っているのだから、プロタゴラスはすぐに授業料を要求できて、必要ならあらためて、毎度おなじみの契約不履行で訴えることもできたと想像してもいい）

こうした逆説それぞれに共通の要素は、それ自身を含むことのできるカテゴリーあるいは集合である。予期の逆説のひっかかりは、実験が人間に対する実験という集合に関係していて、その実験そのものが、その集合に収まっているという点だ。集合の要素として当の集合が入ることの古典的な例題として、バートランド・ラッセルの「理髪師の逆説」がある。ある町で、この理髪師は、自分の髭を剃らない人すべての髭を剃る。つまり、この理髪師が髭を剃るのは自分の髭を剃らない人だけであり、そういう人すべてである。ではこの理髪師は自分の髭を剃るのか。この理髪師が自分の評判にかなうことはありえない。自分の髭を剃らないのなら、自分の髭を剃らなければならないし、自分で髭を剃るなら、その自分の髭を剃ることはできない。

以上の例はすべて、パズルの装いをした逆説である。最初は何かの答えが見つかりそうに思えるし、見つかれば、「なんだ、こういうことじゃないか」と言えるだろう。そこでそれが無理だということがわかる。何を考えようと、ありえないことに行き着いてしまう。

実際にありうるか

右のような逆説に対しては、よく、それが「ありうる」か――つまり、現実世界でそういうことになりうるかと応じられることがある。場合によっては確かにありうる。プロタゴラスの訴訟は、実際にもありえただろう（判事には厄介な判断が求められるが）。軍隊の場合は、混乱した、矛盾する規則がありえた（おそらく実際にもあるだろう）。理髪師は、町にいる自分の髭を剃らない自分以外のすべての人の髭をそることができただろう――町の人々が理髪師のことをラッセルが言ったように言うことになる――が、完全に看板どおりとは言えないだろう。

現実の実験は、実験する側のバイアス効果《エクスペリメンター・バイアス・エフェクト》（EBEという省略表記もある）を支持してきた。一九六三年、ロバート・ローゼンソールとフォードは、何人かの学生に、人間を被験者とする架空の実験を行なわせた。被験者はいろいろな人の写真を見せられ、その人物が「勝ち組」か「負け組」かを判断するよう求められる。半分の実験担当学生は、被験者は「勝ち組」的に答えると思うように導かれ、残りの半分は、「負け組」側の答えを出すだろうと言われる。その上で、報告された架空実験の結果を比較する。架空実験はどの回も同じ結果を生んでいるはずなので、違いは実験する側の期待のせいだと考えられる。ローゼンソールによる後の実験で、その効果がさらに調べられた。ローゼンソールは、これからは人間を被験者とする実験は自動的な手順で行ない、バイアスによる色がつくのを避けなければならないのではないかとまで唱えている。

ローゼンソールの発見を再現できなかった研究者もいる。問題は一九六九年の『ジャーナル・オヴ・コンサルティング・アンド・クリニカル・サイコロジー』誌で頂点に達した。この雑誌は、セオドア・ゼノフォン・バーバーらによる、ローゼンソール実験を丹念に再現したところ、バイアス効果がまったく見られなかった研究と、ローゼンソールの反論と、バーバーによる怒りもあらわな再反論とを並べて掲載したのである。科学につきものの重箱の隅をつつくような話に昇華させながら、その裏側で紛れもなく癇癪を起こしていることは、次のようなまじめくさった発言に表れている（ローゼンソールの、バーバーは実験を女子校で反復しているという反論に応えたバーバーの論文による）。「ローゼンソールが、実験する側のバイアス効果は、共学の州立大学での方が、そうでない大学よりも得やすいと本気で唱えているなら、その説を支持するデータを示すべきだ」

その後の研究は、バイアス効果が蔓延しているという説をさらに弱めている。一九六八年から七六年にかけて、少なくとも四十の研究では、統計学的に有意なほどの実験する側の期待効果は出ておらず、六つでは、はっきりしない証拠が出ている。

予期の逆説が現実世界に存在するとすれば、予期の効果が普遍的かつ不可避でなければならない。この効果に陥る心理学者が何人かいるとしても、それは問題にはならない。実験する側が気をつけることができ、冷静な心理学者が、チームの中のうかつな仲間の弱点を測定すればいい。逆説であるには、クレタ人は「すべてのクレタ人は嘘つきだ」と発言しなければならないように、しかじかの実験が、同種のすべての実験があてにならないことを断言しなければならない。

現実には、予期の効果がどこにもあるというのは考えにくい。そのため、この効果を明らかにすると称する実際の実験も、必ずしも逆説の渦に飲み込まれるわけではない。

それはいいとして、では人間の被験者に対する実験結果はすべて妥当ではないことが、そのことをはっきりさせる実験も含めて、確かにはっきりしたとしたら、それはどういうことを意味するのだろう。そんなことになりうるのだろうか。

誤っている《フォールス》と妥当でない《インヴァリッド》とには違いがある。実験結果が誤りなら、それは誤りだが、実験結果が単に妥当でない場合には（手順に粗略な点があった、対照群がなかった、等々）、その結果は正しいことも間違っていることもある。妥当でない実験でも、たまたま正しい仮説を支持することはあるだろう（これを「ゲッティア」実験と呼ぼう）。

嘘つきの逆説では、正しいという仮定が間違っているという結論につながり、間違っているという仮定が真であるという結論につながる。ここでの予期効果実験については、真偽のことを言っているのだろうか、それとも妥当かどうかを言っているのだろうか。それは直ちには明らかではない。すべての可能性を列挙しよう。論理パズルの場合には、これをやってみるとうまく行く場合がある。

(a)　研究の結果が正しいとしよう。そうだとすると、心理学者の人間に対する実験は信用できないことになる（この研究は、心理学実験の結果はどれも間違っていることを明らかにすると言っているのではなく、その実験では判断できないと言っているだけだ）。したがって、当の実験も信用できない。その結論は正しい可能性があった――そして実際に、われわれの仮定によって正しい――が、この研究はそれを示す妥当な証拠ではない。この研究はゲッティア実験で、皮肉な事態とはいえ、これはありうることだ。

(b) 研究の結論は間違っているとする。すると普遍的な予期効果はないことになる。研究の結論は、何か他の理由で間違っている可能性があって、実際に間違っている（結論が間違っているとすれば、研究は妥当でないとせざるをえない）。これまたありうる事態だ。

(c) 研究は妥当だとしよう。すると結論は正しくて、実験は妥当ではないことになる。これは矛盾だ。

(d) 研究は妥当でないとしよう。すると結論は正しいこともあるし、間違っていることもある。そこに矛盾はない。

要するに、実験する側の予期効果が普遍的であることを示すという研究を行なえば、ありうる批判は、(a)結論は偶然に行き当たった真実を表しているだけで、ただこの妥当でない研究を根拠にすることはできないとするか、(b)結論は間違っており、かつ研究も妥当でないとするか、(d)研究は妥当でないとするだけか、いずれかである。どれであれ、研究は妥当でないと結論せざるをえない。

しかしノーベル賞を獲るような科学者委員会が研究を監督し、考えられるかぎりの手間をかけて、その妥当性を確保したとしたらどうだろう。これまでの実験では見られなかったような、綿密な対照実験、統計学的なチェック、二重チェックの方式が立てられる。その上で、このどこから見ても妥当な研究が、正しく人間を相手にしたすべての心理学実験（当の研究もそれ）は、実験する側の無意識のバイアスのせいで妥当ではないことを確かめる。

この、今回の逆説の核心は、真偽を妥当性に置き換えた嘘つきの逆説である。自らの妥当性を否定する妥当な研究はありえない。われわれはありえないことの領域に足を踏み入れてしまった。

可能世界

哲学で有名な言いまわしに「可能世界」というのがある〔存在する可能性がある世界という意味〕。なぜ世界はこうなっているのかと疑問に思うのは当然だ。なぜ悪があるのか。そのようなことを問うということが、われわれは悪のない世界、現に存在する世界とはずいぶん違う世界を想像できることを実証している。可能世界のことを考えられる能力は、人間の知能の根本にある部分だと信じるに足る理由もある。われわれは暮らしていく中で、どうでもいいこと、重大なことをとりまぜて、無数の選択を行なう。これは想像力による行為だ。今日、昼から車を洗う世界とそうでない世界とを想像し、どちらの世界に行きたいかを決めるのである。

西洋で最初に可能世界という考え方を用いた文章を書いたのは、ドイツの数学者・哲学者のゴットフリート・ライプニッツ（一六四六〜一七一六）である。ライプニッツは、ありうる世界はいろいろあるのに、神はなぜ、その中からこの世界を創造することにしたのかと考えた。実はこの世界がすべての可能世界の中で最善だからだというのが、ライプニッツが出した特異な答えだった。ライプニッツは、この世界でこそ苦痛が最小なのであって、造物主が手を加え、あちらこちらでおかしなところを正そうとすると、全体としてはもっと悪くなるのだと想像した。この信じがたい見方は、ヴォルテールの風刺小説『カンディード』〔吉村正一郎訳、岩波文庫など〕に出てくる、パングロス博士という登場人物の元になっていることで記憶されている。カンディードには、リスボン地震（一七五五年にあって、およそ四万人が死亡した）が起こらなかった世界が、われわれのいる世界よりも良くないことがありうることがわからなかった。

可能世界哲学は、一九六〇年代には、ソール・クリプキ、デーヴィッド・ルイス、ジャーコ・ヒンティッカといった哲学者によって復活させられた。混乱があるといけないので、「可能世界」とは何か、明らかにしておこう。それは宇宙にあるよその惑星のことではない。可能世界とは、そこに独自の過去、現在、未来を備えた一つの完全な宇宙である。ドイツが第二次世界大戦に勝った可能世界について語ることができるし、その可能世界での西暦一万年のことについてさえ語ることができる。可能世界という単数形を使っていても、実際にはいくつもの可能世界群を表すことも多い。ドイツが第二次大戦に勝った可能世界は何億兆でもあるにちがいない。そのそれぞれが、細かいところで少しずつ違っているのである。その数は無限である。あるいは無限であるらしい。われわれが暮らしているこの可能世界は、「現実」世界と呼ばれる。

いかにも物理を超えた《メタフィジカル》考え方だが、そこには限界がある。この概念があっても、あまり役には立たないだろうし、想像力をはたらかせるたびに、可能世界ができる。哲学者はたいてい、可能世界ではない世界について語ることは可能だと認めている。

われわれは「1＋1は2にならない世界」などと言葉を並べても、それは可能世界を記述しない。6が素数となる世界、五角形の辺の数が四となる世界、「リスボン地震が起き、かつリスボン地震が起きない」世界、「エイブラハム・リンカーンがヨシフ・スターリンよりも背が高く、スターリンがナポレオンよりも背が高く、ナポレオンがリンカーンよりも背が高い」世界、いずれもありえない。

（こんなことを論じる人もいる。1＋1が2にならない世界がどうしてありうるか、誰にもわからないにしても、徹底して懐疑的になれば、そのような世界はありえないという確信も疑うことはできる。しかし哲学での可能世界の議論ではたいてい、われわれの論理だけは他の可能世界でも成り立つことを根本規則としている。そうでなければ、そんな世界についてあれこれ推理することはできない）

可能世界はいくつありうるか

何かがありえない――単に間違っているのではなく――と言えば、それが真になりうる可能世界がないと言っていることになる。可能世界がどれほど多岐にわたるかというのは、哲学で最も深遠な問いの一つである。

ソール・クリプキは、「金《きん》の原子番号は79である」などの事実は、どの可能世界でも正しいと論じた。これは受け入れがたいという人がほとんどだ。金の原子番号が78だったり80だったり、はたまた17だったりする世界は簡単に想像できる。金の原子番号がいくつかなどということは知らずに、あるいは大して気にせずに生きてきたこともありうる。金の原子番号が異なることを想像するのは、自分の電話番号や自動車のナンバーが違う世界を想像するのとほとんど同じに見える。しかしそうなのだろうか。

元素の特性は、周期表における位置から予測できる。金は周期表では銅や銀の下にあり、両者と多くの点で似ている。密度が高く、軟らかく、化学反応しにくい金属で、電気をよく通す。金属の原子番号がひとつ違うだけでも、周期表に占める位置が変わり、特性が変わってしまうことが予想される。

金の原子番号が78だったとしよう。それは周期表でニッケルとパラジウムの下にあり、そちらに似ることになる。やはり金属で、密度は高いだろうが、その特性はむしろプラチナに近くなるだろう（実際に原子番号が78なのはプラチナである）。あらゆる点でプラチナに似た金は、そもそも金なのだろうか。

他の元素も周期表で原子番号が一つ小さくなり、金の相対的な位置は変わらないと唱えることもできるだろう。金は78番の元素で、プラチナは77番の元素となるなどである。しかしそうすると、周期表の先頭の元素を落とすことになる。落とされる元素は水素で、これは恒星を構成する元素であり、この宇宙では群を抜いて最も多い元素である。水素がない宇宙は、どれほど違うかさえ想像できないほど違う姿をしていることだろう。

化学者から見れば、元素には、その原子番号からどうしようもなく導かれる特性がある。クリプキはそのことを言う。ヘリウムが不活性ガスではない世界を考えるのは、1＋1が2ではない世界を考えるのと、そう変わりはない。世界が可能かどうかを決めるのは、見た目ほどややこしい話ではない。

われわれの物理学の知識が、化学の現状なみに完全になるときが来るかもしれない。電子、クォーク、光子の特性が、化学元素の特性と同じ、何かの根拠があってのことであることは考えられる。「スーパーストリング」説は、まさにその根拠を提供しようとしている。それが正しければ、可能と見えている多くの妙な世界（陽子の方が中性子よりも質量が大きい世界、電子の大きさがゴルフボールなみにある世界）は、実は除外されることになるかもしれない。物理学者は実際の世界は唯一ありうるものではないかとさえ推測している。物理学の法則も、世界の初期状態も、今はほとんど想像もつかない論理的な厳格さで、あらかじめ指定されているのかもしれない。

逆説と可能世界

「この文は間違っている」は逆説だというのは、この文が正確に自らのことを記述しているような可能世界はないという意味である。状況は二つの部分に分けられる。(1)この文が真なら、この文は偽。(2)この文が偽なら、この文は真。この文が真となる世界、偽となる世界を想像することはできるが、どちらの選択肢も矛盾に至る。

ジャーコ・ヒンティッカは、可能世界を通じて「知る」を定義した。知っていることが増えれば、自分が知っていることと両立する可能世界の数が減るということだ。たとえば、われわれが知っていることはどれも、ケンタウルス座アルファ星の星系に生命があることと両立するし、われわれが知っていることはどれも、ケンタウルス座アルファ星の星系に生命がいないこととも両立する。知らないということは、現実世界と、ケンタウルス座アルファ星系に生命がいるかどうか以外は、あらゆる点で同じただの可能世界とを、区別できないということだ。ケンタウルス座アルファ星系に生命がいるかどうかがわかれば、そのときには一方の分の可能世界が除外される。

科学の発見は、両立する可能世界の数を減らす。この過程がどこまで進むかと問うのは当然のことだろう。ヒンティッカの見方では、すべてを知るとは、すべての可能世界を、残りが一つだけ——実際の世界——になるまで除外するということだ。

全知と逆説とはわずかに違うことを認識しておこう。まったく何も知らない人にとっては、その人が知っていることと両立する可能世界は無限にある。すべてを知っている人にとっては、可能世界の数は一にまで狭まる。この幅がゼロにまで狭まったとしたらどうなるか。それは、いかなる可能世界も、その人が知っていることとは両立しないことがわかった人の身の上ということになる。この人の既知の事実の集合には矛盾がある。いい逆説というのは、その世界が可能世界ではないことを証明するらしい。

ボルヘスは、「亀の化身たち」というエッセイで、逆説は世界が実在しないことへの手がかりだという推測を行なった。

> あらゆる観念論者が認めることを認めよう。世界は幻のようなものだということである。観念論者が誰もしなかったことをしよう。その性質の確認例となる非現実のものを探すのである。カントの二律背反と、ゼノンの弁証法にそれが見つかると私は思う。

「いい手品師とは（ノヴァーリスが書いたことで有名なこと）、自分自身に完全な呪文をかけて、自分のもたらす錯覚が、自律的に現れていると思うようにする。これも今の話の例ではないか」。私はその通りではないかと推測する。われわれ（われわれの中で動作している、個々に分かれていない、神のような部分）が、世界を夢見てきたのだ。それを確固とした、謎の多い、目に見える、空間全体にわたり、時間的に持続されるものとして夢見てきた。ただ、その構造の中に、非合理という、われわれにそれは偽であることを教える、細くかつ永遠の切れ目を許容したのだ。

序文の逆説

著者が（配偶者と校正係に感謝した後で）、「避けられない」誤りの責任は自分にあると述べる、過度に控えめな序文は、誰でも見たことがあるだろう。誤りがあることがそんなに確かなら、それを認めるよりも、なぜやり直して修正しないのだろうと思ったこともあるだろう。D・C・メーキンソンは、この但書にヒントを得て、「序文の逆説」を考案した（一九六五）。予期の逆説や、予期されない絞首刑の例とも関連して、序文の逆説は、ノンフィクションなるものはないことを「証明」する。

ある著者が、自分ではノンフィクションだと思っている長編を書く。念入りに確かめた陳述が多くなされている。友人がこの本を読み、肩をすくめ、「あんなに長い本なら、どれも少なくとも一か所は誤りがある」と言う。「どこに？」と著者は訊ねる。友人は、自分は一つも特定していないが、それでも長編ノンフィクションはすべてといっていいほど、一つや二つの誤りはあると断言する。「そうなると、読者は君の本に書かれているどの陳述も信じる根拠がなくなる」

友人は言う。「本を見て何か言っているところを取り上げよう」。本を無作為に開き、ある断定調の文を指さして言う。「しばらくこの発言を無視しよう。指で隠しているから、君にはそれが見えない。この本の、これ以外の発言はすべて正しいと信じているかい？」

「もちろん。信じていなければそんなことは書いていないだろうし、そう信じるだけの根拠もあるさ」

「結構。それでも本には、君も僕もどこと特定していなくても、少なくとも一か所は誤りがあるに違いないことは認めるよね。本には少なくとも一か所、誤りがあることを信じるなら、それからこの文以外の発言はすべて正しいと信じるなら、僕が指で隠しているこの文が誤りだということになるね。そうでなければ、君が信じていることは自己矛盾してしまう。それにこの文は一例として選んだだけだから、どの文を選んでも、それについて同じことが言える。君はこの本にあるどの発言も、それが正しいと正当に信じることはできないわけだ」と友人は言う。

読者に誤解があるといけないので、著者は序文に注意書きを書く。「本書の中の少なくとも一つの発言は誤りだ」

本にいくつかの誤りがあるなら、序文での発言は正しい。本の序文以外のところには誤りがないとしたら、序文の発言が誤りである。その場合、本には誤りがあることになり、序文の発言は正しい。しかし序文の発言が正しいなら、誤りはないことになり、従って序文の発言は間違っている……増刷するたびに次々と訂正の紙をはさんでも、この事態は解決されない。

根拠があって信じていることどうしは両立しなければいけないか

多くの序文が誤りを認めている。カート・ヴォネガットの小説、『猫のゆりかご』（伊藤典夫訳、早川書房）には、こんな序文がついている。「本書に書かれていることはどれも真実ではない」。これはメーキンソンの序文の逆説ではなく、もっと直接的に矛盾した陳述である。ヴォネガットの本がフィクションの作品であるかぎりは、序文の発言は、そこでの見解そのものを除けばその通りだ。序文は現実のカート・ヴォネガットによるもので、虚構の登場人物のものではないと思われ、ノンフィクションである。それ自身について言えば、そこには嘘つきの逆説が生まれる。

序文の逆説から、数学者のウィリアム・シャンクスによる、生涯をかけて円周率を計算し、小数点以下五百二十八桁を間違え、その後の桁も成り立たなくなったという悲劇的な業績のことが思い起こされる。自分が今、『πの数字』という本を書いているとしよう。あるページに「πの最初の有意な数は3である」と書く。その後の一頁ごとに、πを小数で表したものの数を一桁ずつ明らかにしていく。その数字は手計算で導く。もともと有能な数学者であり、用いるのは誰もが認めている計算手順である。したがって、自分が導くすべての桁を信じる根拠もある。

千桁めまで来る頃には、計算に少なくとも一か所、誤りを犯した可能性が高くなってくる。こうなると、事態はメーキンソンの逆説よりもずっと悪い。次の桁を計算することは、それまでの桁の値にかかっている（大きな数の割り算のように）。千桁めだけを直接求めることはできない。まず九百九十九桁めを求め、その前には九百九十八桁めを求めなければならず……というふうに続く。どこかの桁を求めそこなうと、それ以後の桁はすべて成り立たなくなる。千個のドミノを一列に並べるようなものだ。三百七番めのドミノが右に倒れたら、そこから後のドミノはすべて倒れてしまう。千桁めまでに少なくとも一つの誤りがあったら、千桁めの数字は誤りと言わざるをえない。[1] 同様に、九百九十九桁めも、九百九十八桁めも、それ以前にある長い数字の列のどれもが誤りである可能性が高まる。

1　それは十分の一の確率で正しいが、それはゲッティアの反例である。

予期の逆説と同様、序文の逆説は、確実なことではなく、帰納による蓋然性が含まれる状況での演繹的推論を疑問視する。科学の相手は、多くは確実なことではなく、おそらくそうだということなので、この疑問にはよく考えて応じなければならない。

われわれの世界観は信じていることとの集合で、たいていは根拠があり、たいていは正しい（ともかくそう思っている）。序文の逆説は、根拠があっても、互いに論理的に矛盾していることを信じるのは可能かどうかと問う。逆説の中の逆説に注目しよう。著者は矛盾を含む一群のことを信じている（個々の発言は、個々に考えれば正しいと信じており、しかも本には誤りが含まれていると信じている）。この本の本文では千個の断定があり、それは互いに両立するとしよう。序文の主張（本書の発言のうち少なくとも一つは誤りである）は、千一番めの断定だ。これこそが矛盾の中でもとくに不可解なものとなる。千一個の発言のうち千個は論理的に筋が通っていて、千一個をまとめた全体は自己矛盾しているのだ。

蓋然性は、これとよく似た「宝くじの逆説」で、もっと明瞭に現れる。ヘンリー・E・カイバーグが考えたものである（一九六二）。宝くじを買う人は、合理的には当たると予想できない。当たらない率の方が圧倒的に高い。それでも、誰もが外れると予想することは、誰かは当たるという事実と矛盾する。実際には、疑わしい推論の鎖が一歩先へ進む。宝くじを買う場合、自分の賭けを、「誰かには必ず当たるのなら、当たるのは自分でもおかしくない」というのを根拠にする人が多い――宝くじの広告にはよく出てくる誤った根拠である。カイバーグは、この逆説が示しているのは、根拠があって信じていることどうしでも、論理的に不整合でありうるということだと思った。

メーキンソンとカイバーグの逆説は、多くのことを信じていると、矛盾を内包することがあるということだ。百万もの陳述から成る集合のなかに、一個の発言がこっそりと矛盾を持ち込むのである。こんな話を考えよう。

1　アリスは論理学者である。
2　論理学者はみな骨付き肉を食べる。
3　骨付き肉を食べる人はすべてクレタ人である。
4　クレタ人はみな嘘つきである。
5　嘘つきはすべて馬車に乗る。
……
999,997　テキサス人はみな裕福である。
999,998　裕福な人はみな不幸である。
999,999　不幸な人はみな煙草を吸う。
1,000,000　アリスは煙草を吸わない。

「……」の部分には、6番から999,996番に、「XはすべてYである」の形の陳述があることを意味しているので、最終的には、論理学者はみな煙草を吸うという結論になり、そこからアリスが煙草を吸うことを導いていい。それが1,000,000番の前提と矛盾し、集合全体は満たされない（自己矛盾している）。

とくに変わったことはない。意外なのは、どれか一つでも前提を除けば、集合は満たされるということだ。前提4を除外しよう。するとアリスはクレタ人であり、嘘つきはすべて煙草を吸い、アリスは煙草を吸わない（し、嘘つきではない）ことが導きだせる。

この例では、前提が整然と並んでいるので、矛盾はわかりやすい。この百万の前提が、無作為の順序に並んでいると、集合が自己矛盾していることを見るとなると、骨の折れる仕事になるだろう。発言のいくつかがもっと複雑だと、もっと難しくなる。信じていることの集合は、ボロメアの輪という、一個の環を外すと他のすべてがばらばらになるパズルのようなものである。個々の断定の影響が「波及」し、集合全体に影響するのである。

ポロックのガス室

逆説に陥ると、矛盾をもたらした元の前提をいくつか棄てたくなる。どれを棄てることにするかが問題だ。ジョン・L・ポロックは、序文の逆説を、次のような思考実験で解説される確証の規則を通じて解決した。

ある部屋は、ときどき毒性のある緑のガスで満たされる。中に入ろうとする人に警告するため、部屋には警告装置がついている。装置(ある委員会が設計した)の動作は以下の通り。部屋に入るドアについた窓越しに警告灯が見える。安全で入ってもいいときには緑のランプ(交通信号のように「進んでよい」)で、部屋に毒ガスがあるときは、白のランプ(アジアの国には白が死を意味するところもある)が点灯する。

残念ながら、この方式では役に立たない。ガスが緑なので、実際には白いランプが点いていても、光は緑に見えてしまうからだ。ランプはガスの有無にかかわらず、いつも緑に見える。委員会はこのとんでもない欠陥を、警告灯から何センチかのところに有線のテレビカメラを設置して修正した。部屋の外にあるカラーモニターに画像信号が送られると、モニターは、ガスがあろうとなかろうと、警告灯の色を正確に再現する。ドアには、窓越しに見える警告灯の色は無視して、テレビモニターの色を見るようにという案内が掲示される。

ポロックが考えた、設計がまずかった警告装置は、われわれが手にしている、世界についての不確かな知識の喩えである。ランプは緑か白か、われわれにはどちらかわからない。窓越しには緑に見える。第一印象では、それがランプは緑だと信じる証拠である。テレビ画面では白に見える。だから白だと信じる。しかしランプが緑なら白ではありえないし、ランプが白なら緑ではありえない。最初は信用できた想定の一つを棄てなければならない。

ポロックは、信じていることの捨て方は複数あると述べる。「ランプは窓越しには緑に見える。経験から、窓はたいてい無色のガラスでできていることはわかっていて、色は変わらないし、空気も無色だ。したがって、ガラス越しに見たランプがどう見えるかで、それは緑だと信じる根拠になる。ランプが緑なら、白ではありえない。だからランプは白ではない」

もちろん、同じくこのようにも言える。「ランプはテレビモニターでは白だ。事物はたいてい、カラーテレビの画面上に見える色をしている――だからカラーテレビを見るのだ。したがって、モニター上でランプがどう見えるかは、それが白だと信じる理由として十分だ。それが白なら、緑ではありえない。だから緑ではない」

観察結果の小さな集合からの推論が矛盾に至るという意味で、小型の逆説が得られた。推論の一段ごとが、もう一方の推論では、どう見てもそうとしか思えないような形で否定される。

答えは明白だ。ランプは実際には、テレビ画面に見えているのと同じ白だ。しかし右に記した第二の推論を用いるのではない。後の方の論証は最初の論証に比べて強いわけではない――もしかするとわずかに弱いかもしれない（テレビ画面に映ったものが直接見えているものと矛盾する場合は、たいていは自分の目で見た方を証拠として採用するだろう）。ランプが白であるとする論拠は別にある。それを象徴するのがドアの掲示である。

経験的に信じていることは解除できる。何か（破棄理由《デフィーター》）を知って、信じていることが成り立たないとすることは、いつでもありうる。デフィーターには二種類ある。否定デフィーターと、薄弱化デフィーターである。

否定デフィーターは、信じていることが間違いだと端的に断定する。コペンハーゲン動物園には白いレイヴンの群れがいると知れば、すべてのレイヴンは黒いという仮説の否定デフィーターになる。この仮説に合致するこれまで得てきた証拠（黒いレイヴンの目撃例）はすべて残っていて、それはやはり「ものをいう」が、それでも仮説は間違いであることは認めざるをえないだろう。

薄弱化デフィーターは、信じていることの根拠が妥当ではないことを明らかにする。自分は実は水槽の中の脳だと知れば、外部世界について自分が信じていることすべてについて、薄弱化デフィーターになる。薄弱化デフィーターは、信じていることに合致する「証拠」の見方を変える元になり、信じていることの根拠としては使えないことを示す。信じていることはやはり正しいこともあるかもしれないが、その証拠は証拠とは言えないと想定される。

否定デフィーターの方が強いように見えるが、実際には、薄弱化デフィーターの方が、否定デフィーターよりも優先されるとポロックは言う。面白い論争と退屈な論争との違いのようなものだ。退屈な論争では、対立する者どうしがそれぞれ相手が間違っていると言い合っている。面白い論争では、相手がなぜ間違っているかを言っている。

ランプの色に関する経験的に根拠のある結論（窓越しに見えたものに基づいて緑と判断したり、テレビ画面で見えたものに基づいて白と判断したり）は、それぞれに対する否定デフィーターである。掲示があってはじめて状況に決着がつく。これは薄弱化デフィーターである。緑のガスごしに見ると紛らわしいことに緑に見えることがあることを説明することによって、一方の信じ方を棄て、もう一方を取る理由ができる。

この薄弱化デフィーターの優越という原理によって、本章の逆説は（予期せぬ絞首刑も）たいてい解決がつく。序文を書いた著者の友人が言っていることは、友人が抜き出した発言の否定デフィーターである。推論はその発言とは無関係であり、隠された（しかも読んでもいない）発言の内容がかかわってくることはない。

著者は友人の論法に対して薄弱化デフィーターを挙げることができる。友人の推論は、本には誤りがあると信じていることに依拠する。その信じ方の側に立つ経験からの証拠は立派にある（誤りや誤植が他の本で見つかる）かもしれないが、友人が取り出した発言以外のすべての文が正しいことがわかると、その友人が言うことは、きっと怪しくなってくる。すると、本に誤りがあるとすれば、隠された発言が誤りであるしかないが、それが他の発言と比べて間違っている可能性が高まると信じる理由は何もない。いよいよとなれば、薄弱化デフィーターの方を取るはずだ。

序文の逆説は、戯れの逆説である。友人の論法が間違っていることは初めからわかっている。わからないのは、なぜそれが間違いと言えるかである。予期の逆説は、もっと扱いにくい。ポロックの原理をあてはめてみると、次のような解決が得られる（必ずしもこれで一件落着とはならないが）。

ある実験結果が間違っているという話は否定デフィーターである。実験が妥当ではないことを示すのが薄弱化デフィーターである。対立する場合には、ポロックのおかげで、予期効果に関する実験は、間違いなのではなく、妥当でないことを実証するものだと思うことになる。

有名な科学者で構成される特別委員会が実験を監督するという、強力な方の逆説を取り上げよう。すると実験の妥当性には確信が得られる。否定デフィーターはこうなる。結果が正しいなら、実験は不当でなければならない。しかし実験は妥当であることはわかっている以上（専門家の監督のおかげで）、結果が正しくないとせざるをえない（後件否定《モードゥス・トレンス》）。

薄弱化デフィーターはこうだ。実験が妥当で正しいなら、われわれの無意識の予期が実験をだめにする。残念ながらこの実験は妥当ではないと結論する（真偽のほどはともかく、こちらの方が合理的に見える）。

最後に、予期せぬ処刑について（これは序文の逆説で、対象を複数の発言にした場合に似ている）。死刑囚の推論は、自分が七日間のうちどの曜日についても、処刑される可能性を否定する。この信じ方の集合が、それ自身の薄弱化デフィーターとなる。執行官は、死刑囚の信じていることを知って、いつ執行してもよくなるからだ。薄弱化デフィーターの方を優先することによって、死刑囚は間違っているというクワインの立場が得られる。

何かがあらゆる疑いを超えて確立したと言えるのはいつかと思われるかもしれない。それに対しては、そういうことはないと答えなければならない。そのために、知っていると言える基準の第四として、破棄できないことを挙げられても、それは受け入れにくい。何を信じていても、デフィーターからは逃れられない——デフィーターとなるようなことを信じていても……

監視員がやって来て、ポロックのガス室の外にあるモニターを調べ、ぶつぶつ言っている。「こいつのつまみで遊んだら、みんなすごいジョークだと思うだろうな。誰かが死ぬのを待てばいいんだ。そうすればみんなが何かするだろう」——そう言いながら、つまみを回し、ランプの画像の色を鮮やかな緑にした。

8

無限——トムソンのランプ

「トムソンのランプ」(ジェームズ・F・トムソンによる)は、見かけは他のランプと同じで、スイッチを切り替えれば点いたり消えたりする。スイッチを押せばランプが点く。もう一度押せば消える。さらに押せばまた点く。このランプで遊ぶのが好きな超自然の存在がいる。その遊び方とは、ランプを点けて1/2分、消して1/4分、また点けて1/8分、また消して1/16分というふうに続けるのである。この有名な無限級数($\frac{1}{2}+\frac{1}{4}+\frac{1}{8}+\frac{1}{16}+\cdots\cdots$)の和を取れば1になる。したがって、一分が経過すると、この超自然の存在は、無限回スイッチを押していることになる。一分経ったとき、ランプは点いているか、消えているか。

さて、このランプは物理的にはありえないことは、きっと誰もがわかっている。しかし俗世の物理学には、われわれの想像力は止められない。ランプの動作に関する記述は、あたうかぎり論理的に正確だ。ランプが点いているか消えているかを言うために、必要な情報はすべてわかっていることには異論の余地はなさそうだ。ランプが点いているか消えているかのいずれかであることにも異論の余地はないようだ。

しかしトムソンのランプのクイズに答えるのは無理だろう。最大の整数は奇数か偶数かを決めるようなものだ。

πマシン

「πマシン」を使うと、困惑はさらに増す。この驚異の装置は、旧式のレジスターのように見える。スイッチを入れると、πマシンはすばやくπ（円の直径を1としたときの円周の長さ）を計算する。昔から知られているように、πは3.14159265...と数字がどこまでも続く。πマシンは、この無限の列を、次の桁は前の桁の半分の時間で計算することによって、短縮する。各桁がわかると、数字がマシンの上にある窓に表示される。どの時点でも、そのとき最新の数字が一個だけ表示されている。

最初の桁を計算するのに三十秒かかるとすると、マシンはπのすべての桁を一分で計算することになる。[1] さらに、一分が経過すると、マシンは正真正銘、πの「最後」の桁を表示していることになる。もちろんそれはばかげている。πには最後の桁などないのだ。

ありえない機械のしめくくりは「ペアノ・マシン」である。これは自動のスライドホイッスル〔胴の長さを連続的に変えて音の高低を変える笛〕のようなもので、定規のような目盛がついている。一方の端には0とあり、反対側は1である。ピストンが1の端から0の端へ、一定の速さで、一分かけて移動する。ピストンが、逆数が整数となる地点を通過すると、機械の声がその数を告げる。機械の声は、ピストンが進むにつれて高くなり、いくら速くなっても読み上げは続けられるようになっている。

たとえば、一分の最初には、ピストンは1のところにあり、1/1は1なので、機械は朗々たるバリトンで「1」と読み上げる。三十秒後、ピストンは0.5のところにある。その逆数は2なので、機械は「2」と言う（今度はテノールだ）。その十秒後、コントラルトの「3」が続き、さらに五秒後、ソプラノの「4」

1 πマシンを、他に灯りのないところでトムソンのランプと同時に動かせば、πの奇数番めの桁がストロボで見えることになる。

が続く。

一分が終わる頃には、読み上げは猛烈に速くなっている。その最高潮は、音の周波数が高すぎて誰も聞こえない。犬はもう少しの間、狂ったようにくんくん言って、地面を爪でひっかいている……そして犬でも聞こえなくなる。一分が終わるとき、すべての自然数が読み上げられている。

ゼノンの逆説

無限大は、完全には把握できない広大な世界の象徴で、逆説にはよくある主題である。逆説はしばしば無限大を含み、穏やかな日常世界に衝突し、それを脅かす。

無限大の逆説でも最古クラスとなるのが、エレアのゼノン（紀元前五世紀）のものとされる逆説である。ゼノンは、今は失われたある著書でその逆説を述べている（紀元前四六〇頃？）。われわれがそれを知るのは、他の古代の著述家たちによる、簡略化した記述で伝えられるのみである。ゼノンは、時間や運動など、あたりまえのことが存在しえないことを明らかにして喜ぶへそ曲がりだった。そのいちばん有名な逆説は、次のようなものだ。足の速いアキレスが、亀と競争する。亀はたとえば一メートル前方からスタートする。亀に追いつくには、アキレスは一メートル走って、亀の出発点に行かなければならない。そうする時間の間に、亀はそれよりは短い距離、十センチ進んでいる。アキレスは追い抜くために、この十センチを走らなければならない。その間に亀は一センチ先へ進んでいる。この解析は永遠に続く。亀のリードは小さくなっていくが、アキレスが追いつくことはない。

ゼノンは無限級数や無限の量が実在することを否定した。何かに無限大が入ることが示せれば、それはありえないことを証明したことになる。現代人の頭では、ゼノンの論法にはそれほど説得力がないところもある。ゼノンはむしろ、無限級数を理解していない、数学の奇想家と言った方がふさわしい。アキレスが走らなければならない間隔による級数を足すと、有限の和、111.111…（$111\frac{1}{9}$）センチになる。「無限」は、ゼノンの解析にあるのであって、物理的状況にあるのではない。

もっと困惑するゼノンの発明は、矢の逆説である。矢は空中を飛ぶ。どの時点でも、その時点で考えれば、矢は止まっている。瞬間的な矢は、矢のスチル写真あるいは映画フィルムの一こまのようなものだ。時間はこうした瞬間を無限に集めたものでできており、それぞれの瞬間には矢は動いていない。矢の運動はどこにあるのか。

矢の逆説は、さらに考えてみる値打ちがある。もっと現代的な脈絡に置き換えてみよう。われわれの矢は原子でできている。それが相対論の時空を動き、ある慣性系の準拠枠で測定される。その脈絡でも「ある瞬間」は、ゼノンに対してもっていた非公式の意味をいくらかもっている。われわれはやはり原因と結果があること（量子レベルでなければ。これはここで無視できるだろうか）、未来は現在によって決まり、現在は過去によって決まることを信じている。さて、その固まった瞬間では、動いている矢と止まっている矢とをどう区別するのか。動く矢には、それをそれと特定する、動く矢に賦与される何かの情報がなければならないように見える。そうでなければ、矢は次の瞬間にひょいと前に進むことをどうやって「知る」のか。

本書の範囲内では、右の「無限大マシン」の現代版がもっとある。ゼノンに刺激されたそれらの機械が疑問を投げかけるのは、運動学よりも知識である。無限級数についての現代的な概念でも、それは氷解しない。個々の機械の動作はいわゆる超作業《スーパータスク》で、実際にはたぶんできなくても、紛れなく記述できる無限の動作である。それぞれの場合で、そのスーパータスクは、メデューサを見ることになる——知りえないように見えることである〔メデューサを見ると石になってしまうので、見ても姿はわからない〕。

実務的な頭の人なら、無限大マシンの意味を疑問視するかもしれない。スーパータスクの哲学的議論は、存在しない病気のための治療法を探す医者のようなものだ。しかし、スーパータスクと一定の現実世界の過程との間には、似たところもある。離散的な動作の無限級数（あるいは「実質的な無限大」）を通じてのみ答えられる問題の特異な地位は、探ってみる価値がある。

トムソン・ランプを作る

無限大マシンの議論には、その基本的動作に的を絞るものもあった。これが実際に動くかどうかはどうでもよさそうに見えるが、少し詳細に分析すれば、論理的難点が浮かび上がるかもしれない。アドルフ・グリュンバウムは、これら三つの機械すべてを分析した。

トムソン・ランプへの反論の一つは、電球は無限に速くスイッチを切り替えることはできないというものだ。この手順では、ある地点を過ぎると、フィラメントは電流が入っても明るくなりきらなかったり、電流が切れても暗くなりきらなかったりする。最後の方になると、フィラメントは半分ついた状態のままになるのかもしれない。

さらに、電灯を点けたり消したりしていれば電球は切れてしまうことも、誰でも知っている。トムソン・ランプの電球は、きっと切れるだろう。

グリュンバウムは、こうした問題点は決め手にはならないと論じた。一分が経過したとき、ランプは点いているか消えているかというのが問題だ。一分が過ぎたら、切れた電球を抜いて、新しい電球を入れることもできる。新しい電球は点くだろうか。

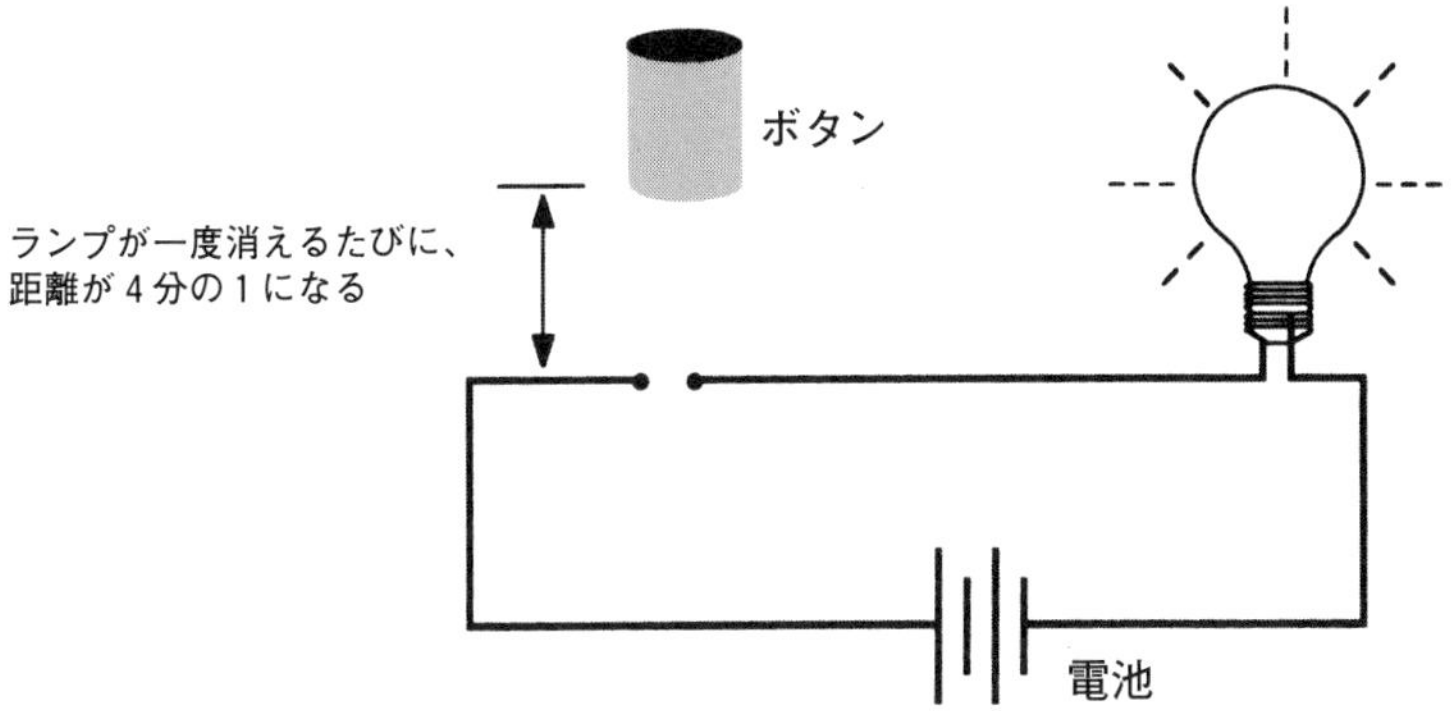

問題は実はスイッチにある。トムソン・ランプの点灯／消灯のボタンは、動作するためには、当然、ある距離xを移動しなければならない。したがってボタンは有限の時間に無限の距離を進まなければならない。物理的な反論を一つだけ挙げよう。一分間の終わりの方になると、ボタンは光よりも速く動かなければならなくなる。これは無理だ。

ボタンが無限大の距離を進むのは、必須のことではない——別にどこかへ行くわけではないのだ。グリュンバウムとアレン・ジェーニスは、少し手を加えて、修正版トムソン・ランプにたどり着いた。こちらならもっと現実味がある。

ボタンを、底が伝導体になっている円筒を縦に置いたものだとしよう。ボタンが十分に押されると、その底が回路の二つの端に接触する。電流が底の部分を流れ、ランプが点く。

ランプが点いているときには、ボタンは開いた回路に接触しているものとし、ランプが消えているときは、ボタンは一定の速さで上下運動をしているものとする。毎回、ボタンは許容された時間と定まった速さで許される距離だけ上がればいい。

最初の三十秒の間は、回路に接触していて、電球は灯っている。次の十五秒間は、消えている。ボタンは七・五秒間上昇し、七・五秒間下降し、最後には回路がつながって、ランプが点く。その次にボタンは一・八七五秒間上昇し、それから一・八七五秒間下降して、合わせて三・七五秒間、ランプは消えている。

ボタンは上昇と下降を無限大回繰り返すが、上昇する距離は、前回の四分の一だけだ。あまり跳ねないボールのようなものである。全体の移動距離は、動作全体の時間と同じくきちんと有限に収まる。速さは光速よりはるかに遅い一定の速さである。

残念ながら、グリュンバウムとジェーニスの修正版トムソン・ランプも、完全には手なづけられていない。その往復運動は、やはり任意の大きさの加速と減速を含まなければならない。おそらく、無限大回の加速は無限大の速さよりは飲み込みやすいとはいえ……どんな物体も、それほどの加速には耐えられない。ある時点で、加速によってボタンは壊れる。ハンマーで叩き壊すのも同然だ。

修正版のランプには、もっと悪い問題点がある。一分が終わるときには、ランプが点いているかどうかの問題はない。ボタンの底は開いた回路にどこまでも近く、そのすぐ上にある（跳ねるボールが最後には床に接触した状態で終わるのと同じ）。修正版ランプは、手順が終わったときには明らかにオンの状態になっているだろう。残念ながら、こうなるのは、スイッチの配置を修正したせいだ。元のトムソン・ランプとどう関係するのか、疑問になってしまう。

πマシンあるいはペアノ・マシンを作る場合にも、似たような、あるいはそうでない問題が生じる（ついでながら、ペアノ・マシンはイタリアの数論学者ジュゼッペ・ペアノを称えてグリュンバウムが命名したものである）。πマシンでは、πの各桁を、どうやってそんなに速く計算できるかという問題が出てくる。後で見るように、計算に対しても運動に対するのと同様に限界がある。無限大の速さを避けるためには、レジスターの数字が現れたり隠れたりするための移動距離がだんだん小さくならなければならない。そのうち、どの数字が「表示」されたか、わからなくなる。別形態のπマシンは、各桁の活字が前の桁の活字の半分の幅になるような、シュールな活字で印字する。全体を印字しても、図書館の索引カード程度に収まるが、どんなに強力な電子顕微鏡でも、最後の桁が何かはわからないだろう。

ペアノ・マシンに特有の問題は、数の名がだんだん長くなることだ。百桁もの数の名を読み上げきるには長い時間がかかる。ジェーニスは、マシンが英語での名前を省略して、一定の周波数の音と数とを結びつける暗号で、数を音で表すことを提案した。

音を出すのに必要なエネルギーは、周波数（高さ）と振幅（大きさ）によって決まる。音の振幅は、振動数が増大するのと歩調を合わせて減らさなければならない。そうでないと無限大のエネルギーが必要になる。一分が終わる頃には、機械の声のボリュームはゼロにまで下げなければならない。最後の音は聞こえない。たとえ無限に高い周波数の音が聞こえたとしても。

次の点に注目しよう。三つの無限大マシンは、どれを物理的にわかりやすくしようとしても、結果は見えない（あるいは聞こえない）ことになる。無限大マシン、スーパータスク、スーパータスクを通じてのみ知りうる「事実」、いずれも疑わしいところがあると考える哲学者は多い。

等比数列

文字どおりの無限大は考えようがないが、無限大と言ってもいいようなことは、どこにでもある。インドの伝説には、シリムという王が、大臣のシッサ・ベン・ダーヒルというチェスを考案した人物にやりこめられたことを語るものがある。王はこの新しいゲームを大いに喜び、褒美にチェス盤の六十四個の枡目にそれぞれ金塊を置いて与えようと言った。大臣はうやうやしく辞退し、別の案を申し出た。チェス盤の最初の枡目には小麦を一粒置き、次の桝目には二粒置き、その次の桝目には四粒置き……というふうに、粒の数を次々と倍にして、チェス盤の桝目それぞれに置いていくというのである。

王はシッサのあまりにつつましい申し出にあきれつつ、小麦の袋を持ってこさせた。シッサの求めどおりに、小麦が慎重に数えられていく。十二枡めに達すると、王の従僕は粒を桝目に載せるのも難渋するようになり、大臣に与えられる小麦をチェス盤の横に積み上げて作業を続ける。王が驚いたことに、小麦の袋は二十番めの枡の分を数えきる前に空になってしまった。さらに小麦の袋を持って来させて……最後には音を上げた。自分の国、あるいはインド中、あるいは世界中にある小麦を持ってこさせても、シッサの望みを満たすことはないだろう。

伝承には珍しい数学話だが、その教訓は、等比数列をなめてはいけないということだ。王が最初に言い出した金塊は、盤上の桝目の数に比例する。シッサがチェス盤の桝目を四十九個とか八十一個とか、他の数に設計していても、王の身上には大した違いはなかっただろう。王の富をもってすれば、金塊が何個か増えようと減ろうと、どうということはない。

ところが等比数列は、富でも他の何でも、現世の限界を超えて大きくなる。大臣の希望の単位は小麦の粒にすぎず、金塊に比べれば取るに足らないという事実も、事態を変えることはなかった。

シッサの求めを満たすには、何粒が必要か、考えてみよう。$1+2+4+8+\cdots$である。$2^0+2^1+2^2+2^3+\cdots 2^{62}+2^{63}$とも書ける（級数は$2^{63}$で終わる。$2^{64}$ではない。最初の枡が$2^0$、つまり一粒だからだ）。

2の連続する累乗を合わせた級数の和は、次に大きい2の累乗から1を引いたものになる。つまり、$2^0+2^1+2^2$（$=1+2+4$）は、2^3（$=8$）から1を引いたものになる。必要な小麦粒の数は、$2^{64}-1$と求められる。これは18,446,744,073,709,551,615である。

一トンの小麦には一億粒ほどの小麦があるので、この数字は二千億トンほどになる。小麦の年間の産出量は四〜五億トンほどである。王はシッサに、現代の世界の小麦産出量にして四〜五世紀分の小麦を与えなければならないことになる。もちろん、昔の生産量はそれほどにはなかっただろう（どこまで遡ればいいかはわからない。チェスが発明された年代は不明だ。野球のようにいろいろな形を経ていることだろうし、シッサ・ベン・ダーヒルなる人物が歴史上に存在したかどうかも不明である）。

マルサス的破局

トマス・マルサスの有名な論考の動機になったのは、世界中の人口が等比数列的に増えているのに、食糧生産は等差数列的にしか増えないという認識だった。マルサスは、毎年開拓されて新たに耕地になる広さはほぼ一定という、もっともな推定をした。すると食糧供給は、100, 102, 104, 106...のような増え方をする。他方、人口が増加する量（主として毎年生まれる子どもの数による）は、人口そのものの大きさとともに大きくなる。子どもを生む年代の人が増えれば、生まれる子どもの数も増える。人口は、何年か経てば二倍になるというような増え方をする。1, 2, 4, 8, 16, 32, … という具合である。これは、シッサの褒美と同様で、等比数列である。いずれ食糧供給の上限を超え、世界的な飢饉になるとマルサスは警告した。

この数列は「幾何」数列とも呼ばれるが、幾何学との類似は弱く、混乱の元でもある。「指数関数的」という方がいい。指数関数的成長は、生命の特徴である。細菌の培地だろうと人類の集団だろうと、新しい個体の数は、全体の数に比例する。複利計算の預金は、指数関数的に増える——貸し借りをし、指数関数的に成長する経済を生み出し、指数関数的に膨張《インフレート》する通貨で取引するのは、生物であるという事実と関係する状況である。

指数関数的成長は、単純な関数で記述できる。関数とはある数を別の数に変換する手順のことである。電卓にある特殊キーのようなものと考えよう。数字を入力して、そのキーを押すと、何かの数が得られるのである。平方根関数（これは多くの電卓についているキーだ）は、掛け合わせると入力した数になる数を表示する。36を入力して平方根キーを押せば、6が得られる。

関数は電卓にあるもののどれかである必要はない。元の数から新しい数を得る手順が明瞭で正確なら、何でもいい。nを67倍して381を足す（任意のnについて）と定義することもでき、これはれっきとした関数になる。関数《ファンクション》は次のような等式の形でも表される。

$$f(n)=67n+381$$

$f(n)$は、「nの関数」と読む。

いちばん大きな動物、いちばん足の速い動物は何かと考えるのが自然なことであるように、数学者も、どの関数が最大かとか、増え方がいちばん速いかと考えてきた。ある関数は別の関数を追い越していく。十分大きなnについては、ある関数の値が別の関数よりも必ず大きい場合は、その関数は相手よりも「大きい」とか「増え方が速い」と言われる。「十分大きい」には限度はないことに気をつけておこう。関数Aは$A(n)=1{,}000{,}000{,}000$で、関数Bは、$B(n)=n$とする。と、BがAに追いつくまでには時間がかかる。ところが、1,000,000,000,000より大きければ、どんなnについても、$B(n)$は$A(n)$よりも大きくなる。したがって、BはAよりも増え方が速い。

この二つの関数は目立たない。定数関数——$f(n)$が一定値に等しい——は、いずれも、nに比例する関数には追い越される。n^2に比例する関数なら、このどちらの型の関数も追い越すことも明らかだ。n^3に比例する関数なら、いずれはさらに大きくなり、n^4、n^5、n^6もそうで、以下同様である。「多項式」というのは、$n^3+8n^2-17n+3$のような式で、変数のべき乗を組み合わせたものである。多項式は関数を記述し、多項式関数の相対的な増大率は、大ざっぱに言えば、最大次数のべき乗の増大率である。$n^3+8n^2-17n+3$は、最大の次数がn^2のどの関数よりも増え方が速い。しかしn^4やそれ以上の次数のものを含む関数には追い越される。

さらに速く増大する関数はたくさんある。マルサスの悲観的展望は、指数関数がいかなる多項式よりも速く増大するという事実の上に立っていた。指数関数においては、一定の数をn乗する（nを一定の数乗するのではなく）。$f(n)=3^n$は指数関数である。これは3どうしをn回掛けるという意味である。nが2なら、3^nは3^2、つまり9である。nが1のときは、結果は底《てい》（この場合は3）そのままであり、nが0のときは、底が何であっても1と定義される。したがって、0, 1, 2, 3, 4, ...についての3^nの値は、1, 3, 9, 27, 81, ...である。それぞれの数は、前の数の三倍になっている。底を大きくすれば、増え方が速くなる。10^nでは、隣り合う数は前の数の十倍ずつだが、1000^nでは、千倍になる。

複雑性の理論では、問題の難しさは普通、それを解くのに必要な時間を尺度とする。もちろん、みんなが同じ速さで計算するわけではない。コンピュータにしても計算の速さは違う。劣らず重要なことに、問題を解くアルゴリズムも複数あって、中には速いアルゴリズムも遅いアルゴリズムもある場合がある。しかし、問題の部類ごとに必要な時間の差は大きく、コンピュータ（あるいは人）どうしの計算の速さの違いはわずかなものになる。

とくに、「多項式的時間」で解ける問題もあれば、「指数関数的時間」が必要なものもある。これは、問題を解くのに必要な時間が、問題の大きさあるいは複合度を表す多項式関数（あるいは指数関数）で考えられるということだ。たいていは、多項式的時間を必要とする問題が解きやすい。指数関数的時間を要する問題は、見込みがない場合が多い。無限大マシンは空想だけのものかもしれないが、指数関数的時間の問題は現実の、どこにでもある問題だ。それを解くには、有限の宇宙の中でも「実質的に」無限大のステップ数を必要とすることもある。

多項式時間問題と指数関数時間問題との区別と、それの逆説との関係は、次章で検討することにしている。ここでは、時間と空間が無限であることを疑問視する、二つの逆説を見ることにしよう。

オルバースの逆説

一八二六年、ドイツの天文学者ハインリヒ・ヴィルヘルム・オルバースは、宇宙にはおかしなところがあることに気づいた。科学の中でも、とりわけ天文学は無限を無視できない。物理的な宇宙は果てしなく広がるか、有限か、いずれかだ。どちらの可能性も、たいていの人は簡単には受け入れられない。「私のわずかな人生が永遠の時間の中に消えてしまうとか、私が触れたり見たりする空間のわずかな部分が、私の方は知っていても向こうは私を知らない無限の宇宙に飲み込まれてしまうとかのことを考えると、自分があちらではなくこちらにいることにおそれおののく」とは、ブレーズ・パスカルの言である。有限宇宙はもっと信じにくい。空間の果てがどうなっているか、いくら想像しても無理がある。

その不安は最近のものではない。ギリシアの哲学者ルクレティウスは、こんな論法で空間が無限であることを証明できると思った。空間が有限なら、そこには端がある。誰かに世界の果てまで行かせ、その向こうに矢を投げさせる。矢は果てを通り越して向こうへ行くか、何かが矢を止めるかである——その何かは果てのすぐ向こうになければならないものだ。いずれにせよ、果ての向こうに何かがなければならない。この証明は何度でも繰り返すことができ、果てと言われるものをどこまでも《アド・インフィニトゥム》押し戻す。

オルバースの時代の天文学者はたいてい、空間は無限であることを当然と思っていた。オルバースはそれに、自分の名がついて記憶にとどめられる想像の物語で反論した。宇宙が無限で、恒星（さらに銀河。ただこちらは、オルバースの時代には知られていなかった）が、あらゆる方向にどこまでも分布しているとしよう。この場合、どの方向に視線を向けても、その先には必ず星があることになる。

その視線はもちろん、何億光年と延ばさなければならない。要するに、星が散らばる無限の宇宙なら、視線はいずれ星にぶつかるほかはないということだ。何度もルーレット盤を回していれば、どんな数でもいずれは当たるというのと同じで、おかしなことではない。

太陽も星で、空でただひとつ、幅があることを認識できる。太陽が十倍遠くにあれば、今の見かけの面積の百分の一にしかならないし、明るさも百分の一になる（明るさの減衰を求めるための、昔から確立している式による）。太陽が百万倍遠いところにあれば、明るさは一兆分の一になり、空に占める円盤の大きさも一兆分の一になる。空の面積あたりの明るさが変わるわけではないことに注目しよう。太陽が地球からどれほどの距離にあろうと、同じことになる。この単純な事実から逆説が成り立つことに、オルバースは気づいた。

他の星は夜空の中では針の頭のようなものだが、それぞれの針の頭が、太陽と同様、まばゆい星である。光は直線的に進む。地球から延ばした直線が星に当たれば、その星の光が見える。地球から延ばした直線がすべて星にぶつかるなら、空全体が星の円盤――それぞれが太陽の円盤のようにまばゆい光を放つ――が重なりあったものになり、一体になって全天を覆うことになるはずだ。まるで太陽が中空の球になり、まん中にわれわれがいるようなものだ。影もできないはずだし、大きな影である夜もないことになる。

この全天太陽から逃れられるところはない。暗い天体が視線の先にある星を隠すことがあるだろうと思われるかもしれないが、この状況では暗いものがありえない。どんな物体も光を吸収するか、放出するか、反射するかである（たいていは三つが組み合わされる）。光を吸収するもの（月、宇宙塵、この本、まぶた）は、星からのエネルギーを受けて温まり、いずれその熱で輝きだす。光を完全に放出するもの（理想的な眼鏡のフレーム）なら影はできない。そもそもそれを透明と言うのだ。光を反射するもの（鏡）は、背景と同じ輝きで光をはね返し、それとは見えなくなる。

明らかにそうはなっていないので、この論証をオルバースの逆説という。オルバースの名がついているが、こういう考え方をしたのはオルバースが初めてではない。このアイデアは何世紀も前から論じられており、トマス・ディッゲ、エドマンド・ハレー、エドガー・アラン・ポーなどの関心を惹いていた。無限大マシンのように、逆説は興味深い宇宙の真実（宇宙は無限かどうか）をてっとりばやく教えてくれる。

複数はない

望遠鏡の反対側から覗けば、裏腹の逆説が生まれる。ゼノンの「複数否定論」の現代版である。われわれは、どんなに短い線分でも、そこには無限大個の点があることを教わる。すると、くるみの殻にも、銀河を超える宇宙と同じくらい考えられないほどの空間的無限が封じ込められていることになる。

「固体」は原子でできている——原子はほとんどが隙間だ。隙間ではない部分は陽子、中性子、電子である。しかしこれらの粒子もまた隙間だらけだ。空間が無限に分割可能なら、粒子、素粒子、素素粒子という階層が果てしなく続くかもしれない——そのどれもがほとんど隙間である。するとあらゆるものが

99.99999パーセント以上は隙間であり、そこには何もない。何も見ることはできないはずだ――ガートルード・スタインが故郷のカリフォルニア州オークランドについて言ったように、「そこにはそこさえない」(There's no there there.)

物理学はこの逆説を簡単に解決する。可視光は原子の中の電子から出てきて、電子は空間に広がる波のようにふるまう。電子は実際には「にじんで」原子を覆っている。電子が無限に小さな球のようにふるまえるという事実は、ここには関与しない。陽子と中性子でできた原子核も、通常の光の散乱には関与しない。

逆説が逆説として機能するには、魔法のX線視のようなものがなければならない。物質が占める点と幾何学的に完璧な直線が目とつながったときだけ何かが見えるようにするものである。そうであればものは見えず、無数の点のような電子とそれを構成するクォーク(あるいは電子もクォークも造っている究極の素粒子)が見えることになる。何もかもが、フラクタルな〔相似な下部構造がどこまでも続く〕塵のようになる。無限に小さい点は見えないので、すべてが見えなくなるはずだ。

オルバースの逆説の解決

オルバースの巨視的な逆説もそこからだ。どんな答えも前提にしかない。宇宙は無限であるとか、星は無作為に散らばっているとか、何ものも遠くの星からの光を遮ることはないとか。これら三つの前提を否定する説明がすでに出されている。

一つの扱い方は、星の分布が先に論じた素粒子の分布のようなものだとすることである。対になった逆説が互いに相手を消滅させるというわけだ。スウェーデンの数学者C・V・L・シャルリエは、オルバースの逆説を、星はでたらめに散らばっているのではなく、群れをなしており、群れがさらに大きな群れをなすというふうに、階層構造があるとすることで解決した。われわれは今、近くにある星は一つの銀河系、つまり天の川銀河をなしており、この天の川銀河は局所銀河群《ローカル・グループ》と呼ばれる銀河団をなしていることを知っている。局所銀河群は、局所超銀河団と呼ばれるさらに大きな階層の一部である。局所超銀河団は、うお座＝くじら座超銀河団複合の一部である……誰かがうお座＝くじら座銀河団複合ももっと大きな何かの一部だと言っても、誰も大して驚かないだろう。

シャルリエは、果てしない階層構造の下であれば、星の数が無限にあっても逆説は回避できることを示した。たとえば、遠くにあって、その空に占める像が、アルクトゥルスやベテルギュースの円盤の後ろに隠れるほどになるような超超銀河団もあるだろう。さらに遠くてさらに小さく見える超超超超銀河団もあるだろう。シャルリエの構想では、たいていの方向にどこまでも進んでも星にぶつからない方向だらけになる。かくて夜空は暗いことになる。

シャルリエの説明は、幾何学的にはありうる。それが成り立たないのは、実際に観測されている宇宙論的な階層構造の相対的距離と大きさは表していないらしいからだ。きわめて光はかすかでも、アンドロメダ銀河は太陽や満月の視直径の何倍かはある。南天の二つのマゼラン星雲（われわれのいる銀河にいちばん近い銀河）は、伸ばした腕の先にあるレモンほどの大きさに見える。近くにある銀河団はもっと大きい。おとめ座銀河団は、目には見えないが、星座ひとつ分くらいの範囲に広がっている。

オルバースの逆説に関する今の考え方は、宇宙が拡大しているという、二十世紀になるまで予想もされなかった事実に依拠する。遠くにある銀河はすべてわれわれから高速で遠ざかっている。もちろんこの動きを直接に測定することはできないが、銀河から受け取る光に偏移という動かぬ証拠が生じ、この偏移には他の説明はついていない。空のどの方向を見ても、銀河はわれわれから遠ざかっている。その反対側の方向を見れば、今度は逆方向に遠ざかっている。

これを、われわれのいる銀河が「特別」で、宇宙の中心にあると解釈することもできる。宇宙全体が広がっていることを仮定しても説明できる。この言い方は便利だが、少々誤解も招く。これはポアンカレが言っていたような一様な拡大ではなく、最大規模の距離のところで生じている拡大である。地球や天の川銀河が大きくなっているのではない──たぶん局所銀河群も同様だろう。しかし銀河団どうしの距離は広がっている。原理的に言えば、広がり続ける銀河団間の隙間を、われわれの物差しで測定することができる。物差しは伸びないからだ。

宇宙全体が広がっているという仮説の下では、われわれのいる銀河やその宇宙における位置に特別なところはない。遠くの銀河の住民にも、自分が拡大の「中心」にあるように見えるだろう。この仮説はわれわれの銀河が特別だという筋違いの仮定を必要としないので、こちらの方が好まれる。

知られている中で最も遠い銀河は、地球から光速に近い速さで遠ざかっている。急速に後退する物体から発する光は「赤方偏移」を受けている。これは光の波長を伸ばし、そのエネルギーを下げる。高エネルギーの可視光も、低エネルギーのマイクロ波へと赤方偏移する。光を発する物体が光速に近い速さで遠ざかると、エネルギーはゼロ近くまで弱まる。非常に遠くにある銀河から受け取る光は、弱くなって見えなくなるのだ。

これがオルバースの推論にどう影響するか見てみよう。宇宙空間が、地球を中心とする同心球状の「殻」が重なったものだとしよう。光は距離の二乗に反比例して弱まるので、それぞれの殻から受け取る光の量は（平均すると）同じになる〔それぞれの殻の地球に向いている面積は、距離の二乗に比例して大きくなり、オルバースが仮定するように星の分布が一様なら、地球から見た視線の先にある星の数も距離の二乗に比例して増えるので、光が弱くなる分を補う」。太陽系から十光年以内にある星全体で、十光年から二十光年の間にある星、三十光年から四十光年の間にある星、さらには同様に、百万光年から百万と十光年の間にある星と、ほぼ同じ量の光をもたらすはずだ。

宇宙が無限なら、受け取る光の総量は、無限級数の和になる。それぞれの殻からの光をxとして、$x+x+x+x+x+\cdots$のようになる。この種の無限級数は収束せず、合計は無限大になる。

遠くの殻からの光が赤方偏移で弱まるとなると、すべてが違ってくる。銀河が遠くなるほど後退する速さが速くなり、光のエネルギーが少なくなる。無限級数は、たとえばこんなふうになるだろう。$x+0.9x+0.81x+0.729x+0.6561x+\cdots$。この種の、一定比率で項が小さくなる無限級数は収束する。地球から見た空には無限大個の星が輝いているかもしれないが、それでももたらされる光のエネルギーは有限量になる。

宇宙が広がっているとすればこの逆説が説明でき、それが正解であることを疑う宇宙論者はほとんどいない。ただ、他にもっと単純な説明もある。一七二〇年、エドマンド・ハレーは、空の暗さは星が無限大個あることを否定すると書いている。今日、多くの宇宙論者が、宇宙は有限だと信じている（ただし、オルバースの逆説とは別の理由で）。一般相対性理論は、宇宙が有限でも妙な「端」に達することはないあり方を提供している。宇宙はそれ自身に巻き戻ってきて、球の表面を三次元にしたようなものになることができる。地球からどの方向にでも十分遠くまで歩いていけば、出発点に戻ってくることになる。空間もそのようなものかもしれない。一直線にロケットで飛んでいけば、十分遠くでは、発射地点に戻ってくることになるだろう。

今の宇宙論モデルはたいてい、宇宙にある物質の密度がある限界に等しいあるいはそれより大きければ、まさにそのような有限の宇宙になると予測する。観測されている目に見える物質（星）の密度はこの限界よりずっと下だが、見えない物質（銀河間水素、ブラックホール、ニュートリノ？）が十分にあって、有限の宇宙になるものと推測されている。近年の、遠くの銀河や準星《クエーサー》による「重力レンズ」効果の研究は、見えない物質が大量にあると信じるのを支持している〔その後、見えない物質＝ダークマターがあるにしても、宇宙の物質密度は、むしろ境めの値に等しいか少ないという推測の方が有力になってきている〕。

トリストラム・シャンディの逆説

無意識の二重基準がある。時間の無限大は、空間の無限大とは少し違うということだ。空間はあらゆる方向にずっと広がっていると考えるのは自然なことだ（それともこれは文化的に吹き込まれた信じ方だろうか）。時間は未来の方向だけに無限大だと思われている。時間がいつ始まったかとは訊いても、空間がどこで始まるかと訊くことはめったにない。

過去が無限であるという信じ方は人気はない。しかしそう考えれば、世界がいつ、どのようにして作られたかという問いへの答えにはなる。そんな問いは無意味だということになるのである。逆に、未来の無限は普遍的に受け入れられているようだ。黙示録的世界を立てている宗教でもそうだ。最後の審判の後、善人は永遠に生きるか、新しい周期が新しい創造とともに始まるかである。時間が本当に終わり、そこでは事物が時間の始まり以前のときと同じ非存在が繰り返され、ただ今度はその非存在が永遠に続くと信じるほど虚無的な教義は、もしあったとしてもほんのわずかしかないだろう。

バートランド・ラッセルの「トリストラム・シャンディの逆説」は、無限の未来という考え方で遊ぶものだ。トリストラム・シャンディは、ローレンス・スターンによる一七六〇年代のとりとめのない小説、『紳士トリストラム・シャンディの生活と意見』のおしゃべりな語り手である。ラッセルはこう書く。「トリストラム・シャンディは、自分の人生の最初の二日の話を書くのに二年かかり、この調子では話の材料が処理できる以上にたまってしまい、決して終わらないと嘆いている。さて私は、トリストラム・シャンディが永遠に生き、自分の仕事に飽きることもなければ、人生が始まり同様にいろいろなことがあるものであり続けるとしても、その伝記のいかなる部分も書かれないままにはならないことを言いたい」

ラッセルの推論はこんなふうになる。シャンディが一七〇〇年一月一日生まれだとし、書き始めたのが一七二〇年の一月一日だとする。書き始めて最初の年である一七二〇年は、最初の日、つまり一七〇〇年一月一日のことを語る。進行はこんなことになる。

執筆年	**記述される日**
一七二〇年	一七〇〇年一月一日
一七二一年	一七〇〇年一月二日
一七二二年	一七〇〇年一月三日
一七七三年	一七〇〇年一月四日
……	……

どの日にも対応する年があり、どの年にも対応する日がある。シャンディが今も書き続けていれば、二十一世紀の初めの段階で一七〇〇年の十月のことを書いていることになる。逆に、不死のシャンディが二

十一世紀初めの頃を書くのは、西暦一一万一三〇〇年頃のことだ。どの日をとっても、未来のいずれかの年に記録される年がないことはありえない。したがって、「その伝記のいかなる部分も書かれないままにはならない」とラッセルは言う。とはいえ、シャンディの著述はどんどん遅れていくことになる。一年ごとに三百六十四年は完成が遠のくのだ。

ラッセルの推論は、ゲオルク・カントールの無限個の数の理論に基づく。二種類の無限大の量に互いに一対一対応がつくなら、両者の個数は等しい。たとえば数学者は、整数（0, 1, 2, 3, 4, 5, …）の個数と偶数（0, 2, 4, 6, 8, 10, …）の個数とは等しいとする——二倍あると思われるかもしれないが、そうではない。両者の個数が等しいのは、どの整数 **n** をとっても、一個の偶数 **2n** と対になり、その対にならない偶数は残らないからだ。

この逆説を裏返した、W・L・クレイグによる逆説は、もっとややこしい。過去は無限に伸びていると し、シャンディはすでに永遠の昔から書いているとする。この場合も、カントール流の対応が、年と日につけられることになるとクレイグは説く〔今日から始めて遡って対応をつけていく〕。シャンディは自伝をもう書き終えていることになる。しかしそれはおかしい。昨日のことを書くことからして、まる一年かかってしまうはずなのに。

クレイグらは、この裏返しの逆説を用いて、過去の永遠がありえないことを明らかにしようとしたが、あまり説得力はない。逆転トリストラム・シャンディ逆説の理に適った解決が、ロビン・スモールから出された。特定の日と特定の年との対応をはっきりさせることが、実はできないのだ。

今は二〇〇〇年十二月三十一日の深夜で、シャンディは原稿の最後の一枚を書き終えたとする。シャンディはこの一年の間、何日のことを書いてきたのだろう。今年の日ではありえない（でないと、今年の初めの頃は、まだ起きていないことを書いていることになる)。二〇〇〇年に書いていた可能性がある最新の日は一九九九年十二月三十一日である。

シャンディが実際に一九九九年十二月三十一日のことを書いて二〇〇〇年を過ごしたのであれば、一九九九年には一九九九年十二月三十日のことを書いていたはずだ。これまたありえない。一九九九年には、一九九八年十二月三十一日以後のことは書けない。

しかし一九九九年に一九九八年十二月三十一日のことを書いたとすると、一九九八年には一九九八年十二月三十日のことを書いていたはずだ……どんな対応をつけても、それは足元から崩れていく。シャンディが書いていたとされる日付はどんどん過去に遡ってしまう。どの日のことを書いていたかは特定できない。

つまり、永遠の過去があり、シャンディが最初から書いていたとしても、無限に長い未完の原稿ができることになる。最新の原稿でも、無限に遠い過去の出来事を記したものである。

ラッセルとクレイグによる逆説は、結局大差はない。ラッセルはシャンディがいつか原稿を書き終えると言っているわけではない。記録されない日を特定することができないということである。トリストラム・シャンディの「最後」のページは永遠の幻である。

9

NP完全——崔奔《ツイペン》の迷宮

ホルヘ・ルイス・ボルヘスの小説「八岐の園」は、入り組んだ、誰もそこから脱出できない迷路のことを書いている。道を教えてもらったとたん、語り手は道をそれていく。

必ず左へ曲がれという指示で、私はそれが、何かの迷路の中心地点を見つけるための普通の手順であることを思い出した。迷路についてはある程度はわかっている。だてに崔奔《ツイペン》の曾孫ではない。崔奔は雲南の知事で、たぶん『紅楼夢』よりも登場人物の多い小説を書くために、世俗の権力から身を退いて、誰もが迷ってしまうような迷路を作った人物である。崔奔は十三年間、この異様な作業にかかっていたが、誰とも知らぬ者の手で殺された——小説も支離滅裂で、迷路も見つからなかった。イギリスの木の下で、私は失われた迷宮のことを考えた。私はそれが誰にも侵されないまま、どこかの山の秘密の場所に完全に残っていることを想像した。田圃になるか、水中に沈んでいることも想像した。それが無限に広く、もはや八角形のあずまやや、通ったことのある道に戻る道でできたものではなく、川や田園や国でできていることも想像した……迷路でできた迷路、曲がりくねって広がる迷路、過去も未来も収め、ある意味では星々も含むような迷路を考えた。

「迷路《ラビリンス》」という言葉は由来が不確かで、非常に古い言葉だ。古典の時代には、ラビリンスと言えば建物で、少なくとも一部は地下にあり、意図的に迷うような作りになっていた。ヘロドトスはクロコディロポリス近くのエジプトのラビリンス（紀元前一七九五年完成）を、ピラミッドよりもすごい驚異《ワンダー》だと評価している〔古代の代表的な巨大建築物七つが世界の七不思議（セブン・ワンダーズ）と呼ばれたのをふまえる〕。そこには三千の部屋があり、半分は地上、半分は地下にあった。見渡す限り柱が林立していた。ヘロドトスは上半分をめぐったが、下に下りることは許されなかった。そこには聖なる鰐がいて、諸王の墓を守っているのだと言われた。この迷宮はだんだん崩れていったことが、いろいろな古代の書物に記録されており、遺跡が見失われることもなかった。基礎は一八八八年に発掘され、その大きさは二百四十メートル×三百メートルあった。

西洋の伝承で最も有名な迷路は、ギリシアのクレタ島にあったミノタウロスの迷宮だ。ギリシアの伝説に出てくるミノタウロスは、体は人間、頭は牛という怪物で、ダイダロスがクレタ王ミノスのために設計した広大な迷路のまん中に住みついていた。クレタがアテネを破ると、ミノス王は、アテネの青年男女七人ずつを九年ごとにミノタウロスに犠牲として捧げよと命令した。ミノタウロスの迷宮に入った若者が出てくることはなかった。アテネの王子テセウスは自らすすんで犠牲となった。ミノスの娘アリアドネは、迷路に入るときには出口がわかるように絹糸を伸ばしていくよう助言した。こうしてテセウスはミノタウロスを殺し、犠牲も終わりになった。

この伝説は、クレタ島に送られたアテネ人が、ミノア文明の海軍力が絶頂の時期に貢ぎ物を払わされたという話が元になっているのかもしれない。クレタ島にはなんだかわからないものがあるのを見たことが

（牛の仮面をかぶった謎の教団の司祭？）、この物語に脚色されたのかもしれない。古代クレタ島に本当に迷宮があったかどうか、どんな形のものだったのかは知られていない。ラビリンスのクレタ語形は、迷路のような建造物を意味したのかもしれないし、曲がりくねった洞窟（クレタ島にはよくある地形）のことだったのかもしれない。あるいは本書で論じている逃れられないジレンマ、つまり逆説のことだったのかもしれない。クレタ文明が滅んだ後、クノッソスの王宮跡はラビリンスと呼ばれた。ただ侮蔑的に岩壁にあいた洞穴に喩えただけかもしれない。残っているクノッソスの硬貨は、ただの自然の洞窟ではなく、建築物としてのラビリンスのように見える迷路の図を示している。考古学者は二十世紀初頭にクノッソス王宮跡を発見したが、ラビリンスのようなものは見つからなかった。

ロザモンドの隠れ家というのもある。十二世紀、イングランドのウッドストックに建てられたとされる。迷路が侵入をはばみ、ヘンリー二世王の愛人、ロザモンド・ザ・フェア（一一四〇頃～七六頃）を、王妃であるアキテーヌのエレオノールから隠していた。ヘンリーは道を教えてくれる秘密の「鍵」を持っており、それを使って秘密の場所へと道をたどった。伝説によれば、エレオノールはひもを伝って迷路の中心にたどり着き、ロザモンドに毒を飲ませたという。この話は十四世紀になるまで姿を見せず、典拠も不明だ。ロザモンドの隠れ家が存在したかどうか、それが現代の意味でまさしく迷路だったかどうかもわかっていない。あまりロマンチックではない歴史家は、ただ通路がごちゃごちゃした造りの悪い建物だったのではないかと思っている。

現代の「ラビリンス」は、いちいの木やいちいの木の生け垣（イギリスの場合）で仕切られた迷路園のことを言う。イギリスの迷路園はチューダー朝やスチュアート朝の時代に盛んになった。迷路の設計者は、出口へ行く道筋に密かにしるしをつけた手がかりを組み込むことが多かったので、その方面に通じている人なら、難なく道をたどることができただろう。
今でもラビリンスは謎である。迷路をたどる問題は、NP完全という。どんなに強力なコンピュータをも困らせる可能性がある、普遍的な問題群に属する問題である。

NP完全

世界は関係やつながりがごちゃごちゃともつれた迷路のようなものだ。このことを表す一つの思想が、「NP完全」というごく控えめな名で通用している。「NP完全」とは、正式には、「非決定性《ノンデターミニスティック》・多項式時間完全《ポリノミナル・タイム・コンプリート》」のことである。この恐ろしげな言葉が、ある根本的で普遍的な問題の一種を名指している――実用的にも哲学的にも豊かな含みがある問題群である。

NP完全は、何十年もの間、コンピュータのプログラマにつきまとってきた一群の問題である。コンピュータはその後高速になり、処理能力も高まってきた。一九八〇年代のコンピュータは一九五〇年代のコンピュータよりもおよそ三万倍も速い〔さらに二十年近くたった二十一世紀の初頭には、さらに千倍の速さになっている〕。ある人はこう豪語した。「自動車の技術がコンピュータ技術と同じ速さで進んでいたら、ロールス・ロイスは超音速で走り、しかも価格は一ドルにもならなかっただろう」。それでも一九六〇年代の半ば、コンピュータ学者はうまく行かないことがあると気づくようになった。ごくあたりまえの問題なのに、コンピュータで（あるいは何かの既知の方法で）解くことがなかなかできないのだ。より高速なプロセッサを投入し、メモリを増やしても、思ったほど違いは出ない。こうした問題は「現実に解けない《イントラクタブル》」とか「本来的に難しい」と呼ばれるようになった。

一例を挙げると「巡回セールスマン」問題というのがある。これは昔からパズルの本に多く登場している数学パズルだ。距離が与えられたいくつかの都市を巡回しなければならないセールスマンが取る、最短の経路を求めるという問題である。この問題はどんな大型コンピュータにとっても重い計算になる。要するに組合わせの問題で、集合はそれほど大きくなくても、組合わせの数は膨大になるところがみそだ。この問題を解く方法として知られているものは、どんなにいいものでも、ありうる経路すべてについて距離の合計を取っていくよりも大して速くならない。実行しなければならない演算の数は、都市の数が増えるにつれて増殖し、考えられる限りのコンピュータの能力もすぐに超えてしまう。

NP完全問題が初めて記述されたのは一九七二年、カリフォルニア大学バークレー校のリチャード・M・カープの論文でのことだった。それ以来、NP完全はいくつもの、予想外の分野にも顔を出すようになってきた。子ども向けのクイズ、パズル、ゲーム、頭の体操の類にはNP完全のものがたくさんある。短い問題を歯ごたえのある問題にするためには、NP的に難しくなければならないように見えてくる。NP完全問題の研究は、理論的研究の一般的な水準に比べると、豊富に予算が与えられることも多い。それは莫大な経済的価値があるからだ。コンピュータによるモデルを使うなら、石油生産から集積回路設計に至るほとんどどんな業界でも、NP完全問題にぶつかる。NP問題に効率的な「解き方」を見つければ(たいていのコンピュータ学者は見通しは暗いと思っているが)、何億ドルもの値打ちがある。アメリカやロシアなどの高度技術先進諸国の軍事機密が、今や心配になるほどNP完全にかかっている。これほど情報時代を描く辛辣な例はない。超大国の取り扱い注意のデータを保護する「公開鍵」暗号は、巨大なNP問題が事実上解けないことの上に成り立っている。同様の暗号によって、商用、行政用データベースにある個人情報の秘匿性が守られる。これほど多くの問題が同等であることの発見によって、哲学的な視点からの関心も生まれた。『NP完全』という呼称ほど急速に名をはせた専門用語は少ない」とは、マイケル・

R・ゲアリーとデーヴィッド・S・ジョンソンが一九七九年に発表した先駆的な著書『コンピュータとイントラクタブル――NP完全理論入門』の冒頭である。

NP完全と言っても抽象的でつかみどころがないので、それを象徴する具体的なもので記述するのがいい。迷路は知識の探求を表すための喩えだけのものではない。われわれの論理学とも方法論的に同等である（しかるべき抽象を経た視点からすれば）。迷路は演繹、つまり逆説を見つけるという必須の問題の予想図となる。

迷路のアルゴリズム

まず、こんなことを考えることによって、NP完全の問題に取りかかってみよう。どんな迷路でも解ける汎用の方法はあるか。

確かにある。しかもいくつかある。迷路がすべて難しいわけではない。「一本道」迷路という、最初から最後まで、枝分かれのない一本道の迷路がある。曲がる方向を間違えることはありえない。中世の迷路は曲がりくねってはいても、分かれ道がなく、そのまま木や拝殿に続いている場合が多かった。イギリスのこの種のものとしては初期の教会迷路は、信心深い人がこの世の邪悪をくぐり抜ける苦難の道を象徴していた。訪れた人が膝をついてくぐり抜ける迷路もあった。角を曲がるたびに、パーテル〔父よ＝ラテン語による主の祈りの冒頭〕やアヴェ〔聖母マリアにささげる祈りの冒頭〕と唱えた。

クノッソスにあったミノタウロスの迷宮も、分かれ道がなかったかもしれない。硬貨の図案は分かれ道のない経路を示している。このような迷路でミノタウロスに出会えば、回れ右して逃げるしかない。行き止まりに追い込まれることはありえない。しかし硬貨が示しているのは主題を様式化したものだけで、文字どおりの地図ではないかもしれない。もしかしたら、入り組んだ道筋がいろいろある中で迷わないための正しい道筋を表しているのかもしれない。

迷路はすべて、少なくとも一つの入り口があり、たいていは目標、つまり迷路の中で見つけようとしている地点がある。目標は迷路の中心付近にあるが、迷路の周囲にある出口の場合もある（遊園地にある鏡の部屋のように）。このような迷路を解くとは、入り口から目標までの経路を求めるということだ。経路は一つだけのこともあるし、複数の場合もある。入り口と目標をつなぐ経路が複数ある場合には、題意は最短の経路を求めることである。

入り口が複数ある迷路もあるが、入り口が一つの迷路と根本的な違いはない。まず入り口を選ばなければならないが、この選択が迷路の壁の外で行なわれるからといって、それで実質的な違いがあるわけではない。目標が複数ある迷路もあり、この場合はその迷路のあらゆる部分、つまり何かの像、ベンチその他の方式でしるしがついた地点の集合すべてに行くものとされる。ルイ十四世はヴェルサイユに有名な迷路を造った。訪れた人は、イソップ物語にちなむ三十九個の彫刻を探すのである。寓話では話をするそれぞれの動物の口からは、言葉の代わりに水が流れ出していた。もう一つ、方向性のない迷路もある。ただ入ってさまよい歩き、また出口を探して出てくるというものである。

迷路の地理学では、叉路《フォーク》、つまりいくつかの道が合流し、どちらへ行くか決めなければならない節目《ノード》という地点がある。入り口、目標、行き止まりもノードと考えられる。二つのノード間にある区間は分岐《ブランチ》と呼ばれる。どんな迷路も単純な地図にすれば、点で表されるノードを線で表されるブランチでつないだものになる。迷路は、数学で言うところのグラフ〔5章参照〕となる。

物理的な迷路はほとんどすべてが二次元的である。つまりブランチどうしが交差することはない。三次

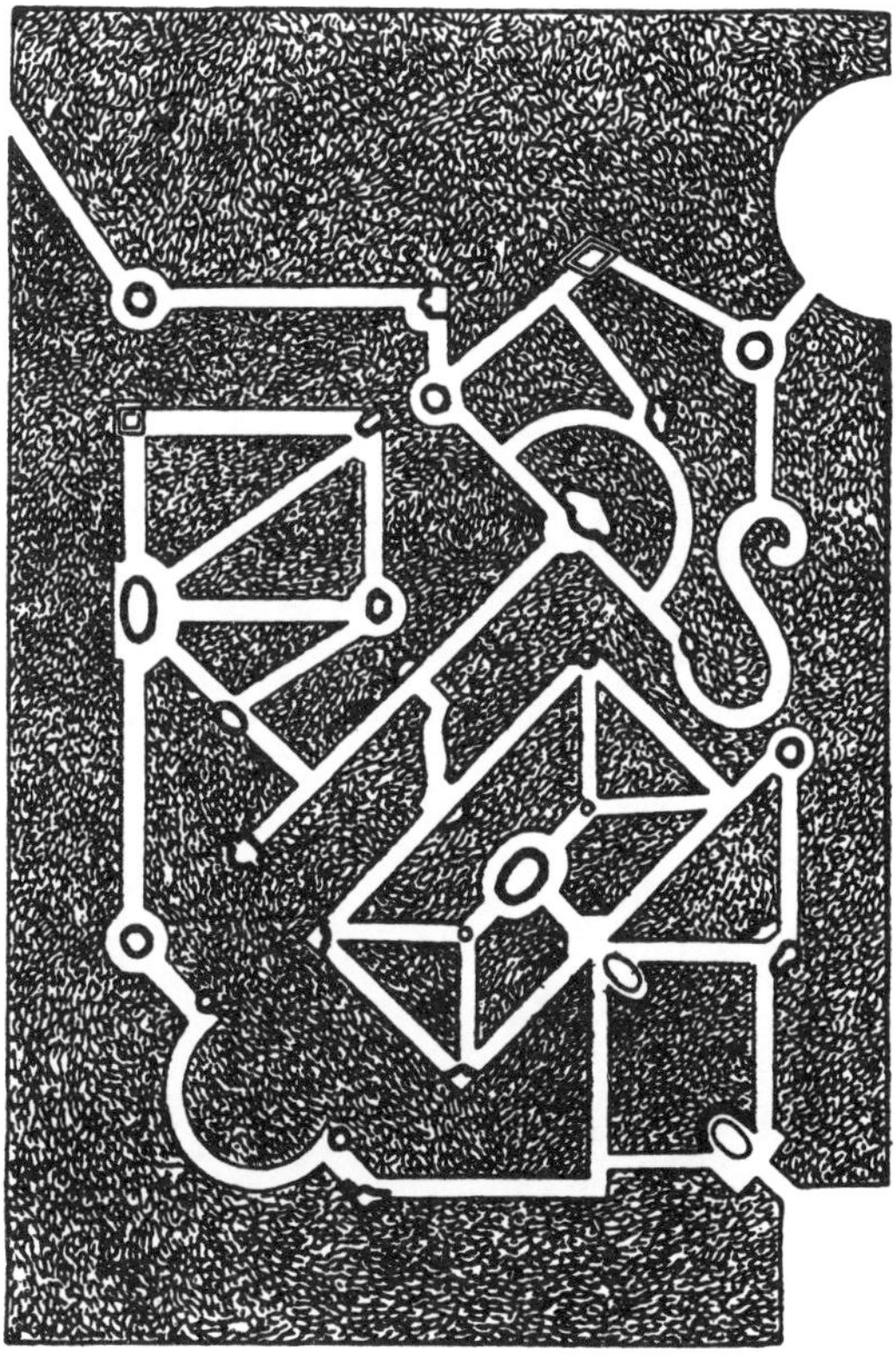

ヴェルサイユ迷路

迷路	ノード	ブランチ	ノード当たりのブランチ	
			最大	平均
ラ・リュー（シャルトル大聖堂、フランス、シャルトル、1220年頃）	2	1	1	1.00
ハンプトン・コート迷路（イギリス、キングストン、1690年）	16	16	3	2.00
チーヴニング迷路（イギリス、チーヴニング、1820年頃）	18	22	4	2.44
ヴェルサイユ迷路（フランス、ヴェルサイユ、1672年、1775年解体）	30	43	5	2.87
リーズ・キャッスル迷路（イギリス、メードストーン、1988年）	27	41	4	3.22

元の迷路では、橋をかけたり下をくぐったりして、ブランチどうしが高速道路のインターチェンジのように交差する。

迷路を図によって解くことと、迷路の中にいて解くのとは違う。パズルの本にある紙の上の迷路は、目で見ると道筋が見えてくることもある。生け垣や石壁でできた本物の迷路の中にいて、頭の中に地図を描くのはなかなか容易ではない。設計が巧妙だと、ブランチが合流する地点どうしが似ていて、実際には同じ場所に戻ったのではなくても、そうなったように思ってしまうこともある。目標から始めて逆にたどる（こちらの方が易しいこともあれば、そうでない場合もある）とか、行き止まりになる道を塗りつぶして見やすくするといった紙の上のパズルでは昔からおなじみの方法も使えない。

迷路の難度は、一つ一つのノードから出て行くブランチの数と大いに関係している。ノード一つに認められるブランチが一つだけなら、一本道迷路しかありえない。ノードを二つのビーズで表し、それぞれが紐の一方の端に結びつけられているとしよう。ひもをどんなに曲がりくねらそうと、一方のビーズからたどって行けば、反対側のビーズに至る他はない。フランスのシャルトル大聖堂にある迷路は、一本道である。壁もなく、ただ床の上に青と白の大理石で描かれているだけの迷路だ。

どのノードでも二つのブランチが出会う場合も難しいことはない。一本のひもの途中にビーズがいくつかあることを思い浮かべればいい。この場合も選択の余地はない。実は、二つのブランチの「つなぎめ」をノードと数えることもない。一本のブランチの変形と考える方が単純だ。

迷路の本当の分岐点では、少なくとも三つの通路が一か所で出会わなければならない（フォークの「柄」と二本の「歯」がなければならない）。ノードで出会うブランチが多くなるほど、迷路は難しくなる。

慣例によって、最近の迷路園はたいてい、直線的なつくりになっていて、実質的に全域が通路と仕切りの生け垣の組合わせになっている。そのため、一つのノードで四本のブランチが出会うことがなかなかできない。ヴェルサイユの迷路はもっと柔軟な設計になっている。ブランチは必ずしも平行ではなく、多くのブランチが一つのノードで出会ってもいい。最大のものは五つのブランチが出会っている。ヴェルサイユの迷路を設計した建築家のアンドレ・ル・ノートルは、シャンティリーに、中央のノードで八本のブランチが合流する迷路を造っている。

前頁の表はいくつかの有名な迷路を数字でまとめたものである。ノードとブランチの数が、解釈によって違う場合もある。ここでは、いずれの迷路についても、慎重な人ならどちらへ行くか選ばなければならなくなるところはノードと数えるようにした。入り口と目的地、行き止まりもノードと数えたが、二つのブランチが出会う余分のノードは数えなかった。右端の列にある、ノードで出会うブランチの平均の数が、その迷路の難しさの大まかな尺度となる。

右手法

迷路のアルゴリズムでいちばんよく知られているのは「右手法」である。選ばなければならないところへ出たら、必ずいちばん右手にあるブランチを選ぶというものだ。行き止まりに来たら後ずさりして直前のノードまで戻り、まだ行ってみていない道の中でいちばん右を選ぶ。この方法をイメージしやすくするのにいちばんいいのは、迷路にいる間じゅう、右手を右側の生け垣に触れたままにしておくことである。右手にあるブランチは決して飛ばさないということだ。

もちろん、右手に特別の意味があるわけではない。「左手法」でも同様にうまく行く。迷路に入ったら、どちらかで通さなければならないだけだ。

どうしてこれでうまくいくのだろう。これは「ねじを締めるには、時計回りの方向にねじる」のような単純な約束事よりも普遍的である。逆回りのねじを作ることはできる。右手法は迷路の位相幾何学から導かれる。

紙の上に迷路の地図を描くことを考えよう。生け垣部分は緑色にする。生け垣に夾まれた白い領域が通行可能な部分である。多くの迷路では、生け垣部分はすべてつながっている。いかに曲がりくねっていようと、生け垣は一本だけなのだ。変な形をした国のようなものだ。地図上の国のように、植栽の領域には境界線ができる。この境界(迷路の壁に相当する)は、一本の閉じた曲線である。この曲線のどの部分も他の部分につながっている。したがって、辛抱強く一方の手を生け垣に触れさせておけば、迷路のすべての部分をめぐることになる。

これは実質的に、水の流れをたどって町に出る道を見つけるという、ボーイスカウトのアルゴリズムとも同じである。北アメリカ全体で一つの大陸で、川による出入りも含めた水際の線は、閉じた曲線をなす。

チーヴニング迷路（外側の生け垣による「島」を濃くしてある）

川沿いや海沿いをたどって進めば、いずれニューオリンズ（あるいは海沿い／川沿いのいずれかの町）に達することになる。迷路には生け垣で他から切り離された島のようなところがあるかもしれないが、入り口と出口のあたりの生け垣が同じ島をなしているかぎり、同じ規則が使える。

右手または左手法は、単純という長所があるが、短所も二つある。まず、効率的でない。右手（左手）にあるすべての袋小路を通って行かなければならない。ほとんどの場合、もっと短い目標までの経路があるものだ。さらに悪いことに、右手法はすべての迷路で使えるわけではない。一八二〇年代まで作られていた既知の迷路園については、この方法は使えたようだ。ところがその一八二〇年代に、数学者のスタンホープ伯が、ケント州のチーヴニングに、もっと難しい迷路を造った。

チーヴニングの迷路は、切り離された「島」が八つあることによって、右手法が使えない。入り口と目標は同じ島にはない。右手法を使うと、同じ区域をぐるぐるまわることになり、目標を目にすることはない（ロング・アイランドの島で川と海岸をたどっても、ニューオリンズには行けない）。このような迷路は、もっと手の込んだアルゴリズムを必要とする。

トレモー・アルゴリズム

迷路を解く方法をもっと強力にするには、同じ所をぐるぐる回らないようにする方法が何か必要だ。ひもを繰り出したり、パンのかけらを落としたり、枝を曲げておいたりなどして、通った道筋に印をつけなければならない。あるいは茂みに関する非常にいい記憶力がなければならない。

確実にどんな迷路でも解ける、一般的な方法のひとつは、トレモー・アルゴリズムと呼ばれる。フランスの数学者エドゥアール・リュカの『数学遊戯』（一八八二）で、この方式を考えたとされているトレモー氏なる人物の名による。これは、ひもを繰り出すテセウスの方法を精巧にしたようなものと考えられる。テセウスのひもは、道に迷わないで入り口まで戻れるようにする。ひもによってミノタウロスの寝ぐらにたどり着くわけではなかった。テセウスは迷路の中で分岐点に出て、自分が同じ所を回っていることに気づくことはあるかもしれない。その情報を用いて、今度はどのブランチを取るべきかを決めることもできるだろう。トレモー・アルゴリズムはまさにそのことをする。

迷路に入ろう。まず、好きなように進み、ひもでも何でも手近なもので、通った跡がわかるようにする。それを、目標に着く（運がよければ）か、行き止まりに出るか、すでに通った分岐路（跡を残したことですぐにわかる）に来るか、いずれかになるまで続ける。

行き止まりに出たら、直前のノードまで戻る（他にしようがない）。戻るときにもちゃんと跡を残すこと。袋小路に入って戻ってきたら、そこには二本の道筋があることになる。それによって、今度そこへ来たときにそこを避けることができる。トレモー・アルゴリズムでは、どんなブランチも二回を超えてたどることはない。

すでに来たことがあるノードに来たときは（別のブランチからでも）、次のことをする。

- 初めてのブランチを来たとき（自分の後ろに一本の跡しかないとき）は、同じブランチを前のノードまで下がる。

そうでない場合には

- ノードからまだ通っていないブランチがあるときはそこへ行く。そうでなければ
- 一度だけ通っているブランチいずれかへ行く。

必要な規則はこれだけである。トレモー・アルゴリズムに従えば、迷路を完全にたどることができる。

どのブランチも二度、向きを逆にして一度ずつ通ることになる。実際には、目標が見つかったときには停止するので、必ずしもすべてを巡ることはない。

右手法と同様、トレモー・アルゴリズムもきわめて効率が悪い。運がよければ入り口から目標へまっしぐらに進むことはあるかもしれないが、たいていの場合、目標を見つけるまで、迷路の大半を通ることになる。

右手法でもトレモー法でも、始めるのが遅すぎるということはない。迷路に入り、好きなように進み、迷って初めてアルゴリズムに頼ってもいい。アルゴリズムを実行することにした任意の地点を「入り口」だと見なせばいいのだ。トレモー・アルゴリズムは、その地点から、目標も入り口も含めた迷路全体を踏査する旅を始めることになる。どちらの方法も、迷路園だけでなく、わかりにくい建物でも使える。アメリカの国防総省《ペンタゴン》やパリのルーブル美術館で迷っても、トレモー・アルゴリズムを使って出口を見つけることができる。

無限大の迷路

無限に広がる迷路を想像しよう。この迷路は果てがなく、世界全体を覆っているので、入り口もなければ、外周もない。探索は今いる任意の地点から始め、自分が事物の大きな見取り図のどこにいるかもわからない。われわれのいる銀河が宇宙のどのへんにあるのかわからないのと同じことだ。

迷路の設計は単純で、すべてのノードでは必ず三つのブランチが出会う。ノードは人が探しそうな何かの目印——碑、ベンチ、樹木など——で区別される。

どの迷路とも同じく、この迷路の第一の特徴は非合理性である。与えられた目標を探すとき、どちらかの道を選ぶ根拠がない。どの道でも「正しい」かもしれない。それは迷路の造りによって決まる。迷路が果てしない繰り返しになっている——ばらつきはあっても——ことを知ると、めまいがしてくる。来訪者は何年もかけて迷路のある区域を調べ、既知の領域の辺境で分岐路に出る。調べていないブランチのどちらか一方が、求めている目印につながっている。どちらだろう。調べた部分は、この迷路で何回も繰り返されているものであるに違いない。おなじみの道が、右手のブランチが求める目印につながるような形で他の迷路につながっているものもあるだろうし、左手がそうなっているものもあるだろう。もちろん来訪者は、この場合にどちらがあてはまるか、知る術がない。何であれ、どちらかの選択を合理化しようとする場合は必ず同じことになる。

この無限大の迷路にあって、しばらく歩きまわり、どうしようもなく迷ってしまったとする。通った道に印も付けていないし、どのくらい歩いたかもわからない。

この状況では、トレモー・アルゴリズムも使う気にはならないだろう。トレモー法は、自分が通った道にぶつかるまでは、次の動きを決めるものではない。迷路をさらに進んで行き、さらに迷ってしまうかもしれない。無限大の迷路では、自分が通った道に出くわすこともないかもしれないし、目標を目にすることもないかもしれないし、見知った地点を再び見ることもないかもしれない。

トレモー法も右手法も、前提は同じことだ。同じ所をぐるぐる回らずに、いずれ目標にたどりつくのであれば、最悪でも、迷路を全部、あるいは大部分を歩きまわればいい。トレモー法では実際、まず迷路の遠い領域を探す方が有利になる。たどったことがある道よりも、たどったことのない道の方を優先するし、どうしても必要になるまでは、一度通った道を横切るのは避ける。有限の迷路園では、これはまっとうな助言に見える。目標はたいてい、入り口から比較的遠くにあるからだ。土地を使い、庭師を雇って、パズルが必要とするよりも大きな迷路にする意味はない。

無限大の迷路では、知らない部分をあてもなく歩きまわっている余裕はない。道がわからなくなり、目標は比較的近くにある（迷路の全体の大きさに比べて）ことがわかっていれば、まず、近くの領域を探し、必要に応じてその外へ広げていくべきだろう。それを実行するアルゴリズムが、一九五九年、イェール大学のオイステイン・オーアによって記述された。

オーアのアルゴリズム

考え方は、どこかのノードから始めると説明しやすい。ノードにいなければ、手近のノードへ移動しよう。どちらへ行けば手近のノードがあるかわからなければ、どちらへでも行って、最初のノードに行けばいい。それからそのノードに何かの印をつける。これが本拠地になる。

本拠ノードから初めて、そこから伸びるブランチをそれぞれ調べる。それぞれのブランチに入るときに、その入り口に小石を置く。どのブランチも、行ってみるのは次のノードまでだけにする。ブランチの反対側に小石を置いて、来た通りの道を通って本拠地に戻る。

行き止まりは確認すること。確認したら、この先調べなくてもいいブランチになる。行き止まりになるブランチは、入り口にひもでも張るか、石を端から端まで並べるか、何かの目印をつけておく。

ある経路がぐるっと回って元のノードに戻ってきたら、やはりそこも行き止まりと同様に印をつけておく。この経路も行っても無駄だ。

知りたいのは、行ったことのないブランチがある、行ったことのないノードの位置だ。第一段階の探検が終われば、目標につながるかもしれない道にはどちらの側にも石が置いてあり、自分は本拠ノードに戻

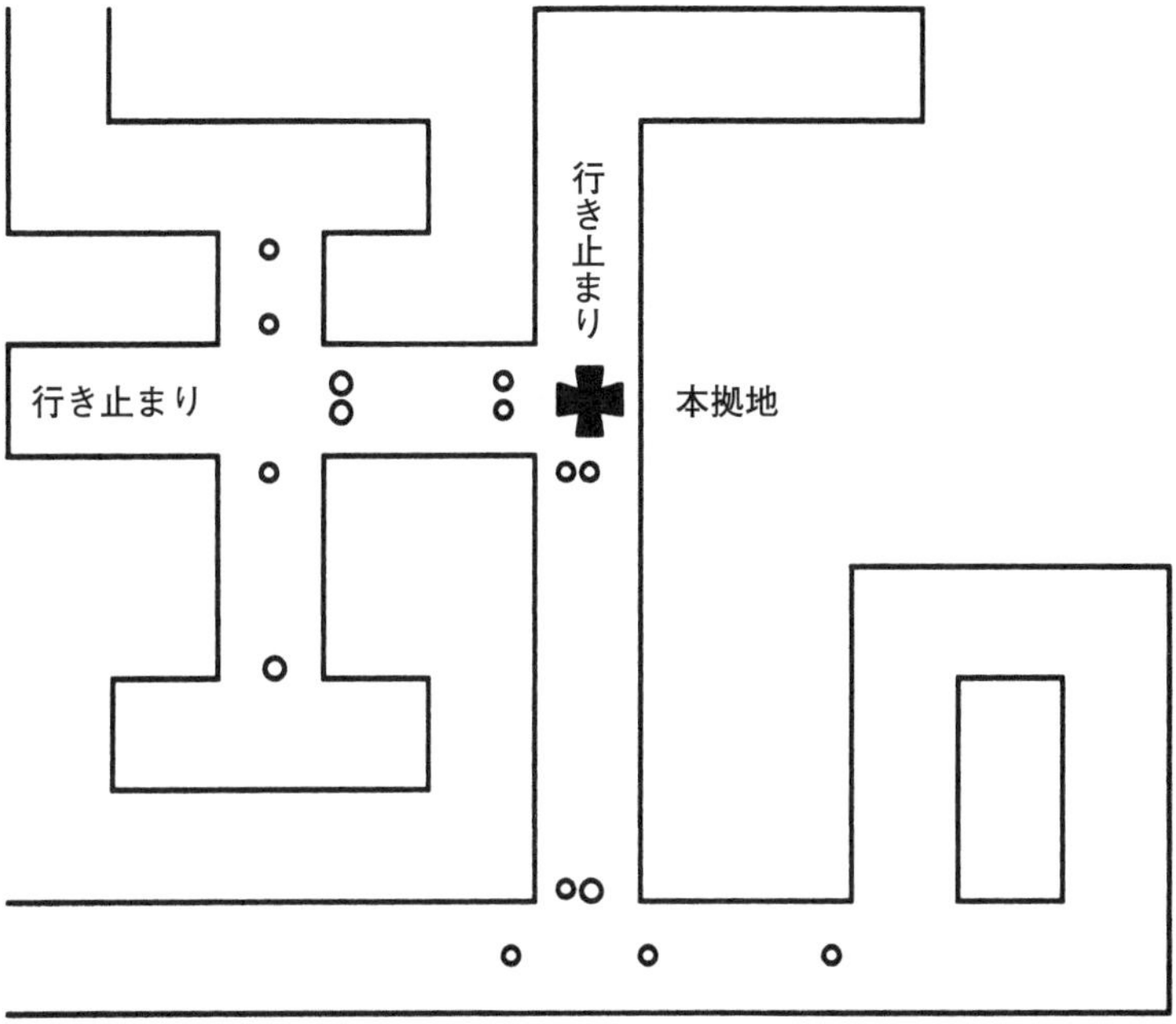
行き止まり
行き止まり
本拠地

っている。

今度はノード二つ分を調べる。行き止まりではないブランチを新しいノードまで行き、そこから伸びるブランチへ、第一段階と同様に行ってみる。第一段階で調べたブランチの両側にも石を加え（したがってそこには両側に二個ずつ石がある）、新たに第二段階のブランチの両側に石を置く。これによって、本拠ノードに戻る道がわからなくなることはない。そこにつながるブランチは、他のブランチよりも石が一個多いからだ。行き止まりや堂々巡りの入り口にはその印をつけておく。ブランチがすでに調べたノードにつながる（少なくとも一個の目印の小石が置いてある）ときは、その経路の両端も除外の印をつける。

第三段階は、本拠地からノード三つ分を調べ、通ったブランチには、両側に石を置いていく。進む範囲を広げ、目標、入り口など、探しているところが見つかるまで続ける。

オーア・アルゴリズムは、目標までの最短経路（ブランチで数えたもので、実際の距離が最短ではない）を特定する。自分で探す道筋が最短になるわけではないのはもちろんだが、最短経路が五つのノードを通るなら、五段階の探索でそれが見つかり、その経路が最小であることもわかる。

迷路はNP完全

迷路の永遠の問題と呼ばれそうなことを考えてみよう。自分はE地点にいる（入り口《エントランス》のE。ただし他の点と同様、無限大の迷路は際限なく広がっているので、それがどこにあるかはわからない）。探すのはG地点、つまり、やはり迷路の中の任意の地点にあるゴール目標である。マップ（これもない）の上でGを特定できないという意味で、それがどこにあるかはわからない。目標は、G地点にあることがわかっている目印によって、見れば――そこにたどりつけば――それとわかる。それが迷路であるという事実によって暗黙のうちに立てられている永遠の問いとは、「EとGをつなぐ単純な経路はどれか」ということだ。

単純な経路とは、それ自身と交差しない──元いたところに戻るようなことがない──経路のことである。ぐるぐると何度も回る必要はないので、単純な経路が第一の関心となる。単純な経路は複数あることもある。そうであれば、最短の経路を選ぶが、このような体裁を過度に心配することはない。無限大の迷路を調べるという恐ろしい問題に比べれば、G地点につながる経路なら、どれでもありがたい。

迷路の本来の問題と密接に関係するのが、迷路の存在問題と呼ばれる、もっと易しい問題である。それは「EからGへ至る単純な経路はあるか」と問う。

なぜこちらの方が易しいのだろう。本来の問題に答えられるなら、存在問題に答えるのは単純そのものだ（経路を特定することになるので）。「ある」と答えればいい。経路を特定できないとしても、単純な経路が存在することを明らかにできる事情があるかもしれない。イエスかノーかの問題は、もしかしたらブランチが何億も続くような経路を指示する煩瑣な答えになるかもしれない（としか言いようがない）問題よりもずっと易しいことだけは予想できる。

存在問題を考えるのは懐疑論者だけだ。迷路のすべての地点が何らかの形でつながっていて、ここからあちらへ必ず行けるというのは、迷路を探る人の信仰箇条である。経路がどんなに長く苦しいものであろうと、それは存在するというわけだ。しかし必ずしもそうとは限らない。迷路が公正ではないかもしれない。答えのない問いを立てているかもしれないのだ。もつれあってはいても、まったく別の経路網が二つあって、互いに行き来できないようになっているかもしれない。経路網が何兆もあるかもしれない。単独の迷路網だったとしても、迷路についての局所的な知識からではそれがはっきりしないかもしれない。一定の時間では、特定の経路を見つけ、確かめて、求める地点にたどり着くことができないことも考えられる。

「存在問題」は、実はNP完全問題で、**最長路**問題と呼ばれる。NP問題は「難しい」ことで有名だが、存在問題には、簡単に答えが出ることもある。G地点がたまたまEからブランチ一つのところにあったとする。すると気まぐれに調べても、ほとんどすぐにGは見つかる——存在問題にも本来の問題にも答えたことになる。

ここにおかしなところはない。一般問題の特定の例が簡単でもかまわない。求めているのは、一般論であり、どんな小さな迷路でも、無限大迷路でも使える存在問題に答える系統的な方法である。

未知の迷路を解くてっとりばやい方法はないし、あらかじめ、どの道が有利かを知る方法もない。できることはせいぜい、目標が見つかるまでほとんどすべての道を調べることだけだ。いろいろな迷路アルゴリズムがあるが、それはただ、同じブランチを知らずに反復したり、すでにわかっている行き止まりや堂々巡りを調べて時間を無駄にしたりすることがないようにするだけである。アルゴリズムが、迷路の未踏の領域を「賢く」道案内してくれるわけではない。

オーア・アルゴリズムを見てみよう。効率はどのアルゴリズムとも同じである。本拠ノードから始める。そこから三つのブランチが伸びている。隣のノードはさらに二つのノードにつながっている（三本のブランチのうち一つは隣のノードと本拠ノードとをつなぐものなので、すでに検討済みである）。さらに、六つのノードのそれぞれは、さらに二つのノードにつながる。迷路は、蛇の頭をした怪物ヒュドラの頭のようになる。調べるブランチは新たなノードにつながり、そこからさらにブランチが伸びる。そのうちいくつかは、すでに調べてあるものかもしれない（道につけた印からわかる）。たいていの場合、これから調べるべきブランチの数は、指数関数的に増殖する。迷路について知れば知るほど、知らないことが増えていく。

探索の段階	経路数	この段階で調べられるブランチ	調べたブランチの累計	必要な時間
1	3	6	6	6分
2	6	24	30	30分
3	12	72	102	1.7時間
4	24	192	294	4.9時間
5	48	480	774	12.9時間
10	1,536	30,720	55,302	38.4日
15	49,152	1,474,560	2,752,518	5.23年
20	1,572,864	62,914,560	119,537,670	227年
30	1,610,612,736	9.66×10^{10}	1.87×10^{11}	355,000年
45	5.28×10^{13}	4.75×10^{15}	9.29×10^{15}	177億年

一本のブランチを一分で調べられるとすると、オーア・アルゴリズムの進行は表のようになる。

有限の迷路では、新しいブランチを発見する過程は、いずれ終わりになる。ある段階の探索を過ぎれば、新しいブランチはたいていすでに通ったノードにつながる。結局、すべてのブランチが踏査され、目標がわかることになる。ところが無限大迷路では、指数関数的ならせんが永遠に続く。目標が比較的近くにあっても、それを見つけるには、非現実的なほどに時間がかかる。ノード五個を隔てたところに目標があると、見つけるのは一日仕事である。経路そのものは、わかってしまえば五分で行けるというのに。ノード十五個隔てていると、何年もかかり、ノード四十五個を隔てているだけで、宇宙の年齢分の時間でも足りないことになる。

コンピュータ・プログラマの視点から**最長路**問題を見てみよう。コンピュータに、ある大規模な迷路の二地点をつなぐルートがあるかどうかを判定させたい。そのためには、コンピュータに迷路の「マップ」を与えなければならない。このマップは迷路のあらゆるノードとあらゆるブランチのリストである。ノードには、番号を振るか名前をつけるかする。ブランチについては、それがどのノードをつなぐかと、ノード間の距離（何らかの単位による整数値）が表示される。たとえば「ノード16、ノード49、72メートル」のように記載される。距離は、旅人が進むことになる実際の長さで、直線距離ではない。入り口のノードと目標のノードはその旨が表示される。

最長路問題にはさらに成分がある。特性距離nである。**最長路**問題は、入り口と目標の間に、n単位の距離よりも長い直接の経路があるかと問う。nは好きなだけ小さくていいし、ゼロでもいい。その場合、**最長路問題**は、入り口と目標の間に長さゼロよりも長い経路――つまり、ともかくも経路と言えるもの――があるかと問うことになる。

存在問題はNP完全なので、それより難しい本来の問題の方は、少なくともNP完全問題なみに難しいことになる。Gへのルートが存在するかどうかを答えるのさえ、非現実的なほど難しいなら、そのようなルートを特定するのも非現実的であることになる。

迷路の預言者

NP完全問題は、その答えが簡単に確認できるという意外な特性がある。どんな問題に対しても、瞬間的に答えを見通す力がある預言者に会う。この預言者の全知を信じる人々が、他の人では誰も解けないほど難しい問題をもって預言者の許にやってくると、預言者はその問題に即座に答える。

ただ、自分の力をすべての人に対して明らかにしようとしても、それはうまく行かない。懐疑的な人々がいるのだ。預言者は自分の全知を、自分が出す答えが正しいことを示して証明したいと思う。これが必ずしも可能ではない。

預言者が受ける問題は二種類ある。ごく普通の方は、他の誰も答えられない難問である。「なぜ悪は存在するのか」、「神は存在するか」、「円周率を小数で表すと、小数点以下グーゴル番めの桁は何か」〔グーゴルは十の百乗のこと〕。これらの問題に対する預言者の答えは、文句なく正しく正確であるかもしれない。しかしその答えが正しいことを証明できない。懐疑派が馬鹿にして言うように、これらの問題にはどんな答えでも出せて、誰にもそれが正しいかどうかわからない。比較的世俗的な問題（πのグーゴル番目の桁のような）も、世界のどんな強力なコンピュータを使おうと、その答えは確かめようがない。

自分の力を証明するために、預言者は、答えが検算できる問題に答えなければならない。この種の問題もたくさんある。中には正体を暴露しようとする懐疑派からの問題もある。「キリバスの首都は？」、「622,521の平方根は？」、「『若草物語』に出てくる姉妹の名は？」、「密封した箱があります。中には何が入っているでしょう？」

預言者はどれにも正しく答え、問題を出した方はその答えが正しいことを知っている。出題者は前から、自分で答えを知っていたからだ。そこが問題点である。これらの問題は易しすぎて、預言者の力について疑念を払うような証明にならない。すでにあたりまえの手段で答えがわかっている問題を出しているのなら、預言者の方も、やはりあたりまえの手段で答えを知っていたり求めたりするのだとも考えられる。その透視能力は演技で、預言者と言っても計算の天才とか、雑学に通じた人で、相手に対しては読心術ができるような下らない見せかけをしているだけだと、懐疑派は言う。

いずれにせよ預言者は負ける。他の人には解けない問題に答えを出せば、答えをでっちあげていると責められる。答えは知られているかすぐにわかる問題に答えれば、演出だと責められる。自分の全知を証明するには、第三種の問題が必要だ――問題は難しいが、答えが述べられると、検算は簡単にできるという問題である。そんな問題があるだろうか。

無限大の迷路に関する問題がそれに相当する。懐疑派に迷路から無作為に二点を選んでもらい、預言者にその二点間のルートを特定するよう求める。答えが正しい（正しくない）ことは、誰でも断言できる。指示されたルートをたどってみて、本当に指定された点にたどりつくかどうかを確かめればいい。

これも「易しい」問題ではないのか。選ばれる二点が、両者をつなぐ経路を誰も知らない、あるいは通常の手段ではそのようなルートが見つからないほど遠く離れているようにする必要はある。オーア・アルゴリズムでさえ比較的に効率が悪いことから、必要な二点の組合わせは普通にあることは保証できる。二十ノードも離れていれば、通常の手段で経路を見つけるには何世紀もかかってしまうのだ。それでは「ハードな」問題か。そんなことはない。預言者の答えを確かめるには、二十分もあればいい（一ブランチを進むのに一分かかるとして）。迷路の解は、迷路そのものよりもはるかに単純である。

この第三種の問題こそが、複雑性理論をやっている人々が「NPクラス」という言葉で意味していることの神髄に近い。

PとNP

問題一般と、問題の具体例《インスタンス》とは別である。ジグソー・パズルと言えば、問題の一般形である。合わせるとオランダの風車の写真になる千五百ピースのジグソー・パズルは、その問題の一具体例である。

NP完全の理論は、問題の難しさを、その問題の特定の具体例によって判定するのではなく、難度が問題そのものの大きさの関数として増大する様子から判定する。ジグソー・パズルの場合、パズルの「大きさ」はピースの数である。ピースが増えると問題は難しくなる。その問題がどれだけ「ハード」かは、それを解くのにかかる時間がいちばんいい尺度である。これはどれだけ速く作業するかにもよるが、どれだけのピースを他のピースと突き合わせて合うものを探すかと関係せざるをえないのも明らかだ。最悪のジグソー・パズルの場合――全面一色だけの新手のパズルの場合のように――ピースどうしを無作為に合うかどうか確かめなければならない。やり始めの頃は、それぞれのピースを、他のほとんどのピースと突き合わせるはめになる。突き合わせの操作の回数は、ピースの平方に比例する。したがって、必要な時間は、ピースの数をnとして、n^2を含む多項式関数として表される。

この必要時間は比較的に穏やかだ。迷路では、オーア・アルゴリズムを使って目標を見つけるのに必要な時間は、nを目標までのノード数とすると、2^nの方に近くなる。nが小さいときは、n^2も2^nもそう変わりはない。nが増えていくと、多項式と指数関数との隔たりは広がっていく。五千ピースのジグソーパズルでも解くことはできるが、目標を見つけるまで、どちらへ進むかを五千回繰り返さなければならない迷路は解けない。

複雑性の理論での「易しい」問題とは、多項式時間《ポリノミアル》で解けそうな一般問題である。このような問題はクラスＰと呼ばれる（Ｐはポリノミアルを表す）。クラスＰをどこかにある広大な国だと考えよう。地図はほとんどないが、国境は明瞭である。どの点も、Ｐかそうでないかいずれかだ。ただ地図はあてにならないので、必ずしもどちらとすぐわかるわけではない。ジグソー・パズルはクラスＰにある一点であり、簡単な算数の計算問題もそうである。

これとは別のクラスの問題、ＮＰがあり、答えの検算は簡単に（多項式時間で）できる問題がすべて含まれる。問題が簡単なときは、その検算も簡単にできる。他に何もなければ、問題をもう一度やり直して、同じ答えになることを確かめることで、検算はできる。したがって、易しい問題（クラスＰ）は、答えの検算が易しい問題（NP）のクラスに含まれる。NPには、迷路の問題など、Pには含まれない問題も多く入っている。したがってPは、もっと大きなNPという国の中の一地方ということになる。地図を描くとすれば、次の図のようになる。

いちばん外側の長方形は、ありうるすべての問題を表す。クラスNPにすべての問題が含まれるのではない。答えの検算さえ容易ではない超難問もある。これらはNPの円の外の部分で表される。

このことを預言者の問いという脈絡に入れてみよう。第一群の問題は、検算できない「ハード」な問題であり、NPの外にある問題群に似ている。第二群の問題はPに対応する。第三群――問題はハードだが検算は容易――は、NPの円の中にあるが、Pの外にあるものに対応する。

NP（非決定性《ノンデターミニスティック》多項式時間）という用語は、非決定性コンピュータと呼ばれるものを指している――とくに、コンピュータ科学の草分けとなったアラン・チューリングが構想した、チューリング・マシンと呼ばれる理念上のコンピュータである。非決定性コンピュータは字面から想像されるものとはまったく違う。言葉だけから見れば、無作為に動作して、正確な「アルゴリズム」とは言えないものに従うような（コンピュータが意思を持っているような）感じがするのだが、そうではない。

非決定性コンピュータの動作は、こんなふうに想像できる。コンピュータは一台ではなく、多数の、無限大にもなろうかというコンピュータがあるものとする。それぞれのコンピュータは、問題のありうる答えの一つを割り当てられ、その答えを検算する任務を負っている。

たとえば、問題が迷路の通り道を見つけるというものなら、コンピュータ群（この場合はロボット群）が入り口を出発する。通り道の数があるだけの班があり、新しい分岐点に来るごとに班は分かれていって、最終的にありうるあらゆるルートが調べられる。

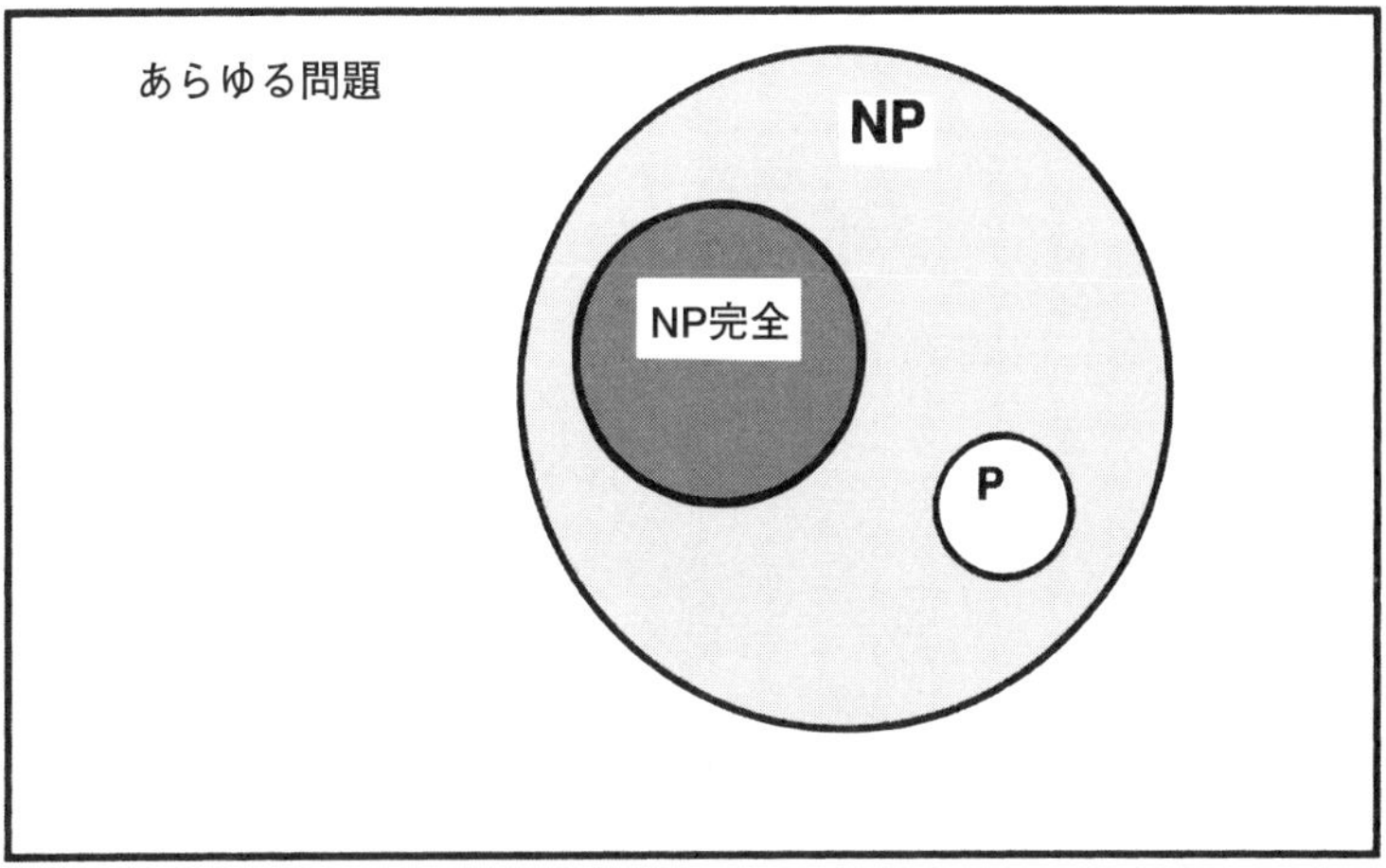

ロボット群のうち少なくとも一台は、確かに入り口からゴールまで移動する。この機械に関心を集中しよう。そのロボットがかかった時間はどれだけか。場合にもよるが、長い時間ではなかった。迷路の答えは一般的に短い。間違った道を進んで戻ってくるから時間がかかるのである。どれかの非決定性コンピュータが問題を「解く」時間は、推測された答えを検算するのにかかる時間と同じになる。

NP問題は科学の探究に開かれた問題群に似ている。新しい真理を確立しようとする科学者は、先の預言者のような位置にある。科学はたいてい、NP問題に対する答えに似た仮説を相手にしている。すぐに確認されたり否定されたりする仮説である。

NP問題と科学との間には、さらに顕著なつながりがある——論理的演繹そのものがNP問題なのだ。

最もハードな問題

NPクラスでいちばんハードな問題は何だろう。一九七一年、スティーヴン・クックが、**充足可能性**は、NPに属するどの問題にも劣らずハードであることを証明した。その証明は、NPに属する問題はすべて**充足可能性**の問題に変形できるので、これよりもハードということはありえないことを示した。

さらに、リチャード・カープの、現実的に解けない《イントラクタブル》問題の多くが、この**充足可能性**とともにこの特徴を有することの発見が続いた（一九七二）。グラフ理論、論理学、数学ゲーム、数論、暗号、コンピュータ・プログラムは、**充足可能性**と同等のハードさである。最もハードなNP問題の集合が、「NP完全」である。ベン図にすれば、NP完全はNPに含まれ、Pの外にある円で表される。

厳密に言えば、NP完全はちゃんと存在してはいない、影のようなものだ。NP完全問題は多項式時間で解けないことが証明されているわけではない。証拠は経験的なものだけだ。何年もかかって、理論家もコンピュータ・プログラマも、NP問題に多項式時間の解き方を得ようとしてきたが、ずっと失敗だったということだ。実際問題としては、ある問題がNP完全であることを証明するのは、効率的には解けないことの強力な証拠であると考えられている。

NPに属するすべての問題が、実際には何かの未知のすごいアルゴリズムによって、多項式時間で解けることは、考えられないことはない。その場合、P、NP、NP完全は同じことで、一個の合体した円で表されることになる。

効率的な解法、つまり魔法の鍵が存在するとすれば、シャーロック・ホームズばりに、論理的前提から演繹していいことには、事実上、制限はなくなる。他方、**充足可能性**とNP完全問題には効率的な解法がないなら、実際問題としては、認識されない真理の世界があることになる。魔法の鍵はないのではないかと見る意見は強い。つまりわれわれはみな、自分が見ていることの意味を取り逃しているワトソン君のようなものというわけだ。

それはつまり、解ける論理学の問題には、比較的明瞭な大きさの範囲があるということだ。一定の大きさ以上の迷路は現実的には解けないのと同様、一定の複合度以上の論理の問題も同じことになる。われわれの現実世界についての演繹も制限されていることになるのは明らかだ。

経験のカタログ

逆説は、見かけよりもずっと意味のある、影響の大きい概念だ。矛盾することを信じていれば、信じていることのいくつかについては根拠《ジャスティフィケーション》が持てなくなる。根拠がなければ、知っているとは言えない。したがって、ある信じていることの集合を理解するとは、(最低限) その信じていることの中に矛盾があれば検出できることを含む。そういうわけで、**充足可能性**という、逆説を検出する問題は、知識の区切り記号である。**充足可能性**の難しさは、含意をすべて理解しようとすることによって引き継がれている。

ニュートンの万有引力の理論の土台には、古代ギリシア人が知らなかったことはない。病気の病原体説は、誰かが正しい関連づけをしていれば、実際よりもずっと早く、何世紀も前に出され、確認されてもおかしくはなかった。すると、すでに今の段階で「機は熟している」のに、発見されていない一般論があるにちがいない。たぶん、癌を防ぐ方法、十番めの惑星の位置などを導くのに必要な事実はすべて手にしているが、誰もそれを正しい順序に並べていないということかもしれない。それだけではない。もしかすると、われわれは世界についてあらゆる種類の論理的結論を見逃しているのかもしれない。われわれが見聞きする物すべてに隠されているのに、わずかに入り組みすぎていて把握できないのかもしれない。

「科学の大目標は、できるだけ多くの経験的事実を、できるだけ少ない仮説あるいは演繹から、論理的な演繹によってカバーすることだ」とアインシュタインは書いている。すべての人間の経験について、その和をとろう。氷河時代の頃から今この瞬間に至るまでの間に、誰かが見たり、感じたり、耳にしたり、味わったり、においをかいだりしたことがあることすべてである。これが知識の何らかの体系化の出発点となる。原理的には、この情報は膨大なカタログに集めることができる。このカタログは経験したことをただ集めた一覧だとしよう。解釈も何もない。夢も、錯覚も、妄想も、蜃気楼も、光学的な錯覚も、「現実の」経験と並んで、詳細に記載されている。どれが現実の経験か（もしあれば）を決めるのは、このカタログの読者に委ねられる。

経験のカタログには、自然科学的諸学が基づく観察結果がすべて収まっていなければならない。目撃されたことのあるあらゆる鳥、星、シダ、結晶、ゾウリムシの記述がどこかに載っている。カタログには、これまでに行なわれた科学実験がすべて、細かいところまで載っているだろう。マイケルソンとモーリーが、一八八七年のある日、装置の鏡に光を投げかける午後の太陽がどう見えたかも、収められていることだろう。ニュートンが落ちるのを見たりんごすべてについて、色、大きさ、形、速さ、加速度も。

科学は単なる経験のカタログではない。だいいち、人間の頭には、人間の経験全体は収まりきらない。カタログにはこれまで自分で経験したものがすべて入っていなければならない――今までの全人生の間に自分の関心を占めてきたこと百パーセントである。科学は人間の経験を（少なくともそのある側面を）扱いやすい形に圧縮する。われわれが本当に関心を抱いているのは、カタログによって記述される世界を「理解」することである。それはつまり、一般性を見ることである。ときに都合よく細部を忘れるとしても。科学哲学につきまとう難問は、これがどの程度可能かということだ。

経験するたびに、世界の未知のことに関して、論理パズルの場合のように、真理値が限定されていく。未知のものどうしの関係はもちろん微妙なこともあるだろうし、何ごとにも「～ならば」という条件がつかざるをえないものだろう。友人のフレッドが、自分は先週の火曜にネス湖の恐竜を見たという話をするのを聞くという経験があるかもしれない。この経験の実際の重みはこんなものではないか。

フレッドが誤認しておらず、かつフレッドは嘘をついておらず、かつ外部世界は幻想ではないならば、ネス湖の恐竜は火曜日に存在した。

これらの「ならば」の部分は、避けられない補助仮説で、それが確証を複雑にする。

経験のカタログと、演繹できることを求めるプログラムをスーパーコンピュータに入れてみよう。この作業に必要なのは論理だけで、論理はコンピュータが得意とするところである。計算を終えると、コンピュータは演繹結果のリストを、重要度に従って分類することもできるだろう。説明できる経験の数を尺度とするのである。リストの先頭に来る演繹は、人間に知りうることの中でいちばん重要なものということになる。

これは空想にすぎないとはいえ、科学哲学の奥にある関心の一部を紹介するための枠組になる。連鎖式という科学の土台は、多項式時間で認識して確かめることができる。こうした易しい論理的な問題は、一本道迷路（一つのノードに経路が一つか二つしかない）になぞらえられる。これは、少なくとも一部には三つ以上の経路がついているノードがある「通常の」迷路とは違い、自明のものだ。もっと複雑な演繹は、三つ以上の未知のことがある前提を含み、（非現実的な）指数関数的時間を必要とする。永遠にわれわれの目には触れない論理的演繹結果——感覚経験の解釈結果——の世界があるかもしれない。

われわれの経験を迷路のように考え、その経験に関する論理的な真理を迷路を抜ける道のように考えてみよう。**充足可能性**がNP完全であるとは、われわれが可能性のあるルートすべてをつくすことは決してないのではないかということだ。

宇宙の大きさのコンピュータ

コンピュータ科学者のラリー・J・ストックマイヤーとアルバート・R・メイヤーは、NP問題が現実に解けないことを、宇宙の大きさのコンピュータという架空の話に仕立てて説明した。二人が示したのは、宇宙は、宇宙についての多くの問いに答えてくれるほど大きくはないということだ。

信じていることで認められていることのリストを作ろうとしているとしよう。デカルトのように、われわれは白紙から始め、このリストに信じていることを慎重に加えていきたいと思っている。何かの信じていることを加える前には、まず、すでに載っている信じていることと照合して、矛盾をきたさないことを確かめる。これは**充足可能性**問題である。

リストを最初から最後まで読んで、新たに取り上げられる信じていることが、すでにリストにある信じていることと直接に矛盾しないかどうか確かめれば矛盾は検出できると考えられるかもしれないが、実際にはそれほど単純なことではない。

当然、新しい信じていることは、元からあるものと矛盾するかもしれない。新しい方が「すべてのレイヴンは黒い」で、古い方の一つが「どのレイヴンも黒くない」だったとすると、そこで矛盾が生じる。さらに恐ろしいのは、個々には成り立つ陳述が三つ以上になったとき、そこから生じるタイプの矛盾である。「逆説」という用語は、普通、この場合のためのものである。矛盾がすぐには明らかにならないのだ。

新たに加える信じていることが、「すべての草は緑である」だとしよう。リストにはすでに、こんな陳述があってもいい。

すべての干し草は茶色である。

干し草は草だ。

「すべての草は緑である」という新たな陳述と合わせると、矛盾が生じる。二つ一組で調べていたのではこの矛盾は見逃していたのではないか。信じていることが三つ一組だとおかしくても、二つどうしなら両立するのである。この種の場合を除外するためには、リストにある他の二つ一組の陳述すべてと、新しい信じていることとを照合して調べる必要がある。これはチェックすべきことの数を大きく増やす。しかもそれではまだ終わらない。四つ、五つ、それ以上を一組にして考えて初めて浮かび上がるという、もっとわかりにくい矛盾もあるかもしれない。新しく信じるようになったことが、九十九万九千九百九十九個の集合とは両立しても、百万個の集合とは矛盾するかもしれない。

確かめてみなければならない事実がやたらとあるので、当然、コンピュータの出番となる。信じる内容1番から始めよう（「われ思う、ゆえにわれあり」だろうか）。コンピュータのために、この信じる内容はブール未知数に関する論理命題の形に符号化されている。次に、これに信じる内容2番を加える準備をする。まずコンピュータに、これを1番と照合し、矛盾があるかどうか調べるよう求める。この場合、論理の検査は一度だけである（2番を1番と照合する）。

さて、リストには信じることが二つあり、ここに第三のものを加えたい。これは三回調べなければならない。1番との照合、2番との照合、1番2番の組との照合である。

第四の信じることは七回検査しなければならない。1番、2番、3番をまとめたもの、1番、2番の組、2番、3番の組、3番、1番の組、1番、2番、3番それぞれとの照合である。

もちろん、新しい信じる内容は、今のリストのありうる下位集合すべてと照合しなければならない。n個の集合にできる下位集合の数は、指数関数2^nになる。この式は空集合も数えているが、これは考える必要はない。空集合でない下位集合の数は2^n-1である。

信じていること、あるいはその一部が、指数関数的時間がかかるアルゴリズムを避けられないほど論理的に複合的であるとしよう。すると、必要な照合の数は、表のように見積もることができる。

リストの大きさ	下位集合
1	1
2	3
3	7
4	15
5	31
10	1,023
100	1.27×10^{30}
1,000	10^{301}
10,000	10^{3010}

信じていることが百個というささやかなリストでも、天文学的数字の下位集合ができる。百一番めの信じることを検査するには、10^{30}個もの下位集合と照合しなければならない。

どうしてそんなことができるだろう。百一本の陳述を書き出して、そこに逆説が存在しないことをすぐに納得することができるのは当然ではないか。

実際そうである。百科事典から百個の説を無作為に写してきて、どの文も何か違うことを語っていることを確かめることができる。ここでの話は、リストにある信じる内容が、多くの未知のことに関することで、論理的に複合的であるという、もっと一般的な場合である。信じていることが、キャロルの骨付き肉問題での前提同様、からみあっていてもいい。するとわれわれは、あるアルゴリズムに戻らざるをえない――遅いアルゴリズムである。

信じる内容をリストに加えるのに、コンピュータはどのくらいの時間がかかるだろう。ストックマイヤーとメイヤーの分析は、何らかの数学的陳述の真偽を指数関数時間アルゴリズムによって判定する「理念的な」コンピュータを用いた。基本的には同じ推論が、**充足可能性**問題にもあてはまる。コンピュータの処理能力は、つまるところ、そこに入っている素子の数によると、ストックマイヤーとメイヤーは言う。素子が小さいほど、一定の体積に多くの処理能力が詰め込める。

最初のデジタル・コンピュータでは、論理ゲートは真空管で、電線でつながれていた。後に、真空管はトランジスタになった。今では強力な処理装置が一枚のチップに収まっている。配線は、薄い金属フィルムにプリントされた回路である。

処理装置あるいは論理ゲートをどれだけ小さくできるかは、誰にもわからない。原子数個分の厚さの膜を使ったゲートもある。まだ開発途上の有望な技術はある。ストックマイヤーとメイヤーは、大胆にも楽観的な見通しで思考実験を行なった。何らかの形で、陽子の大きさの素子を作れると想定した。陽子と中性子と言えば、大きさが測定できる中でも限界のところにある。それで、理想のコンピュータの素子がどんなに小さくても、直径が10^{-15}メートルより小さいことはありえない（負の指数は分数を表す。ここは一メートルの10^{15}分の一のことで、一兆分の一ミリ）。

陽子の大きさの素子を、鰯の缶詰のように詰め込むことができるとしよう。与えられた体積の中に、直径10^{-15}メートルの理念的な球を可能な限り入れることができる。普通のパソコンの大きさのコンピュータ（体積は十分の一立方メートルほどとしよう）には、10^{44}個の素子を入れることができる。一立方メートルの体積があるミニコンには、10^{45}個の素子が入ることになるだろう。

コンピュータ技術では、速さも重要な因子である。足を引張る因子には、論理ゲートなどの素子が状態を変えるのに必要な時間がある。どんな情報でも、伝わる速さの上限は光の速さとなる。したがって、どう頑張っても、素子は、光がその素子を横断するのにかかる時間より速く切り替わることはできない。もしできたら、素子の一方の側が、反対側で起きたことを、相対性理論で許容されるより速く「知る」ことになる。

光は陽子の直径を横断するのに3×10^{-24}秒かかる。ストックマイヤーとメイヤーの分析では、これが理想的コンピュータの素子の切り替え速度である。

実際には、コンピュータの速さは素子をどうつなぐか、使える資源をどれだけうまく手許の問題用に配置するかにもよる。最新のコンピュータは逐次処理、つまり一回に一つの処理をするだけだ。任意の瞬間に、コンピュータはアルゴリズムの一つの地点にいる。可能性で言えば、並列処理のコンピュータならもっと速くなる。並列コンピュータは、たいていの場合、一度に多くのことをしている。

大盤ぶるまいをして、理想的なコンピュータは、超精巧な並行処理設計になっているとする。陽子の大きさの素子が一つ一つの処理装置で、すべてがコネクション・マシン〔何千個ものプロセッサを並べた並列コンピュータの例〕のような設計でつながっていて、プロセッサの数が天文学的になっても、比較的に短く配線されている。

コンピュータは作業を分割して、プロセッサに、現時点で信じている内容のリストにできる下位集合一つ一つを割り当てていく。個々のプロセッサは、瞬間的に、現在の下位集合と新しい信じることを照合できるものとする。矛盾があるかどうかを判定し、調べるべき次の下位集合を、3×10^{-24}秒の切り替え時間で取り出す〔計算を簡単にするために、10^{-23}秒としておく〕。すると、個々のプロセッサは、一秒に10^{23}個の論理検査を行なえることになる。そして、体積一立方メートルのコンピュータには10^{45}個の素子がある。このコンピュータなら、一秒に10^{68}回の検査が行なえる。

これは速い。最初の一秒で、必要な照合をして、信じることが二百二十五個に達するリストを構築することができる。

しかしそこから遅々として進まなくなる。二百二十六番めの信じることを追加するのに一秒かかり、二百二十七番めの信じることを承認するには二秒かかる。二百三十二番めを調べるには一分ほどかかる。コンピュータは未曾有の速さで計算しているが、検査の回数はリストに信じることが加わるたびに二倍になる。二百四十七番めの信じることを承認するには一か月以上かかる。リストを二百七十五まで増やすには、三千五百万年かかる。

それにしても、これは思考実験であり、われわれが手にしているのは実際の世界での時間である。宇宙の年齢は、百億年の桁になると推定されている。これは10^{17}秒ないし10^{18}秒の規模になる。さらに一桁か二桁増やせば（つまり10^{19}秒ほどにすれば）、「永遠」のささやかな近似とすることができる。宇宙が今より十倍の年齢になれば、事実上すべての星は燃え尽きてしまい、生命も消えているだろう。したがって、10^{19}秒は、なんだかんだと言って意味がある最長の時間としていいだろう。10^{45}個のプロセッサのある理想的コンピュータが、時間の始まりから終わりまで計算したとすると、$10^{68}\times10^{19}$、つまり10^{87}という途方もない数の下位集合を、新しい信じていることと照合することになる。これだけの数があれば、信じていることと二百八十九個分になる。

もっと強力なコンピュータが必要だ。最下層の岩盤のような大きさの素子に到達してしまっている以上、コンピュータを大きくするしかない。部屋一つ分、家一軒分……一国、一大陸分、どんなに大きくしようと、究極の大きさは宇宙の大きさまでである。

いちばん遠いところにある準星《クェーサー》は、百二十億光年ないし百四十億光年と言われる。宇宙が有限だとして、宇宙の「直径」を千億光年と見積もればおつりがくるだろう。一光年は10^{13}キロ、つまり10^{16}メートルである。したがって宇宙の直径は10^{27}メートルほどで、その体積は10^{81}立方メートルほどになる。

したがって、宇宙の大きさのコンピュータなら、陽子の大きさの素子を$10^{45}\times10^{81}$個入れることができる。これは10^{126}個の素子ということになる。もちろんこれは絵空事だ。要するに、どんなに技術が進歩しようと、いかなるコンピュータも、10^{126}個以上の部分には分かれないということだ。どんな脳も、どんな物理的実体も、それ以上の部分には分かれない。その範囲でやっていかなければならない限界である。もしこのコンピュータが宇宙の始まりから終わりまで計算し続けたとすれば、基本的な計算を$10^{126}\times10^{42}$回することになる——合計10^{168}回である。

この10^{168}は、何であれ、できることの回数の絶対の上限である。存在するスーパータスクに最も近い。何であれ、10^{168}回以上のことができる時間や空間の余裕はない。そして残念なことに、10^{168}回の論理検査を行なっても、あまり先までは進めない。コンピュータは、リストを五百五十八個の信じていることまで広げたところで限界に達することになる。

われわれに知りうるのは、せいぜい五百五十八個のことなのだろうか。もちろんそんなことはない。われわれは単純な演繹、三段論法、連鎖式などを通じて多くのことを知る。五百五十八という数は、指数的時間の検査アルゴリズムを必要とするほど論理的に複合的な信じている内容のおよその上限である。キャロルの骨付き肉問題に出てくるものと同じくらい「ばらばらな」ことを五百五十八個信じているとすると、その集合は、おそらく、宇宙ほどの大きさのコンピュータでさえ処理能力を超えるだろうということである。だから相変わらず新たな逆説が考えられるのだ。

論理的に複合的な信じていることは、珍しいことでも不自然なことでもない。単純に理想化した信じることでも（「すべてのレイヴンは黒い」のように）、実際には補助仮説がいろいろついて認められている。**充足可能性**が難しいというのは、論理パズル以上のことを語っている。

われわれが信じているもっと複雑な内容が矛盾を含んでいるかどうかさえわからないときは、それを理解しきってはいないということだ。われわれは確かに、その信じることから出てくるかもしれないことをすべて演繹できるわけではないのだ。論理的演繹を、われわれが世界を見るときの視覚のように考えるとすれば、その視覚に限りがあるということだ。連鎖式という、単純な演繹の鎖は、われわれの主要な視線である。それを通じてわれわれは闇の向こうを覗き込む。もっと込み入った演繹のための視覚は、極度の近視である。われわれはすべてを見ているわけではないし、われわれの経験に、暗黙にでもすべてが含まれているわけではない。われわれが決して認識することがないものが、その向こうで進行しているのである。

自分が見逃しているものをすべて理解できるほどわれわれの頭は良くないということでさえない。これらの逆説で生じることをたどれる全知の存在に出会うことがあったら、その存在には、われわれの見逃していることを見せることができるだろうし、見せてもらえば、われわれも確かにその通りだと納得できるだろう。パズルへの答えは、わかってしまえば簡単なのだ。

「われわれ」には人類もコンピュータも地球外生命も含まれ、物理的な作用なら何でもいい。NP問題はどれにとっても困難である。ストックマイヤーとメイヤーによる思考実験は、情報時代のオルバースの逆説である。夜空に星が見えるということから――宇宙全体がコンピュータではないことから――この宇宙にいるいかなる存在も、すべてを知ることはないことが、確実にわかるのである。

第3部

10

意味——双子の地球

ヴォイニッチ手稿という、非常に古い、二百三十二頁の、色つきの本がある。全体が暗号で書かれていて、まだ解読されていない。その著者、主題、意味は、底知れない謎である。解読されたとして、原文が何語になっているのかということさえ、誰も知らない。風変わりな裸婦像、奇異な発明品、存在しない動植物が、解読しようという人々をそそっている。中世の薬草の本のような厳格な様式の彩色したスケッチで、地上には生えない花や実、空に見あたらない星座が描かれている。奇怪な、この世のものとも思えない配管の見取り図には、枝分かれするL字形のマカロニのようなパイプにつながる浴室用の腰掛けで浮かれる少女が描かれている。手稿は、どこかよその宇宙の実用書といった奇妙な性質をしている。この絵は本文の内容を図解しているのだろうか。それとも偽装だろうか。誰にもわかっていない。

神聖ローマ帝国皇帝、ボヘミアのルドルフ二世（一五五二〜一六一二）は、一六六六年に書かれた手紙で、写本を金貨六百ダカットで購入したと言っている。皇帝はこれをジョン・ディー博士から買ったのかもしれない。運命の風の吹き回しに従って宮廷を渡り歩いた、弁の立つ占星術師・数学者である。ルドルフ帝は、写本がイギリスの修道士にして哲学者のロジャー・ベーコン（一二二〇頃〜九二）が書いたものだと思っていた。

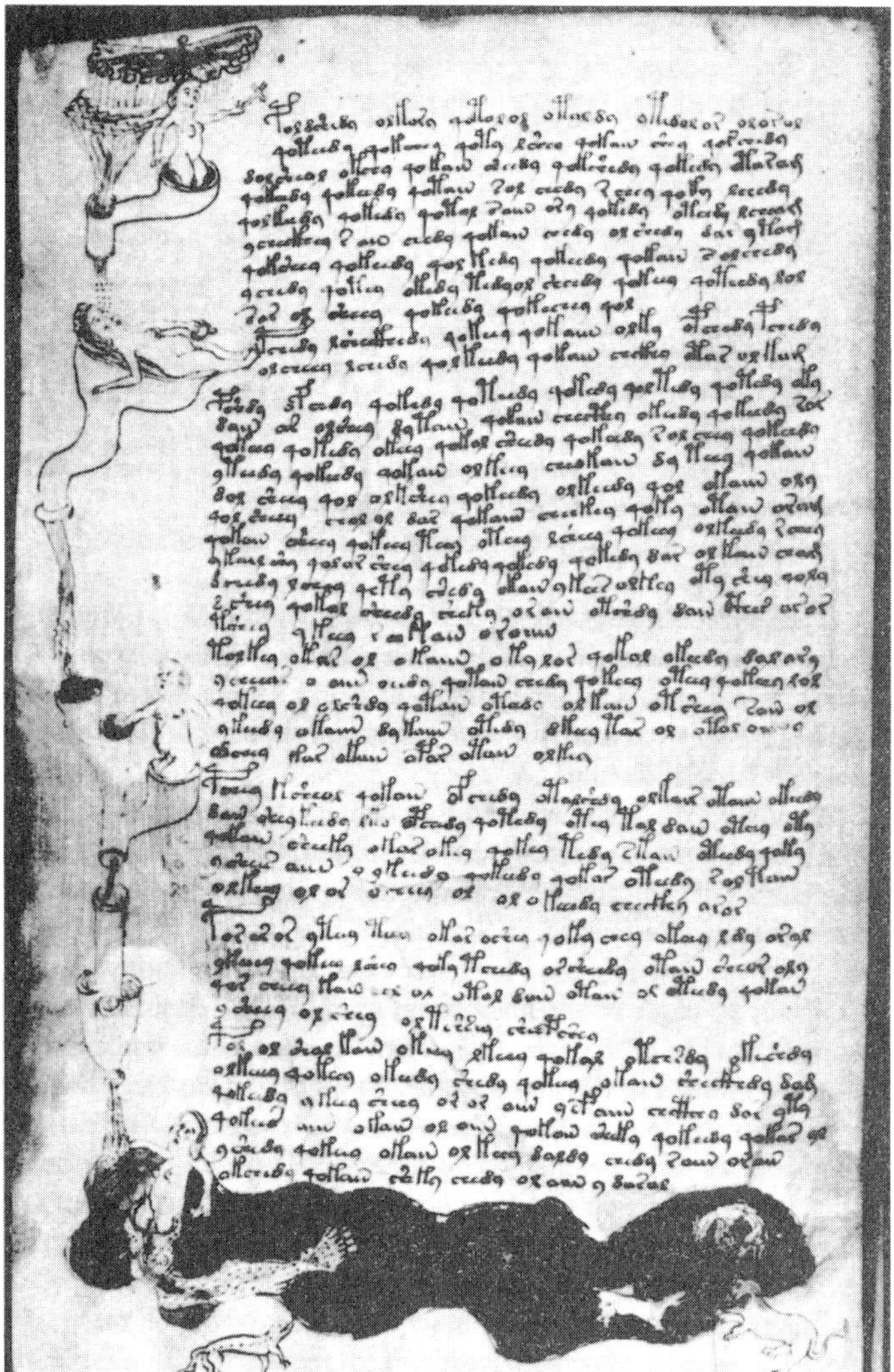

ヴォイニッチ手稿、79左葉

ベーコンというのは推測としてはいい線をついている。「驚異博士《ドクター・ミラビリス》」とも呼ばれ、亡くなった後何十年かで、半分神秘思想家、ある面では学者、ある面では魔法使いとなっていた。ベーコンは変わった本を収集していた。火薬のことを知っていて、著作の中では公開する段階にはないことをいろいろ知っているとほのめかしている。亡くなる頃には、ベーコンの著作は危険と考えられ（とっぴな空想による）、その著作はオックスフォードの図書館の壁に釘づけにされ、雨と風で朽ちるままにされた。

ヴォイニッチ手稿は、イタリアのフラスカティにあるモンドラゴーネのイエズス会コレジオに長い間忘れ去られていた。そして一九一二年、ポーランド生まれの学者で愛書家のウィルフレッド・M・ヴォイニッチが購入した。ヴォイニッチは、論理学者のジョージ・ブールの義理の息子に当たる。ブールの娘でエセル・リリアン・ヴォイニッチ（『あぶ』〔佐野朝子訳、講談社文庫〕という、西側では長い間忘れられていた革命的な小説で有名）という、旧ソ連と中国ではいちばん有名なイギリスの作家の一人である人物の夫だった。手稿にはそれとわかる標題もなく、ヴォイニッチの名がつけられた。ヴォイニッチはそれをアメリカに持ち込み、そこで徹底的に調べられた。この百年近くにわたり、学者や好事家の分析を受けては忘れられるという繰り返しを何度か重ねてきた。今はイェール大学のバイネッケ稀覯手稿本図書館が所蔵している。

写本の暗号は普通の暗号ではない。普通の暗号だったら、とっくの昔に解読されているだろう。この暗号はローマ字など、従来からある文字や記号は使っていない。鏡文字でもないし、知られた文字を単純に変形したものでもない。二十一字ほどの飾り文字のような記号が用いられており、中東の何かの手稿であることをうかがわせる。もちろん、記号は既知の中東の文字に由来するものではない。音符を連結記号でつなげたように、記号が合体している場合もある。ほとんど出てこない記号もある――別の記号を崩して

a)

b)

a) 最も普通に出てくるヴォイニッチ手稿の記号と、ウィリアム・ラルフ・ベネットが割り当てたアルファベットによる符号。
b) よく出てくる連結された記号と、ベネットによる文字化。

書いた変種かもしれない。書かれているものは、スペースをはさんだ「単語」の形を取っている。

図は、比較的よく出てくるヴォイニッチ記号に識別子をつけて示している。この識別子は物理学者のウィリアム・ラルフ・ベネットが用いた案による。ベネットは写本をコンピュータ解析にかけた。ベネットの文字（以下にヴォイニッチ記号のそれぞれを示す）は恣意的で、記号に名前をつけて、コンピュータに入力できるようにするために使うだけのものである。

ローマ字の小文字とよく似た記号もある（A、I、L、M、N、O）。ベネットによれば、キリル文字（ロシア語などで使われる）、グラゴール文字（古いブルガリア語）、エチオピアのアルファベットに見える記号もあるという。Yという符号が与えられた記号は中国語のように見える。

混乱に輪をかけることに、17葉には中期高地ドイツ語による註がついている。必ずしも原著者によるものではなく、マッティオラオスの薬草学について語っている。手稿にある何枚かの占星術の図には、月の名がスペイン語でつけられている。最初のページにある暗号表に見えるものは、ずっと前からかすれてしまい、読めなくなっている。

手稿のうち四十頁ほどが失われている。元は十六頁の折り丁が十七折りあった。本の最後の頁には、余白に星の絵があるが、文字はない。最初に絵が描かれ、後から文章が入れられたことをうかがわせる。その場合、絵は単なる装飾かもしれない。しかし挿絵に意味を読み込もうとする人は多い。各頁の星や女や花の数が、何かの暗号になっていると推測した人もいる。植物の絵は、本文が薬草の医術や魔術での使い方を論じていることを意味しているのかもしれない。もしかしたら不老不死の薬とか何とかの話かもしれない。植物学者は、描かれている植物を、特定したようなしていないような成果を見てきた。93葉の絵は、ひまわりかもしれないし、そうでないかもしれない。101葉の果実は唐辛子らしい。どちらもアメリカ原産で、コロンブスが一四九三年に戻る以前のヨーロッパには知られていないものである。ロジャー・ベーコンが亡くなって二百年も後のことだ。

ありとあらゆる奇怪な説が唱えられてきた。写本は失われた死語で書かれている、解読が失敗するよう、元の言語で最もよく出てくる文字をいくつか意図的に避けた、金儲けのために作られた無意味な捏造だ（ジョン・ディーによるのか、イエズス会によるのか、ヴォイニッチによるのか）、ジェームズ・ジョイスのような人物が中世にもいて、自身の言葉を考え出した、忘れ去られた狂人の猛烈な妄想であるなど。ヴォイニッチ手稿はボルヘスの短編「トレーン、ウクバール、オルビス・テルティウス」〔『伝記集』所収〕を思わせる（そのアイデアの元になったことも考えられる）。この小説では、ある変わり者の富豪が金を出して、学者を集めて架空の世界「トレーン」の百科事典を書かせる。最初の原稿は英語で書かれたが、これをトレーン語（これも架空）に翻訳して装飾文字で書き、まったく読めない本を作る計画だった。

ヴォイニッチ暗号は暗号研究家にとって、岩に刺さった剣〔アーサー王伝説の聖剣。これを抜く者が王となると言われる〕となった。二十世紀最高クラスの才能ある軍の暗号解読家たちが、腕を見せようと解読を試みてきた。ハーバート・ヤードリーという、ドイツが第一次世界大戦で用いた暗号を解き、日本の外交官用暗号を、日本語を知らずに解読したアメリカの暗号専門家も、ヴォイニッチ手稿は解けなかった。ロシアのスパイ、パブロ・ワベルスキーの暗号を解読したジョン・マンリーも、一九四〇年代の日本の暗号「パープル・コード」を破ったウィリアム・フリードマンもできなかった。近年はコンピュータも解読に投入されているが、成果はあがっていない。

コンピュータでもヴォイニッチ手稿の解読はできていないと言うと、驚く人もいるかもしれない。実際問題として言えば、暗号解読は主として「弱点《ウィーク・スポット》」探しの一種である。ダイヤは結晶の転位部分に沿ってカットされる。これと同じように、暗号は、真相をもらす規則性を利用して破られる。ヴォイニッチ手稿は現実的に解けない《イントラクタブル》暗号のように見える。通常の言語にある統計学的な特徴がない記号の列である。それを解こうとする試みは、ダイヤの結晶の、幾何学的に完璧な部分に刃を通そうとするのと同じく無駄だった。

それが無意味な作り事でなければ（ほぼ確実にそうでないことを後で見る）、ヴォイニッチ手稿は著者にとっては何ごとかを意味していた。著者がそれを書いていたときに考えていたことがあって、その何かを意味していたのである。しかしその意味は記号のパターンにも内在するのだろうか。それとも暗号の失われた鍵にあるのだろうか。あるいは両方の組合わせにあるのだろうか。これが解読できるかどうかは、今は知られていない著者の思考過程だけでなく、記号のパターンに「含まれている」意味による。

ベーコンにせよ誰にせよ、中世の著者が一人で、後世の、これまでに破られたいくつもの軍事暗号よりも安全な暗号を作ったというのは疑わしい。これはヴォイニッチ草稿には意味がないことの証拠だと見る人もいる。記号の集合が必ず何かを意味していなければならないわけではない。記号の集合に何かのメッセージが含まれるかどうか、区別する方法はあるだろうか。この問題は、知識研究の中でも最も難しいもののひとつである。

遠い将来、誰かが、今の時代の新聞が入ったタイムカプセルを掘り出したとしよう。その頃は英語も忘れ去られた言語となり、ローマ字の文字も知られていないとする。考古学者が新聞を見て、それは何らかの文章にちがいないと判定する。それを解読してこのタイムカプセルを埋めた人々の暮らしについて知りたいと思う。別の考古学者が言う。「時間の無駄だ。そいつはただの壁紙で、家の壁に糊で貼りつけていたんだ。小さな黒い線のかたまりは、その頃はやっていた装飾の図案だね」

第一の考古学者は、新聞にあるのは文章で、壁紙の図案ではないことをすぐに明らかにすると思われるかもしれない。新聞には規則性――よく出てくる文字、よく出てくる単語、文の終わりにあるピリオドなど――があって、それが文章であることの印となるのではないか。困ったことに、装飾のモチーフにも規則性はある。未知の図案における規則性が、未知の書き物にある規則性と必ず違っていることを、即断するのは難しい。書かれたものも装飾も、見慣れぬものであればその分、確信をもって判定はしにくくなる。

先の考古学者は必ずしも新聞を解読できて自説を証明することは期待できない。エジプトの象形文字は、書かれたものの内部にある手がかりを根拠にして「解読」されたわけではない。偶然、ロゼッタ・ストーンが発見されて、近代世界にその中身が明らかになったのだ。

ヴォイニッチ手稿の謎にはほろ苦い魅力がある。中世の日記だか、魔法の教科書だか、禁断のエロ本だかが発見されるかもという見込みがあるだけではない。ヴォイニッチ手稿は、それが読めないことによって、知識の弱点に関する批評となっているのだ。

ロジャー・ベーコン

二人のベーコンが科学の方法を開拓した。フランシスコ修道会の修道士で十三世紀のロジャー・ベーコンと、その三世紀後のエリザベス朝の政治家だった、サー・フランシス・ベーコン(一五六一〜一六二六)である。ロジャー・ベーコンの方が、図抜けて謎が多い。文章から推測されそうなこと以外には、その生涯についてはほとんど知られていない。オックスフォードとパリで教えた教師だったことはわかっている。ある時点でフランシスコ修道会に入り、清貧の誓いを立てた。

一二四七年頃、ベーコンは、当時の人々がアリストテレスの学問に対して抱いていた信仰に不満を抱くようになった。確立した権威に依存するより、直接に観察し、実験する方が上だと思ったのである。ベーコンは、この実験の重視を説いたのは、デュラン・ド・サンプーサンだと言う。フランスのドミニコ修道会の哲学者で、それ以外のことはほとんど知られていない人物である。一二六七年、ベーコンは、何年にもわたって実験と「秘密の書物」に二千リーブル〔フランス革命以前のフランスの通貨単位〕以上をかけたという。この稀覯書の一つから、火薬の製法を知った。爆発物の作り方は暗号で記している。

ベーコンの独創性は、フランシスコ修道会の上層部との間の摩擦を生んだ。幸いなことに、ベーコンは後に教皇クレメンス四世となる人物を支援していた。クレメンスはベーコンが哲学百科を作ろうとしていることを聞いて、ベーコンに一部送ってくれるよう求めた。教皇は、その著作がすでに存在していると思ったのである。実際には、ベーコンが友人に宛てた手紙で部分的に概略を述べた構想にすぎなかった。ベーコンはそう説明するのではなく、その著作に取りかかった。フランシスコ修道会の仲間にはその計画のことは隠し、写字生もなしに作業を進めた。一年半の後、『大著作』、『小著作』、『第三著作』の三点を書き上げた。

これらの著作でベーコンは、未来の技術に関する推測で名をはせることになった。望遠鏡のことを書いていた（実際に使える現物はなかった）。自動車や、それに比べるとあやしかったが飛行機も考えた。ベーコンは人力飛行を考えていた。人の腕で人工の翼をはばたかせるのである。風船に空気よりも軽い気体を入れれば浮かせることができるとも言っていた。

ベーコンは大地が丸いことを信じていた。『大著作』には、スペインから西へ進みインドへ至る航海のことが書かれている。枢機卿、ピエール・ダイイはそのくだりを『世界の像《イマーゴ・ムンディ》』（一四八〇刊）に盗用し、それをコロンブスが読んで、スペインの国王夫妻フェルディナンドとイザベルへの手紙で引用する。

そのうち、ベーコンが驚異的な本を書いたという評判が本人を押しつぶす。フランシスコ修道会は一二七八年頃、「奇説の疑い」でベーコンを投獄する。反ベーコンの人々がその没後、ベーコンの著作を廃棄したという話は本当ではなさそうだ。われわれが知るように、その主要著作は今も残っている。

間違った解読

ヴォイニッチ手稿は、一部の人を駆り立て、狂気とは言わなくても、極度の自己欺瞞へと追い込んだ。自分はヴォイニッチ手稿を解読したと思って墓へ入った人は何人かいる。

一九二一年、ペンシルヴェニア大学のウィリアム・ロメイン・ニューボルドが、ヴォイニッチ手稿を解読し、アメリカ哲学会の学会で発見したことを明らかにすると発表した。多くの人々と同様、ニューボルドは、手稿はロジャー・ベーコンによるとした。ベーコンは顕微鏡と望遠鏡を、ガリレオやレーウェンフックより何世紀も前に作っていたことを証明しているとも思った。68葉の挿絵は、アンドロメダの渦状星雲で、それをベーコンは秘密の望遠鏡で見たのだとニューボルドは思った。ベーコンが望遠鏡に使った鏡は、ニューボルドの時代の千五百ドル相当の値段だったとまで報告している。精子と卵子を描いた挿絵もある。ニューボルドの発表はつかのま新聞や社会をにぎわせた。ある女性は、ニューボルドがベーコンの黒魔術を暴露したのだと思い込み、はるばる何百キロも旅をして、ニューボルドに自分にとりついた悪魔を払ってくれるよう頼みに行った。

残念ながら、ニューボルド本人が何かにとりつかれていたことは明らかになっている。ニューボルドも最初は自分の発見をあまり表に出す気はなかった。有名になるにつれて、自分の思いつきを未解読の暗号に読み込んでいることが明らかになった。ニューボルドは、ベーコンがアンドロメダ星雲の渦状構造を反射望遠鏡で見たとした。天文学者は、どんな望遠鏡を使おうと、この星雲の渦状構造は見えないことを指摘した――見えるのは、長時間露出した写真でのみなのだ。ニューボルドは、ベーコンがカメラを発明したとは言っていなかった。また、地球からアンドロメダ星雲を見ると、ほとんど真横から見ることになる。68葉に何が描かれていたものが何であれ、真上から見たもので、輪郭が円になっている。

ニューボルドが手稿にあるとした暗号は、希望的観測の傑作である。手稿の最終頁にあるかろうじて読める「鍵」を見つけた（複数の学者がこの書き込みを鍵ではないかと考えた。「鍵」の筆跡が違い、後に著者ではない誰かが加えたものだと考える人もいる）。ニューボルドは、この記号の列は、ラテン語で「ア・ミヒ・ダバス・ムルトス・ポルタス」（汝はわれに多くの関門を与えていた）と訳した。これをニューボルドは、複数の暗号が使われていることを意味すると考えた。

ニューボルドによれば、ロジャー・ベーコンは元のラテン語を、「二文字《バイリテラル》」コードの暗号にしたという。通常の二文字暗号では、符号化された文（暗号文《サイファーテクスト》）は、元の文（平　文《プレーンテクスト》）の二倍の長さになる。暗号文を簡潔にするために、ニューボルドは、ベーコンが対の終わりの文字が、次の対の前の文字と同じになるように選んだと考えた。ベーコンがラテン語のuniusという単語を暗号にしようと思えば、orがuでriがnなどを意味するようにする。

U N I U S
OR RI IT TU UR

となる。

それから繰り返される文字を除いて、oriturを得る。暗号をもっと難しくするために、一つの文字について複数のコードが使えたり、音が似た文字——b, f, p, ph を使ったりしているかもしれない。

混乱してきただろうか。ニューボルドの読者もそうだった。それでもニューボルドが言ったことを追った暗号研究家は、そのような暗号では、どうしようもないほど非実用的であることに気づいている。

さらに、いずれかの文字の対が、commutaという単語にある文字のいずれかひとつを含んでいる場合にはさらに、ニューボルドが「交換《コミューテーション》」と呼ぶものの、きちんと説明はされていない符号化の処理にかけられる。それから文全体が並べ替えられ、結果として、前の段階のアナグラムになる。

さらに被覆《トッパー》がくる。手稿の目に見える記号は覆いにすぎないとニューボルドは言う。それ自身は何も意味していない。ニューボルドは、記号を拡大鏡で調べれば、それぞれが十画ほどの小さな部分に分かれていることがわかると信じた。ベーコンは自分が新しく発明した顕微鏡を使ってこの小さな記号を作ったのだと考えた。この小さな字画は、古代ギリシアの速記記号だった。本当の文は、この細かい点のようなギリシア速記にあった。手稿を解読するためには、この顕微鏡で見なければならないほどの記号を文字に置き換え、それからアナグラムという複雑な過程、交換、二文字一組の割り当てを、逆にたどっていく。ニューボルドの微小な記号は、火星の運河のように捉えどころがなかった——ニューボルドにしか見えないとなれば、ますますそうだ。ニューボルドの頭の外の現実の範囲では、粗末なインクでざらざらの紙に書いたせいで生じるかすれだった。

手稿の著者がニューボルド法を使ったとしたら、何かを暗号にする作業は狂気の沙汰になる。そしていったん符号化されると、信頼できる解読法はないことになる。どんな文でも、本当の文のアナグラムかもしれないし、音が似ていると言えるかもしれないし、等々である。

ニューボルドの微小な記号に関する見解は、自己欺瞞の悲痛なほどの記念碑だ。本人はこう書いている。

しかし暗号文字を読むのは実に困難を極める。文字が最初に書かれたときは、適切な大きさに拡大すればはっきりとわかったのだと思うが、書かれてから六百年以上経って、あちこちの頁に書かれた文字は、変色したり、かすれたり、はがれたりして損傷が激しく、そもそも文字が見えないこともある。次に、ベーコンが書いた当時の拡大の程度にかかっている部分が大きい。裸眼には単純に見える行も、三倍、四倍に、五倍に拡大すると、個々の要素から成るのがわかり、さらに拡大すると、要素がまた別の要素に分かれ、その多くを文字と解していい……。文字そのものの捉えにくさがもたらす難しさもある。文字どうしの違いはごくわずかで、顕微鏡下で書かれたときは、ベーコン自身の筆跡によるものでも違いはかすかでどうともとれる形になる。さらに、文字どうしがからみあっていて、それを解きほぐすのは、ほとんど不可能な場合が多い……たとえば、同じ原文でも、あらためて読むと、最初とぴったり同じ読み方はできないと思うこともしばしばだった。

アメリカの医師、レオ・レヴィトフが最近、ヴォイニッチ手稿を解読したと言っているが、これはさらに奇妙だ。一九八七年、レヴィトフは、この手稿が十二世紀頃、エジプトのイシス神を崇拝する教団の信徒が用いていた、未知のヨーロッパ語で書かれていると唱えた。レヴィトフは、その教団は、スペインの異端審問〔厳格なことで名高い〕でまったく跡をとどめないほど壊滅してしまったのだと信じる。レヴィトフが示す挿絵の解釈は、非常に恐ろしい。この教団には、温かい風呂で血管を切り開いて安楽死する信仰があって、先に触れた謎のような裸婦の絵は、血液を流し出すための装置だという。

レヴィトフの変わった言語は、つづりが変化する二十四語の動詞と四語の代名詞からなる。その混沌として一様に恐ろしい翻訳（「人は死に至る病で横たわる死にかけているそれぞれの人物を処置する。痛がっている人をイシスは死にかかっている一人一人その人を処置する」と最初の葉は始まる）は、信用する気にならない。

こうした「解読」には、確かに情念《パトス》がある。われわれはみな、言語を解釈し、複雑で説明しにくい経験をすることもある。ニューボルドやレヴィトフが否定しようもなく間違っているというのではない。著者と言われる人が、二人が考えたことを書き、それを二人が言ったように符号化したことは、少なくとも考えることはできる。

合理的な人はたいてい、ニューボルドやレヴィトフの例を、長く考える前に否定する。なぜそれを否定するか、正確に言うのはまた別の話だ。スーザン・ソンタグは知性を「アイデアを嗜好すること」と定義する。その嗜好を体系化するのは難しい。

意味とわけのわからないこと

暗号解読の問題と実験的方法との関係については、いろいろと見解が出ている。暗号研究家のジョン・

チャドウィックはこう書く。

暗号学は、演繹ときちんとした実験による科学である。仮説が立てられ、検証され、しばしば棄てられる。しかし合格した残りは成長し、実験してみると確かな土台の上に立っていると感じるまでになる。その仮説は筋が通っていて、施された迷彩から意味の断片が浮かび上がってくる。暗号が「破れる」のだ。たぶんこのことは、たどるよりも先に手がかりが見えてくるときのようなものと言えばいちばんいいだろう。核物理学で言う連鎖反応の始まりのようなものだ。臨界を超えてしまうと、反応は自ら増殖していく。

議論のために、ヴォイニッチ手稿は巧妙な詐欺師によって書かれ、まったく意味がないと仮定してみよう。それが無意味な戯言かどうか、解読しなくても見分ける簡単な方法があるらしい。暗号研究家の仕事は言語の統計に依存している。すべての文字が等しく出てくるわけではない。多くの暗号については、目に見える記号の登場する頻度に違いがあるということだ。英語でいちばんよく出てくる文字はｅだ。どの言語でもｅに相当する文字がいちばん多いとは言えないが（ロシア語では英語のｏに相当する文字である）、どの自然言語でも、好まれる文字とそうでない文字がある。

捏造した人が、無意味な記号をでたらめに拾えば、何かが他より多くなることはないのではと思われるかもしれないが、必ずしもそうではない。「無作為に」文字や数字を書き並べてみよう。どれかの文字あるいは数字を無意識に多用しないというのは非常に難しい。真の無作為を人間の頭で生み出すのは、ほとんど不可能なことだ。捏造した人も、たまたま何かの記号を多用し、それが自分の母語でも何でも、何かの言語の頻度に近いということもあるかもしれない。

だからといって統計学の手法が役に立たないというわけではない。もっと細かい考察がある。実際の換字法による暗号では、一定の文字の組合わせが他の組合わせよりもたくさん出てくるはずだ。たとえば th や is は、英語ではごくありふれた組合わせであり、q の次には、ほとんどの場合、u が来る。

それは逆の方向にも作用する。比較的に頻度が低い組合わせもある。c や d の文字はあたりまえでも、英語では cd という組合わせはめったにない〔原書が書かれた一九八〇年代末の当時は、まだCDは今ほどあたりまえではなかった〕。同じ原理は三つ組でも、それ以上の文字数の組合わせについても言える。母音はすべてよく出てくるし、母音字二字の組合わせも多いが、母音三字の組合わせとなると、めったにないし、組合わせによっては存在しないものもある。

これが本物の暗号とただの無意味とを区別する手段となるということが、バルザックの「結婚の生理学」に出てくる偽の暗号によって示される。この本は一八二九年刊で、結婚と不倫についての風刺的な手引きである。「著者は、ラ・ブリュイエールは間違っていると考える。実際……」と始まった後、二頁にわたって暗号が続き、それは解読されたことがない。多くの読者が解読を試みた。この部分には齟齬もののことが書かれていたので、出版社がそのままでは出せなかったにちがいないという疑念にとらわれたのである。バルザックは本が出てから何年かの間、ヒントを与えていた。

暗号は大文字と小文字から成り、多くにはアクサン記号がついていて、一部には上下逆のものもあった。数字や句読点もあったが、スペースは少ししかなかった。暗号が「end」〔「終わり」の意味〕で終わり、「sin!」〔「罪」の意味〕という感嘆符つきのところがある（いずれも英訳での話）のは見逃せないと思う人々がいた。

バルザック暗号の統計学は、フランス語とも他のヨーロッパ語とも大きく違っている。この場合、記号が無作為に拾われたことにはほとんど疑いがない。おそらく活字工がそうしたのだろう。後の版では「暗号」が違っていることさえある。

ヴォイニッチ手稿も同様の検査にかけられている。バルザックの疑似暗号とは違い、ヴォイニッチ記号の統計学的なパターンは実在のいくつかの言語と似ている。組合わせとしてよく出てくる記号がある（ベネットのつけた符号で言えば、AM, AN, QA, QC）。よく出てくる記号でも、組合わせとしてはめったにないものもある。実際、これらのパターンは英語よりもはっきりしている。ヴォイニッチの原文は、既知のヨーロッパ語のどれと比べても「無作為度」が低い。

統計学で言う「エントロピー」は、文章にある文字などの記号が反復するパターンをなす程度の尺度である。奇怪なめぐりあわせによって、ヴォイニッチ手稿の記号当たりのエントロピーは、ポリネシア語のエントロピーに近い値になっている。この手稿についていろいろなことが想定されたが、ハワイ語やタヒチ語を暗号にしたものだという説はなかった。

ポリネシア語は文字を節約していることで有名である。ハワイ語のアルファベットは十二字で、アポストロフを多用する。ヴォイニッチ手稿は二十一種類の普通の記号に、少数のめったに出てこない記号がある。手稿のエントロピーからは、その原文が、たいていの自然言語に比べてずっと整理されていたことがうかがえる。

それはヴォイニッチ手稿が本当に暗号であって、無意味な列ではないことを示す強力な証拠である。捏造がいくら精巧でも、言語の統計学を模倣できるほどだとは、なかなか信じにくい。

テクストは何かのヨーロッパ語を単純に暗号にしたものではないことも確認している。手稿は頻度が高い文字がヨーロッパ語よりも少ない「言語」で書かれているらしい。たぶん著者は、似たような音の文字をまとめてしまったのだろう——ニューボルドが推測したことである。あるいは平文がエスペラント語のような、著者が考えた言語だったことも考えられる。現代の学術的な見解では、大方、手稿はコロンブスが戻った後に書かれたものだと考えられている（もちろんベーコンによるものではない）。

洞窟の寓話

暗号学で立てられる問題は、暗号という現世のことだけにとどまるものではない場合が多い。われわれが経験を解釈する場合も、暗号を解読するのとよく似たことをしている。世界についてわれわれが抱く頭の中のイメージは、感覚経験の流れに内在するのか、それとも主として鍵、つまり脳がその経験を翻訳する方法にあるのか。

プラトンの『国家』にある洞窟の喩えは、本書の思考実験の古典的な先駆である。第七巻は、ソクラテス（対話の第一の話し手）とグラウコンとの、こんな会話で始まる。

そこで、われわれの本性がどこまで開かれているか、あるいは開かれていないかを、図で示してみよう。これを見てくれ。地下の洞穴に何人もの人間がいる。入り口が一か所あって、光が入り、奥へと続いている。みんな子どものときからずっとここにいる。足と首は鎖でつながれていて、動けないし前しか見えない。鎖のせいで振り返ってみることができないのだ。後ろ上方の少し離れたところに火が燃えていて、火と囚人の間には少し高くなった道がある。その道の途中に低い壁がある。人形使いたちが正面に立てて、その上で人形芝居をする衝立のようなものだ。

わかりました。

人々がその壁のところを通る。みんな、木や石など、様々な材料でできた、いろいろな器や、人や動物の像などをもっていて、それを壁の上に差し出す。話している者もいれば、何も言わない者もいる。

奇妙な光景ですね。囚人も奇妙だ。

われわれだってそうだ。みんな自分の影や互いの影だけを見ている。火が洞窟の奥の壁に投げかける影だ。そうじゃないか?

確かに。頭をめぐらせることが決してできないのなら、影以外の何が見えるでしょう。

それと、後ろで人々が手にしているものについても、やはり影しか見えないだろう?

そうですね。

みんなが互いに話はできるとしたら、現実に自分の前にあるものに名前をつけたりするんじゃないか。

きっとそうです。

さらに、囚人には、奥からはね返るこだまが聞こえるとしたら、後ろで話している人の声が、動いている影の声に聞こえると思ってしまうだろう。

疑問の余地はありません。

囚人にとっては、真実はいろいろなものの、文字どおり影に他ならないことになる。

世界について抱く頭の中のイメージと外の現実との関係は、今なお人々を捉え、悩ませている。現代のいくつかの逆説は、この対応関係を、とことんひねったものだ。

電子機器による洞窟

プラトンの筋書きのテクノロジー仕立てのものも、多く考えられる。テレビ画面に映った外の世界を見ている洞窟につながれた囚人を想像しよう。プラトンの喩え話にあるように、この囚人は生まれたときから洞窟の壁につながれている。洞窟の外のビデオカメラが、いつも画像を囚人のところにあるテレビに送っている。さらに、囚人は頭を回すことができる。頭を右に向ければ、テレビも、音を立てない、完璧に水平を保った架台の上で右へ動き、画面が必ず囚人の視野全体を埋めるようになっている。外ではカメラが同じ角度で回転し、画面の視野が、囚人にとって完璧に自然に見えるように変化する。

こうした設定であれば、囚人に対して、さらに奇妙ないたずらをしかけることができるだろう。囚人が知らないまま、テレビカメラはずっと、鏡に対して四十五度の角度の方向から、鏡に映ったものを撮影しているとしたらどうだろう。囚人が見ているものはすべて左右が逆転している。洞窟の住人は、自分が見ているのが現実を鏡に映したものだとは知らない。カメラの正面に見える本で読み方を教われば、逆向きに読むことをおぼえるだろう。

テレビ画面を上下逆さまにして映すこともできるかもしれない。この場合も、洞窟の住人は、自分が見ている世界が正しい世界だと思うだろう。テレビに映る画像が上下逆さまだというのは、われわれの網膜に映る像が上下逆さまだということと同様、どうでもいい。囚人が生涯を上下逆さまの像（網膜で正立した像）を見て過ごすかぎり、魚が水を意識しないのと同様、逆転を意識しない。[1]

洞窟の住人の場合、いちばん厳しい制約は（この種の変種にしても、プラトンの元の話にしても）、手応え《フィードバック》がないことである。洞窟の住人は何かを押したり、それに反応した動きを見たりすることはできない。人の意志が環境を変える何通りもの様子を観察することはできない。

洞窟の住人は、ロボット工学によってもっと能動的な役割を与えられることがあるかもしれない。腕も足もセンサーにつなげられる。本物の手足の動きが外のテレビカメラの近くにいるロボットの体に伝えられる。囚人が指を動かせば、ロボットの指も動く。放射性同位体実験室にいるのとよく似ている。囚人は、自分が外の世界にあるロボットの体の中にいると思うだろう。自分が実際には洞窟にいると知ることはなく、そんなことを言えば、疑われることになる。

こうした空想物語から立てられる問題の一つに、世界について頭の中のイメージを生み出すために、どれだけの「情報」が必要かというのがある。今度はもっと極端な状況にする。囚人のテレビ画面はテキスト表示画面にする。洞窟の外で起きていることの画像ではなく、いつも画面に実況（英語の文章による）が流れているものとする。囚人は鳥を、あるいは鳥のテレビ画像を見ることはない。代わりに「洞窟の入り口の外にある木に、つぐみが止まっている」などのメッセージが画面を流れる。

ここで状況は、失われた言語の暗号を解読しようと言う人々の状況に似てくる。ここでも囚人は外の世界をまったく体験しない。生まれたときから洞窟の壁につながれている。視野を埋める奇妙な記号の意味を解読しない限り、読むこともできない。そんなことはできるだろうか。

おそらく囚人は、英語の文章の構造について多くのことを学ぶだろう。文字や句読点の形をおぼえるだろう。短いあたりまえの言葉を認識するだろう。洞窟の中では他にすることはない。その想像力の大部分は、画面の文字に向けられる。あたりまえの言葉なら、たいして手間をかけなくてもわかるようになるか

1　一九二八年、インスブルック大学のテオドール・エリスマンが、人間のボランティアを使って、特殊な眼鏡で視野を歪ませる実験をした。何週間か継続して眼鏡をかけた被験者は、上下や左右を逆転する眼鏡や、頭の後ろにあるものしか見えないようにする鏡を使った装置に慣れさせられた。ある被験者は、左右逆転眼鏡をかけてバイクに乗り、街路を走った。眼鏡の使用をやめるときは、全員、あらためて元の見え方に慣れなければならなかった。

もしれない。牧場で働いていれば、何十種類もの野草を、名前は知らなくても識別することがあるのと同じことだ。

言葉の意味をおぼえるのは、やはり別のことだ。言語は共有される経験に基づいている。生まれたときから目が見えない人に、赤を説明することはできない。洞窟の囚人生活からは、準拠となる地点がほとんど得られない。

囚人が、「日が昇っている」のような文が規則正しい間隔で現れることに気づくかもしれない。辛抱強く待てば、何かの単語や熟語（「朝」、「ふくろう」、「満月」、「雪」など）が、ある時期には画面に現れて、現れない時期もあることに気づくかもしれない。これらの時間的な手がかりが、文章の意味を演繹するための出発点となるかもしれない（囚人がずっと先にまで進めるとは考えられそうにないが）。

二進法洞窟

何についてであれ、伝えることのできる絶対の最小限となる情報は、単純なイエスかノーかの情報である——コンピュータの世界で言う、ビットとか二進数とか言われるものだ。以下のような、究極の形をした洞窟の寓話を考えよう。洞窟の外には、これまで同様、カメラがある。風景の画像を電気的なインパルスに変換する。明度、色相、彩度——色を区別する明瞭な特徴すべて——が、デジタルビデオ装置には意味のある1と0の列として符号化される。0101101001100101011011100110111……などのように。この情報がケーブルを通って洞窟に送り込まれる。今度はテレビ画面はない。代わりに入ってくる情報の列は、もっと単純な表示装置に送り込まれる。それが1を受け取ると、囚人の正面にある壁に白い光の斑点を投影する。0を受け取ると、壁は暗い。その結果、洞窟の壁では、斑点が明滅することになる。囚人は一生、その明滅する点を見て過ごし、他のことは何もしない。

どこから見ても、われわれはみな、この洞窟の囚人のようなものである。われわれの世界の経験全体は、1と0の列として表せる、神経インパルスの列である。驚くべきことは、そのような貧弱な入力から何かの結論を引き出せるということだ。空間が三次元であることからワールド・シリーズの優勝予想にいたるまで、すべては同じ抽象的なインプットから導かれる。それが知識の難問となる。われわれはどうやって、多様な世界の何ごとかを表現できるとは見えない記号から、意味を引き出しているのだろう。

この洞窟の住人の隣りに別の住人がいる。その状況は一見すると同じである。その全人生は、1と0の列を符号化する明滅する斑点を見ることに費やされる。同じ想像力の奇蹟によって、外部世界について、豊かなイメージを頭の中に作ってきた。その幾何学、何億年にも及ぶ過去の歴史、遠い未来などである。しかし装置の故障で、光の斑点は無作為に点滅することになった。そのため、抱いているイメージは全然正しくない。

水槽の脳はそれを知りうるか

これはありえないと思われる。すこし別の脈絡に移して、二つの脳がそれぞれ水槽にあるとする。Aは慎重に変調されたインパルスの流れを受け取って、世界の像を作り上げる。Bは機械の故障のせいで、無作為のインパルスの流れを受け取る。もちろん、Aの入力には「世界っぽい」ところがあるが、Bの方にはない。Bは入力の意味を解することができない。Aの入力には意味が入っている——そのようにわれわれは推測する。

水槽の脳の思考実験は、何人かの哲学者が用いて、意味の問題を調べている。ヒラリー・パトナムは

『理性、真理、歴史』（一九八一）で、われわれは水槽の脳ではないし、そうだったらそれはわかると論じて論争を呼んだ。哲学界からは多くの反論が上がった。パトナムの推論はずるく、言っているらしいことが言えていないという。

背理法の前提として、われわれが水槽の脳だとしよう。そこで「ボウリングのボール」と言う場合（もちろん実際には何も言わない。口がないのだから）、穴が三つ開いた丸い物体のことを言っているのではない――そんなものはないかもしれない（水槽の脳実験室の外の「現実」の世界にはボウリング場などないかもしれない）。そうだとしても、「ボウリングのボール」は、何かを指している。実験室のマッド・サイエンティストがボウリングのボールの幻影を生み出す、一定の電気刺激のパターンを指しているのである。これが思考の物理的な対応物、指示の対象である。

水槽語と実験室語の二つの言語があるのだと言われるかもしれない。実験室語の「ボウリングのボール」は、穴が三つ開いた丸い物体を指し、水槽語の「ボウリングのボール」は穴が三つある丸い物のイメージを生み出す電気刺激を指すというふうに。

「ボウリングのボール」が水槽語では電気刺激を指すなら、「脳」は何を指すのだろう。灰色の神経細胞の塊ではなく、また別の電気刺激の組合わせ、脳の幻想が生み出される元になる刺激を指している。「水槽」も電気刺激を指している。したがって、われわれが水槽の脳なら、「水槽の脳」という言葉は、物理的な水槽にある物理的な脳を指しているのではなく、あるタイプの電気刺激を、別種の電気刺激で表した物を指す。「ありゃ、自分は水槽の中の脳だ」と言うと、間違いになる。われわれは電気刺激ではなく、われわれは本当の水槽の中の本当の脳だからだ。

それでパトナムは、「自分は水槽の脳だ」という陳述を、必然的に間違いだと論じる。この発言は、「宇宙は大きな亀の背中に乗っている」という発言のようなものかもしれない。「宇宙」は、亀がいるとしてもそれを含めてすべてを意味しているので、これは必然的に間違いだと主張することができる。宇宙は他の何かの上に乗っていることはありえない。他の何かは存在しないからだ――宇宙の定義からして。

もっともではあるが、これは言語の柔軟性を無視している。普通の人なら、「宇宙は大きな亀の背中に乗っている」という発言は、既知の星や銀河から成る宇宙が未知の亀に乗っていることを言っているのだと理解するだろう。われわれは自動的に「宇宙」が文の脈絡に合うように定義しなおすのである――「自分は水槽の脳である」のような発言についてもそうだ。

水槽の脳は「現実の」事態を表現していて、なお意味論的純粋主義者を満足させるかもしれない。水槽語と実験室語との違いを認識して、「私は実験室語で『水槽の脳』が意味するところのものである」の類のことを断定しなければならないことになる。当然（?）、これによって指示対象の間違いと同じ問題を回避できる。「実験室語」は、水槽語に属する物理的《フィジカル》対応のないメタフィジカルな用語だからである。

双子の地球

パトナムの有名な思考実験は、意味が「頭の中に」あり、頭の状態の問題だという説に対抗する。この銀河には、「双子地球」という別の惑星があるとしてみよう。双子地球はほとんどあらゆる点でこの地球と同じである。双子地球には外見も普通の人々がいて、話しているのも地球の言葉だ（ＳＦ映画でよくあるように）。双子地球は地球と信じがたいほど似ているので、あちらでも自分たちの惑星を「地球」と言っている（自分で「双子地球」と言ったら変だろう）。

地球と双子地球との違いのひとつは、海も、川も、湖も、雨のしずくも、涙も、双子地球では、地球の水とそっくりに見えるが水ではない、透明な液体でできていることだ。つまり、それは化学的に言うと水ではない。H_2Oではなく、XYZのように書ける違う式のものだ。しかし双子地球の「平行進化」はみごとなもので、あちらでもこの液体は「水」と言う。双子地球の住民が芝生に水をやると言うときは、XYZを芝生にかけているということだ。H_2Oをかけると、向こうの芝生は枯れてしまうかもしれない。

双子地球にもH_2Oはあり、化学実験室にある、しっかり蓋をした何本かのびんに入っているが、それは「水」とは言わない。地球にXYZはある。どちらの科学者も、簡単なテストで両者を区別できる。

そこで、これから何世紀か後、われわれは双子地球に宇宙船を送るとしたらどうなるかを考えよう。宇宙飛行士が船を下り、ヘルメットを外し、地元の人々に地球の言葉で挨拶をする。しばらくして、宇宙飛行士の一人が喉がかわいたと言って、水を求める。双子地球の人が水道へ行って、素敵な背の高いグラスに「水」を入れて持ってくる。宇宙飛行士はグラスに口をつけて水を口に入れると、吐きだしてしまう。地球人が化学検査をしてみると、双子地球の「水」は有毒で飲めないXYZであることがわかる。

今度は歴史を遡って、一七五〇年に戻ってみよう——地球でも双子地球でも「西暦一七五〇年」と言われる年である。両者とも同一の暦を使っている。この時期には宇宙旅行などない。地球の原始的な望遠鏡は、まだ双子地球があることを見つけていないし、向こうもこちらを見つけていない。科学はまだ生まれたばかりだ。地球の科学者は水が酸素と水素から成ることをまだ知らない。双子地球の科学者は、あちらの「水」がXとYとZでできていることを知らない。

一七五〇年の地球には、オスカーという名の人がいる。双子地球にも、やはりオスカーという名の、よく似た人がいる。二人のオスカーはよく似ているので、その生涯のあらゆる時点において同じことを考えている。地球のオスカーが「水」という言葉を使うとき、双子地球のオスカーが同じ言葉を使ったときと同じ記憶と連想が生じる。どちらも学校の噴水の水のことを思い出し、はじめて大西洋を見たときのこと（両惑星とも、地理的な姿が同じになっている）、大雨が降ったときに屋根から漏れてきた水のことを考える。地球のオスカーに水とは何か説明するよう求めれば、かくかくしかじかと答えるだろうし、双子地球のオスカーに訊いても、まったく同じことを言うだろう。オスカーの意識には、もう一人のオスカーと違うところはない。それでも二つの水は同じではない。パトナムはこうまとめる。「何をどうしようと、『意味』は頭の中にはない」

しかし、意味が頭の中にはないのだとしたら、どこにあるのだろう。

双子地球化学

多くの哲学者は、意味は主として「頭に」あると信じている。「水」のような言葉が何を意味していてもいい。それはそれがたまたま意味しているものを意味しているし、われわれが「水」と言うときに考えているものを意味しているのであって、音で決まるものがあるわけではない。失われた言語で書かれた短い文書が見つかって、そこに書かれていることが「みず」だけなら、それが翻訳できる望みはない。

誰にとっても「水」が何か、定かではない時期があった。親や他の大人が何かのおりに「水」と言う。それぞれのおりに共通なことが何かをはっきりさせるのは、一人一人に任される。大人になって自分の経験は広くなったと思うようになると、曖昧なところもなくなっていく。ここまできても、「水」が自分で思っているのとは違うものだったということがありうるだろうか。

パトナムの思考実験に対しては、二つの反論が向けられることが多い。確かに双子地球は生化学的にいってありそうにないのは確かだが、そのことは必ずしも有効ではない。この心配が入ってこないように、双子地球の化学と言われるものについて一言しておいた方がいいかもしれない。

パトナムが一九七五年に書いた元の論文では、仮想のXYZのことは、「化学式が長くて複雑な」液体と言われている。H_2Oと同じ温度の範囲で液体であり、もちろん双子地球の渇きをいやすなど、地球の水と同じ生態学的、生化学的役割を果たしている。

水でもないのにそれほど水に似た物質は知られていない。化学式が複雑な物質が条件に合うというのは疑わしい。地球の生化学における水の主要な役割は、その分子が小さいことによる。長く複雑な化学式の物質は一般に油のようで、粘度が高く、水のようではない。

水素と酸素による化合物としては、他には過酸化水素（H_2O_2）しかない。これはきわめて不安定で、過酸化水素の海はありえないだろう（薬屋で売っている「過酸化水素水」は、この化合物を水に溶かした非常に薄い溶液である）。硫化水素（H_2S）は化学的には水と似ているが、気体である。類似をもう少し幅広く取ると気体のアンモニア（NH_3）や、猛毒の酸で、沸点が室温（地球の）よりすぐ下のフッ化水素（HF）がある。

SF作家はときに、アンモニアが生化学的に水の代わりをする惑星の生命を考えることがある。そのような惑星だと、地球よりずっと低温でなければならない。アンモニアは摂氏マイナス三十三度より下でないと液体でいられないからだ（液体「アンモニア」も窓の洗浄用に売られているが、これも気体のアンモニアの水溶液である）。

アンモニアが液体になる温度の範囲にある地球の大きさの惑星や衛星は、おそらくたくさんあるだろう。先に挙げた他の物質とは違い、アンモニアは珍しい物質ではないし（木星にはアンモニアの雲がある）、湖や海や川を作っていてもおかしくない。アンモニアは水と同様、極性がある。これはいろいろな物質が溶けるということだ。この性質は、生化学として考えられるものには必須である。

とはいえ、アンモニアはパトナムのXYZではありえない——双子地球が実は何から何まで地球と同じではないとしても。細かいところを少し見てみよう。双子地球の人は何を洗剤にして窓を掃除するだろう。ただNH_3というわけにはいかない。これはあちらでは「水」のことだからだ。双子地球が地球とそっくりなら、商品名がウィンデックスというような名の、「水」とは別の何かを含んだ製品があるはずだ。アンモニアが液体でいられる温度では、水銀は固体になる。水銀を使った温度計や気圧計はありえないことになる。歯の詰め物も、水銀と合わせられない。何か他の金属を「水銀」と呼ぶこともできない。他の金属もすべて、この温度では固体になっているからだ。もちろん、これはほんの序の口だ。違いが無数に出てくることは、それほど結論をたどらなくても見えてくる。アンモニアに基づく生化学では、おそらく人類に似たものが進化することはないだろう（アンモニアに基づく知的生命の可能性は認めるとしても）。

パトナムの言いまわし（「意味は頭にはない」）を捉える人もいる。人体はほとんど水でできている。われわれは「水」と言ったり思ったりするだけでなく、そうするときにも頭の中には水がある。双子地球の人の化学が本当にXYZに依拠するものなら、XYZの「水」が双子地球人全員の頭の中にある。要するに、意味は頭の中にあるということだ。

賛成しない人もいるが、ここで見た反論はどれも、パトナムの議論を大きく損なうことはないと思う。パトナムの論文に出ているのはそれほど派手なものではないが、それでも問題はうまく表している。双子地球の「アルミ」鍋が、実はモリブデンでできていて、向こうの「モリブデン」が実はアルミだったらどうなるか。

化学者にとっては、この例にはさほど説得力はない。モリブデンはアルミよりもずっと重いし、他にも大きな違いがあるからだ。しかし化学的・物理的特性がよく似た元素はある。希土類《レアアース》（希双子土類《レアツインアース》？）の元素は、非常に精巧な化学分析をしないと区別できない。さらに、これらの物質は人間の栄養分には入っていない。必要なら、人間の脳にも、双子地球人の脳にも、いずれの物質が痕跡程度もないということは考えられる。

希土類元素のいずれも、化学者でない人々にはおなじみとは言えない。ほとんど双子の元素としてもっと知られている例は、ニッケルとコバルトだ。ニッケルとコバルトは、外見では区別がつかないし、密度や融点もほとんど同じである。いずれも磁石になれる少数の金属に属しており、化学的特性もよく似ている。

そこで、双子地球で「ニッケル」と呼ばれているものがコバルトで、向こうの「コバルト」はニッケルのことだとしよう。双子地球の国で「カナダ」や「アメリカ合衆国」と呼ばれている国は、「ニッケル」と呼ばれる硬貨を発行する〔五セント硬貨のこと〕。そう呼ばれるのは、その硬貨が「ニッケル」という金属、つまり実はコバルトを含んでいるからだ。それでも双子地球のニッケルは、地球のニッケルと同じように見える。ニッケルもコバルトも、人間の栄養分としては大して活躍をしていないので、双子地球へ行った宇宙飛行士は、どちらかが欠乏するということにはならないだろう。違いに気づくにはかなり時間がかかるかもしれない。

いずれ、化学者として教育を受けた宇宙飛行士が、双子地球の周期表を見て、NiとCoという記号の位置が逆になっているのに気づく（大学の教養課程の化学でいい成績を取った人でも、この違いをあっさり見逃すかもしれないとも思うが）。こんな手がかりもある。地球の日常の言葉では、「コバルト」という言葉は元素の名というよりも色を表す言葉である。双子地球には、コバルト・ブルーはないだろう。あの鮮やかな、わずかに緑がかった青の絵の具は、「ニッケル・ブルー」と呼ばれるほかはないはずだ。

パトナムの思考実験が明らかにするのは、すべての経験はどちらともとれるということだ。どちらのオスカーも水については同じ体験をしている。XYZの水は、双子地球人のオスカーにとっては、H_2Oが地球人のオスカーにとっての味と同じ味がする。二人のオスカーの脳の神経の刺激の並び方も同じかもしれないが、それと両立する外部の現実は複数ある。

アトランティスの図書館

地球と双子地球の細かい違いとして、双子地球には、アトランティスと呼ばれるもう一つの大陸があるとも考えてみよう。アトランティスには独自の言語があり、他の双子地球の諸言語との言語的類縁関係はない（双子地球の他の諸言語は、「水」や「モリブデン」のような単語の問題を除けば、地球の諸言語と同一である）。

地球から来た英語を話す宇宙飛行士は、英語とアトランティス語を話す通訳を伴ってアトランティスの図書館へ行く。宇宙飛行士は、書架にジョナサン・スウィフトの『ガリバー旅行記』があるのを見て驚く。少なくともその本らしく見える。表紙にはその言葉が英語で、ローマ字を用いて書かれている。頁をめくると、おなじみのスウィフトの風刺小説が英語で書かれている。これまた平行進化の例だ。

宇宙飛行士は通訳に、地球にも同じ著者の同じ本があると言う。通訳は答える。「本当ですか。これって本当にあった話なんですよね」。

「まさか双子地球には小人国が本当にあるなんて言うんじゃないでしょうね」

「何ですと？　ああ、そうじゃないんです。あなたがお持ちの本は、ウィリアム・シェークスピアという別の人が書いた『ヘンリー四世』という芝居です。それでみんな混乱するんです。『ヘンリー四世』がアトランティス語に訳されたとき、表面的には英語で書かれた『ガリバー旅行記』のように見えるんですよ」

さらに、アトランティス語の『ガリバー旅行記』は、英語で言う『怒りの葡萄』のように見え、アトランティス語の『怒りの葡萄』は一九八二年版の電話帳のように見えるという。通訳によれば、英語を話す人とアトランティス語を話す人は、同じタイトルの本を読んでいながら、一方は『スピーチで受けるジョーク』なのに、もう一人にとってはコーランの注釈書だったというようなことがあるという。それで双子地球にはこんな諺があるという。「意味は本の中にはない」

通訳は宇宙飛行士をからかっているのだろうか。

もちろん、二つの言語の間にここで述べたような関係が生じるなど、ほとんど考えられない。問題はそれがありうるかどうかである。挙げられた本には、電話帳はたぶん違うだろうが、theとかofとかaといった、よく使われる単語が何度も繰り返されている。たとえば英語のtheがアトランティス語のofに訳されるということは考えられる。もしかするとアトランティス語の単語はすべて、英語の(別の)単語とつづりが同じになるのかもしれない。すると英語からアトランティス語への翻訳は、「英語」の単語が雑然と並んだものにはなるだろうが、きっと意味のある文が集まったものにはならないだろうし、いずれにせよ、『ガリバー旅行記』に出てくる単語の繰り返しパターンは、『ヘンリー四世』と同じにはならない。英語の『ヘンリー四世』をどんな言語に訳しても、『ガリバー旅行記』はできないだろう。

少なくとも、逐語訳ではありえない。しかしアトランティス語の文章にある単語と見えるものが単語だというのも明らかではない。「単語」の間にあるスペースが、実はアトランティス語では文字なのかもしれない。何かの「文字」が、実はアトランティス語では、単語を区切るために挿入される空白記号なのかもしれない。

もっと肝心なことに、翻訳はたいてい逐語訳ではない。文を構成する語順が違うせいでできない場合もある（英語からドイツ語の場合のように）。英語とは異質で、パラグラフ単位で、あるいはもっと大きな文章の単位で移し替える必要がある言語もあるかもしれない。すると、何かの本が、どこかのエイリアン語の別の本になっているということは、考えられないことはない（可能性は途方もなく低いが）。

暗号の体系は、言語よりも自由である。極端な例を取れば、ヴォイニッチ手稿がゲティスバーグ演説の原稿を符号化したものだということもありうる。どうするのか。次のような暗号方式が一つ考えられる。「ゲティスバーグ演説を暗号にしたいなら、こののたくった字の列を作れ（ここにヴォイニッチ手稿を挿入）。他のものを暗号にしたいなら、それを芸能界風の逆さま言葉で書け」。これがヴォイニッチ手稿を作るために用いられた暗号方式ではなかったことは証明できない。

ポーのiiii…暗号

エドガー・アラン・ポーはアマチュア暗号研究家で、読者から暗号文を募集する誌上コンテストを催したこともある。暗号学に関する記事を書いて、iiiiiiiiiiという暗号の文字列がある可能性に言及している。英語には同じ文字がこれほど続く言葉はないことを知った上で、これをどう解読するか。

十個のiという文字列はありうる。一つの文字がずっと別の一文字を表すような単純な暗号ではありえないだけだ。メッセージ全体が同じ文字が切れ目なく続いたものになることもありうる。

たとえば、文字iが二十六字のアルファベットすべてを表し、解読者は自分には平文を復元する能力があることを頼りにするという、とことん曖昧な暗号はありうる。平文の一文字ごとに、置き換える文字が違う規則が用いられていることも考えられる。

このような暗号では、暗号文そのものからは意味はすべて追放されている。すべてiで埋め尽くされ、他に何もない暗号の手稿本が見つかったと想像すれば、このことは明らかだ。見つけた人は、これは解読したらゲティスバーグ演説の原稿になりうると主張する。この主張はばかげているだろう。他の何でも言えるのだ。「意味」があるとすれば、それは暗号方式、あるいは平文を書いたのが誰であれ、その人の頭の中にあるのだ。暗号文には意味はないのなら、それは破れない暗号だ。

おなじみの「符号《コード》」は実は暗号《サイファー》である。モールス符号も暗号であり、軍事的に重要な「コード」もそうだ。本当のコードでは、記号は内容を表す。斜線の入った赤い丸に囲まれた煙草という禁煙の絵文字が一例である。空港などの公共の場所で見られる国際標識の多くもそうだ。コードは個々の記号に意味を賦与している。

コードで表現するのは難しい。コードにあるのは、そのコードを考えた人があらかじめ考えておいた、ありふれた言葉や内容を表す記号だけである。コードは予想されていないことを伝えるのは下手だし、役に立たないことも多い。そのため、重要な軍事、諜報、外交用の「コード」は、暗号になっている。

暗号では、記号は文字を表す。暗号では通信文を平英文《プレーン・イングリッシュ》(何語の平文でも)で書いた上で、それを記号に置き換えることができる。記号は受取人が復号して元の通信文そのものを復元する。

暗号は、文字などの文章用記号を別の記号に置き換える。単純な規則によるものもあれば、複合的な規則の場合もある。換字方式は、まずアルファベット(認められている記号すべてということで、必要なら句読点や数字も含む)を普通の順番で書き、その下に置き換える文字を書いたもので表せる。単純な置き換え方式としてはこんなものがある。

ＡＢＣＤＥＦＧＨＩＪＫＬＭＮＯＰＱＲＳＴＵＶＷＸＹＺ
ＢＣＤＥＦＧＨＩＪＫＬＭＮＯＰＱＲＳＴＵＶＷＸＹＺＡ

ＡがＢになり、ＢがＣになり、ＣがＤになり、以下同様である。文字がすべて、循環するアルファベットの次の文字に符号化される。ＭＥＳＳＡＧＥ《メッセージ》という単語はＮＦＴＴＢＨＦになる。通信文の受取人は、この手順を難なく逆転できる。

この種の置き換えを用いる暗号は、それをローマの皇帝たちが用いたため、カエサル式と呼ばれる。アウグストゥスは右の暗号を使い、ユリウスは、平文のＡがＤ、ＢがＥなどになる同様の方式を用いた。

カエサル式には二十六通りある。下の文字列は、二字ずらし、三字ずらしなどになる（二十六番めの「暗号」は、それぞれの文字をそれ自身に変えるだけになる）。それぞれのカエサル式暗号は、数や文字を使って簡単に名づけることができる。平文のＡに対応する暗号文の文字で呼んでもいいだろう。この場合、アウグストゥスの暗号は「Ｂ」暗号となり、ユリウスの暗号は「Ｄ」暗号となる。

カエサル式暗号は、すぐに解ける。たとえばＥは必ずＵに変換されるとする。Ｅは多くの言語でもっとも頻出する文字なので、暗号文ではＵがいちばん多く出てくる可能性が高い。それが動かぬ証拠である。解読する方は、頻度の高い文字をいくつか特定し、それを使ってよく出てくる短い単語を識別していけば、すぐに通信文は復元できる。

暗号研究はカエサルの時代から前進してきている。今日、このようなわかりやすい暗号を使う国はどこにもない。しかし単純なカエサル式暗号が、破れない暗号を組立てるのにも使える。現代の超大国が使うような暗号である。

仕掛は、文字ごとにカエサル暗号を変えることだ。最初の文字には二十六あるカエサル暗号のうち一つを使い、次の文字には別のものを使い、次にはまた別の物を使うというふうにしていくのだ。

一方では、これによって話がとてつもなくややこしくなる。どの文字とどのカエサル式暗号を使ったかを教える「鍵」が必要になる。鍵は少なくとも通信文と同じ長さである。利点は暗号がかなり安全になることだ。暗号文の文字はどの文字の暗号にでもなれる。鍵の設定によっては、ゲティスバーグ演説はiが長々とつながった文字列に符号化されることもあるだろう。鍵を変えれば、ガリバー旅行記の一節に符号化されることもあるだろう。さらに別の鍵を使えば（これがいちばん可能性が高い鍵だが）、「無作為の」文字の並びになると予想される。

この種の暗号は「使い捨て暗号帳《ワンタイム・パッド》」方式と呼ばれる。鍵が紙の綴りに印刷されている。一枚ごとが鍵になっていて、一度だけ使って廃棄される。鍵は、通信文の連続する文字について、どのカエサル暗号（たとえば）を用いるかを教えている。カエサル暗号が、先に見たように文字で呼ばれるとすれば、鍵は無作為の文字のかたまりのように見える。

MESSAGEという単語の文字を符号化するために、順にC、R、F、B、Z、F、Dを使うとしよう。「C」暗号では、MはOになる。「R」暗号では、こんなふうに置き換わる。

A B C D E F G H I J K L M N O P Q R S T U V W X Y Z
R S T U V W X Y Z A B C D E F G H I J K L M N O P Q

──EはVだ。同様にしていくと、MESSAGEはOVXTZLHになる。

OVXTZLHは、NFTTBHFよりも、MESSAGEを符号化したものとしてはずっといい。どれか一種類の換字暗号だけが使われると、テクストの量がどうでも、易しい解読が可能になる手がかりが残ってしまう。文章のエントロピーが、元の言語を特定する助けになることもある。NFTTBHFから、元の単語は、中央に同じ文字が続いているところがあることがわかるし、二番目と最後の文字が同じだということもわかる。一語だけを手がかりにしても、Fは英語でいちばんよく使われるEを表すことを推測できる（そして当たっている）かもしれない。OVXTZLHには何かの手がかりになるものがない。Sが二つ続くところも異なる文字になっている。文字ごとに別の、無作為に選ばれた換字が使われているので、OVXTZLHが七文字の単語なら何でも表せることは明らかだ。曖昧にすることによって、使い捨て暗号帳なしに復号しようとしても何でも見当外れになる。

使い捨て暗号帳方式の問題点は、鍵を通信文と一緒に送ることはできない。送信側と受信側がいつも鍵を持っていなければならないことである。そんなことをしたら、誰かが通信文を傍受すれば、解読できることになる。それで暗号帳を使う。一九五七年、ニューヨークで逮捕されたソ連の諜報員ルドルフ・アベルは、切手ほどの大きさの綴り状の暗号帳を持っていた。それぞれの頁は細かい文字で埋め尽くされていた。実際の暗号帳は、実際に使われる長さの通信文が収まるだけの数や文字がたくさん書かれていなければならない。このような問題があって、重要な通信文や、あまり長くない通信文に対して使い捨て暗号帳を使うことには制約がある。

しかるべき鍵を使えば、使い捨て暗号帳方式で、どんな文でも≡≡……に変換することになる。それでは通常の暗号の使い方には合わない。伝えるのは、元の通信文に合わせて鍵を作らなければならない。しかし、元の通信文に合わせて鍵を使えば、使い捨て暗号帳方式のまだわかっていない将来の文章だからだ。暗号文がiiiiii…になるという前提になっているなら、新しいこと、意外なことは決して送れないことになる。暗号文は、読みとるべき通信文が何文字から成るかだけを伝えればいい。

iiiiii…という暗号文は、ありうる中で最小のエントロピーで、どんな現実の言語よりも小さい。たいてい、暗号は平文のエントロピーと同じか、エントロピーが大きくなっている。エントロピーが下がる場合——ヴォイニッチ手稿が元はタヒチ語で書かれていたのではない場合に言えること——通信文の情報の一部が暗号方式に転嫁されたということである。暗号文は曖昧になる。解読できるかどうかは、暗号文にある情報で決まるのではない。鍵、あるいは曖昧な暗号文から通信文を復元する元の書き手の能力による。

力ずく

ヴォイニッチの平文が、ローマ字を用いたヨーロッパのどこかの言語で書かれており、手稿の文字が一字ずつ、明瞭に定まった無敵の使い捨て暗号帳方式で符号化されているとしよう。ヴォイニッチ記号のそれぞれが、ベネットが見たように、何かの文字のことだとする。意味のある記号は二十六種あるとしよう。記号がどんな「アルファベット」順になっていても、ローマ字をヴォイニッチ記号に符号化するカエサル式暗号が二十六種類ある。

ヴォイニッチ記号にアルファベット順があるとしても、われわれはそれを知らない。暗号方式としてカエサル式だけが使われているかどうかもわからない。文字を記号に合わせる方法はいくらでもある。ただ、単純化のために、アルファベット順はわかっていて、暗号方式に出てくるのはカエサル式暗号だけとする。するとひとつの鍵は、手稿中のそれぞれの記号について、二十六種のカエサル式暗号のどれが使われているかを特定することになる。手稿の暗号の鍵と言われるものを手にしているとすれば、何十字かにあてはめてみて、結果がヨーロッパ語として意味がある言葉になるかどうか、見てみることができる。もし意味があれば、それを手稿全体に適用することもできる。理解できる文章が出てくれば、暗号は解かれたことになるだろう。

われわれには鍵がない。力任せに解読すれば解けると見えるかもしれない。ヴォイニッチの原文の解読として可能性のあることをすべて調べることができるかもしれない。

これは二重の意味で不可能だ。最初の文字を二十六通り確かめ、次の文字も二十六通り確かめ、その次の文字も二十六通り確かめ……としていくということだ（これでも半分にもならない。ヴォイニッチ記号のアルファベット順としてありうる可能性も、カエサル式暗号でない可能性も考えていないからだ）。これは、暗号文から抜き出した標本に含まれる記号の数をnとすると、26^n通りということになる。記号百個の標本を採れば、ありうる鍵の数は26^{100}通りとなる。これはおよそ10^{141}通りとなる——この世の時間をすべて使っても調べきれない。

それはそうでも、10^{141}通りの鍵を調べるという、鬼神をも超えるような仕事を想像することはできる。実際には望みがないとしても、原理的には可能だ。それでもこの仕事は空しい。ありうるすべての鍵を試すのだから、逆向きに使うと、ヴォイニッチ手稿を『ガリバー旅行記』に変換する鍵に遭遇するのは確実だ。たとえば、『ガリバー旅行記』の最初の文字を考えよう。二十六通りのカエサル式暗号の一つは、この文字をヴォイニッチ手稿の最初の記号に置き換える。次のいずれかのカエサル式暗号は、旅行記の第二の文字をヴォイニッチ文書の第二の記号に置き換える。以下同様である（長い方の作品の終わりのところに余りが出てくるだろうが）。

鍵を変えれば、ヴォイニッチ手稿をゲティスバーグ演説に変換できるし、また別の鍵を使えば、記号の数が同じならどんな文章にも解読できる。しらみつぶしに探すことが物理的に可能だとしても、それは意味のあるものとして考えられるどんな文でも出てくることになるので、意味がないことになる。暗号文にはすべてが等しく内在しているのだ。

解読の根拠

すると、人は何かをどう解読する（しかも、自分も他人もそれが正しい解読だと納得する）のだろう。こんなことを考えてみよう。

鍵をでたらめに選んだのでは、決して意味がわかる解読結果は出てこないというのは、経験によって確かめられる事実である。ヴォイニッチ手稿に無作為に鍵を試していっても、必ず無意味な文字列が出てくるだけだ。

したがって、勝手に選んだ間違いの暗号が意味のとれる解読結果を生む可能性は、天文学的に小さい。意味のわかるメッセージを暗号文から生み出す鍵は、ほとんど確実に正しい鍵だ。ただし、解読者がその鍵を、望むメッセージを生み出すようにしたてたものでなければ。

解読が正しいことが納得できる証明には、四つの段階がある。

1. 暗号方式とその鍵を特定する。ここで言う「鍵」は、印刷した鍵であれ何であれ、その暗号方式を用いるためには、どんなにわずかな量であれ、記憶しておかなければならない情報を意味する。

2. 次に、暗号方式を逆転して、暗号文から平文とされるものを作る。

3　得られた平文の意味がわかり、無意味ではない。
4　鍵は簡潔に特定できる。鍵の簡潔な指定の例としては、「全体にカエサル式暗号のJを使え」、「鍵はロジャー・ベーコンの身のまわり品の中にある紙切れに書いてある、ひとかたまりの文字だ」、「鍵は『ガリバー旅行記』の初版の最初の頁にある文字群だ」といったものがある。

この第四の要請は、解読者が自分の期待する平文から逆算するのを防ぐために必要だ。鍵は「特別」でなければならない。本来的に単純でなければならないか、物語的根拠がなければならない。ありうる暗号の鍵のほとんどは、人間の頭で明示的に考えられるものではない。使われたことのある、あるいは考えられたことのある暗号は、ありうるあらゆる暗号のうちのほんのわずかな選ばれたものである。解読者は、解読する前に、鍵が存在することを信じる理由を示さなければならない。

最も単純な暗号は、平文が変わらないものである。次に単純なのは、全体に同じ換字方式が用いられている場合である。エドガー・アラン・ポーの「黄金虫」やアーサー・コナン・ドイルの「踊る人形」のような推理小説に出てくる暗号文は、この種のものである。この手の暗号は、実際には少数派で、このような暗号方式で意味のわかるメッセージに変換されることが明らかになれば、その暗号方式が使われていて、メッセージが本物であることが納得できる。

もっと難しい暗号は、鍵が任意の文字列（あるいは数字）で表され、対象の文字ごとに変動する。ゲティスバーグ演説を鍵として使って、暗号文が意味のとれるメッセージに変換されたら、これもメッセージが本物であることが納得できる結果である（鍵が本などの文章から取られるのは、実際の暗号ではよくあることだ）。意味の取れるメッセージに変換する鍵はいくらでもあるが、そのような鍵そのものが意味をなすメッセージになっている可能性は、途方もなく低い。

これは複合的な鍵として妥当なのは、文学作品の一節と読めるものだけだという意味ではない。使い捨て暗号帳の場合は、鍵は無作為だ（そうでなければ暗号帳の必要もない）。使い捨て暗号帳の無作為の鍵は、歴史的な意味で特別である。考えられるありとあらゆる鍵の中から一つが選ばれ、紙の上に印刷されているのである。暗号帳から一枚選び、それが暗号文を意味のわかるメッセージに変換することを示せば、その解読が妥当であると納得できる結果と言える。

意味はどこにあるのか

すると、意味はどこにあるのか、メッセージか、鍵か、意味を理解する人の頭か。意味が最終的には頭にあることに異論をはさむ人はほとんどいない。色や音があるのは頭の中だ。意味に対応する客観的なものはメッセージあるいは言語や暗号方式にあるかどうかという問いになると、そう簡単ではない。

あえて答えれば、「それは変動する」である。iの繰り返しだけから成る暗号は、意味はすべて鍵にある場合の例である。しかし意味がすべてメッセージにあって、鍵にはないという場合は考えにくい。理念的に言えば、誰にも意味がわかる、完全に透明な言語の場合がこれに相当するだろう（空港の絵文字、エスペラント語、地球外生命との無線通信用に提案されている人工言語など）。これを作ろうとする試みは、まだその目標に近づいてはいない。

科学理論は暗号の鍵のように世界の意味が読みとれるようにすることが期待される。理論に多くの情報が入っている理論もあれば、世界にある情報を参照するだけの理論もある。

理論の方に情報がある側の極、ポーのiiiiii…に対応するものは、水槽の脳が典型である。水槽の脳仮説には、すべてについて、その場その場に応じた仮定が必要になる。昨日雨が降っていたのは、何らかの電気刺激のパターンがあったからだ。バラが赤いのは、電気がびりっと来たからだ。ジェラルド・フォードが大統領になったのは、別の大統領〔ニクソン〕が辞職したからだ。気分も、天気も、動物も人も、運も、何もかもが刺激で説明される。水槽の脳は予測能力がない（iiiii…暗号文が未来の未知のメッセージには対処できなかったのを参照のこと）。われわれが水槽の脳なら、今度見るりんごは下に落ちるのではなく、上に落ちるかもしれない。何でもありうるだろう。悪魔が次に何を思いつくか、わかったものではない。

反対の極にあるのは、ニュートンの重力理論のような理論である。世界に内在する規則性を取り出すものである。りんごが上には落ちないことは、自然に組み込まれていることで、その場その場の仮定に組み込まれているのではない。理論は単純で、予測する力がある。

ここでもやはり、一つの理論が疑いなく正しくて、他が間違っているとは言えない。理論はつきつめれば都合がいいということだ。単純な仮説の方が、使いやすいし、おぼえやすいのである。

11

心――サールの中国語の部屋

世界に数ある謎の中でも、心《マインド》ほどの難問はない。それに比べれば脳はささやかなものだ。自然淘汰によって形成されたゼリー質の塊が様々な複合的な機能を果たせると言うのはたやすいが、意識はどこに入ってくるのか。

生物学は、脳の機能を理解することについては大きく前進している。意識の理解については相変わらず目標は遠いと言われる。心の問題は、長い間哲学者のお気に入りだったが、最近は神経学、認知科学、人工知能の前進とともに、時事問題とも言えそうなことになっている。心についての思考も、一群の興味深い逆説によってくっきりと浮かび上がる。

思考する機械

前章の二進数によるプラトンの洞窟の囚人は、とことん抽象的な形で感覚経験と対峙している。皮肉なことに、われわれの脳はその囚人のようなものである。洞窟は頭蓋だ。脳が感覚情報をどう扱うか、誰にも再現できないように見える。本章の思考実験の出発点はそこにある。

心についての最古のイメージは、イメージというようなものではなかった。籠の中のインコが鏡に映った自分の姿を見て別のインコだと思うには、世界観を立てる「心」の必要はない。インコは頭が悪いと言いたいのではなく、自分についての知識がないと言っているだけだ。インコは水飲みや餌など、この世界のものについてよく知っている。知っていることから、生き物のふるまいを予想するところまで行くこともある。飼い主が毎朝、餌箱に餌を入れてくれるなどのことである。飼い主はインコにも心があると思うかもしれないが、それを証明しているだろうか。そんなことはない。インコ(とても頭のいいインコ)は、観察した行動を、既知あるいは未知の原因のせいにすることはないだろうし、心があると信じる必要もない。

極端な懐疑的哲学者は、ほとんどこれに近い見方を取ったことに注目しておくべきだろう(ヒュームの自分の心に関する懐疑論を参照のこと)。するとどうして、他の人に自分と同様に心があると考えるようになるのだろう。その答えの大部分は言語が構成する。他の人とのやりとりを重ねると、相手にも心があると信じるように導かれるというわけだ。

心についての考え方としては、二元論というのもある。これは、心あるいは精神あるいは意識は、物質とは別ものだと信じることである。二元論を信じようと信じまいと、そういうものの言い方はする。精神が充実しているだとか、魂が抜けただとか、心身の健康を保つだとかのことである。二元論は、他者の心があり、心はある程度身体につながっているという認識を動機としている。

生物学者が人体について多くのことを知るようになると、それが生物ではないものと大して違わない物質からできていることを銘記するようになった。身体の大部分は水である。「有機」(「生物的」という意味)化合物は合成できる。浸透圧や電気伝導性のような物理的な力が細胞内で作用しており、細胞の機能の大部分を説明する。身体や脳の機械論的モデルは、ある範囲内では非常に成果をあげており、脳の無数の働きをすべてそれで説明できるのではないかと考えるのも、きわめて魅力的なことになっている。この心の第三の考え方は、脳が「機械」あるいは「コンピュータ」の類であり、意識は――何らかの形で――この機械の動作の結果だと想定する。

現代的な装いをしてはいるが、意識の機械論的な説明――加えてそれに対する懐疑論――は、昔からある。ゴットフリート・ライプニッツの「思考する機械」は一七一四年に論じられたものだが、今でも通用する。

さらに、知覚とそれに依存するものは、機械的な理由によって、つまり数字と運動によって説明できないことは認めなければならない。思考、感情、知覚を生み出す構造を備えた機械があるとし、この機械を同じ比率を保って拡大して、自分が風車小屋に入るようにその機械の中に入れると想像しよう。こう想定しておいて、その中に入ってみるといい。何が見えるだろう。押しあったり動かしあってい る部品以外はなく、知覚を説明できるものは何もない。

ライプニッツの例はとくに説得力があるわけではないが、機械論的モデルについてたいていの人が抱く不快感は捉えている。思考する機械は考えるとしても、その内部を見れば、手品師の仕掛を施した箱のように空っぽである。何が見えると予想されるだろう。

デーヴィッド・コールのライプニッツへの反論が簡潔である。細かい水の滴を風車小屋の大きさに膨らませてみよう。H_2O分子は化学の授業で使われるH_2Oの分子模型のように大きくなる。水の滴の間を動き回っても、全然濡れない。

機能主義の逆説

機械論的モデルに反問する思考実験には、それほど簡単に否定できないものもある。ひとつはローレンス・デーヴィスの「機能主義の逆説」である。

機能主義は、人間の脳と同じことができるコンピュータのプログラムは、大事な点のどこをとっても、意識があることを含め同等でなければならないと説く。人間の脳は、感覚による入力を神経細胞から受け取り、この情報を何らかの形で処理し、筋肉へ刺激を送り出す「ブラックボックス」として理念化される(水槽の脳実験のそれぞれの水槽には、「入力」と「出力」と書かれた二本のケーブルがつながっている)。同じ入力が与えられれば、必ず人間の脳と同じ出力を生み出すコンピュータがあったらどうなるだろう。そのコンピュータに意識はあるのだろうか。これはアインシュタインとインフェルトによる「密封された時計」〔1章〕のようなものだ。誰にも本当はわからない。ところが機能主義は、このコンピュータには、意識があるという言い方に客観的な意味がある範囲では、意識があると思うのが理に適っていると言う。他人のふるまい方によって他人にも心があると思うのと同じ理由で、コンピュータにも心があると思うべきだというのである。

デーヴィスはこの逆説を、一九七四年の学会で発表した未刊行の論文で唱えた。われわれが痛みの感覚について、しかるべき詳細をすべて知ったとしよう。すると(機能主義が正しければ)、痛みを感じることのできる巨大なロボットを作ることができる。ライプニッツの思考する機械と同様、中を歩けるほど大きなロボットである。ロボットの頭の内部は大きなオフィスビルのように見える。集積回路の代わりに、スーツを着た人々がデスクについている。それぞれのデスクには何本か線がつながった電話があり、電話のネットワークが、痛みを感じることのできる脳にある神経の連結を模倣している。各人が神経の機能を真似られるよう訓練されている。退屈な仕事だが、それに見合う給与などの利益を与えられる。

勤めている人々どうしの電話のやりとりの集合が、激痛と言われるものであるとしよう。ロボットは苦痛を感じている——機能主義によるならば。しかしその苦痛はどこにあるのか。オフィス巡りをしてもどこにも見当たらない。落ち着いた、無愛想な中間管理職が、コーヒーを手に、電話で話している。ロボットが次に耐え難い痛みを感じたときには、会社で忘年会をしているところかもしれない。みんな大いに楽しんでいる。

チューリング・テスト

デーヴィスの逆説については後回しにして、関連する思考実験、ジョン・サールの「中国語の部屋」を細かく調べてみよう。この話を理解するには、少し背景説明が必要だ。

それはアラン・チューリングの「チューリング・テスト」である。チューリングは一九五〇年の論文で、コンピュータに思考は可能かと問いかけた。チューリングの論旨は、考える行為者にできて考えない行為者にはできないことが特定できなければ、この問いは無意味だということだ。違いはいったい何だろう。

すでにコンピュータは、以前なら熱意と能力のある人間の作業を必要としていたような計算を行なっていた。チューリングは、求められるテストは、たとえば立派なチェスを指すというのよりも細かいことでなければならないだろうと認識した。コンピュータはじきにチェスを指せるようになるだろうが、「考える」と言えるようになるまでにはまだ距離があるだろう。チューリングは「模倣ゲーム」というテストを提案した。

人がコンピュータ端末の前に座って、二種類の相手A、Bに質問する。相手は別の部屋にいて姿は見えない。一方は人間であり、他方は精巧なコンピュータで、考えることができると言われている。質問する方の目標は、どちらが人間でどちらがコンピュータかを識別することである。一方、人間もコンピュータも、自分は人間だと相手に思ってもらえるよう、最善を尽くす。テレビのクイズ番組のようなもので、偽物の中から、誰か知らない人を区別できたら勝ちである。

質問をする側は、コンピュータの端末を通じてのみやりとりをするので、応答として返ってくる文以外は使えない。しゃべり方が機械的で合成音だなどの、些末な手がかりでは区別できない。隠れている人間は、「こちらが人間だよ」などのことを言うことはできるが、コンピュータも同じことが言えるので、あまり役にはたたない。コンピュータは、もろに訊ねられても、コンピュータであることを白状する必要はない。どちらも意図に適うと思えば、そのときは嘘をついてもいい。Aのお母さんの旧姓とか、Bの靴のサイズといった個人情報が問われれば、コンピュータは根も葉もないことをでっちあげていい。

このテストに「合格」するためには、コンピュータのプログラムは、行なわれたゲームの半数程度において、そちらが人間と思われるような応答をしなければならない。コンピュータがこのテストに合格すれば、そのコンピュータには、外に現れる行動と反応によって定義できる範囲で、知能があることを示していることになる——これがチューリングの言ったことである。これはあなどれない説である。

そうなると、コンピュータは考えることができるのか。チューリングは、コンピュータが考えられるかどうかという元の問いは、「議論の対象にもならないほど無意味だ。それでも、今世紀〔二十世紀〕の終わりには、言葉の使い方や、知識人の世論が変わって、機械は考えると言っても矛盾はないようになると思う」としている。

チューリングの論文以後、認知科学が心の過程をアルゴリズムと結びつけるのはあたりまえになってきた。人がπの数字を求めるアルゴリズムを実行すれば、そのときの思考過程のあるささやかな部分が、同じアルゴリズムを用いてπを計算するコンピュータの動作と同じになる。知能やさらには意識も、いろいろな「ハードウェア」で「走る」コンピュータ・プログラムのようなもので、脳という生物学的ハードウェアもそこに入るのではないかという推測が広まっている。脳にある神経細胞の機能とその状態や連結については、原理的には複合的なコンピュータ・プログラムでモデルができる。そのプログラムが走っていれば、マイクロチップと電線によるコンピュータ上のことであっても、たぶん人間と同じ知能や意識を見せるだろう。

心はずっと、魂であり、生命の飛躍であり、デカルト的二元論の一方の項だと考えられてきた。知識人社会の大部分は、このモデルを棄てて、意識の機械論的イメージを取るようになっている。ジョン・サールが一九八〇年に示した思考実験は、心のありかが小さくなって、あると思ったところにない手品のようになってきた。意識がアルゴリズムにすぎないのなら、心はどこに出てくるのだろう。サールは最後の伏せたカップを開け、そこに何もないことを示す。

中国語の部屋

鍵のかかった部屋に閉じこめられているとする。部屋にはほとんど何もない。分厚い本が一冊ある。『ドアの下から中国語の文が差し入れられたらどうするか』という、あまり売れそうにないタイトルの本だ。

ある日、中国語の文字が書きつけられた紙が、錠のかかったドアの下から差し入れられる。中国語のことは何も知らない人にとっては、意味のない記号があるだけだ。時間の使い道を必死に探しているので、『ドアの下から中国語の文が差し入れられたらどうするか』を参照する。そこには、紙の上の中国語で「遊ぶ」ことができる、退屈な、念の入った一人遊びが述べられている。まず文を調べて、ある漢字を探し、それが登場するところを、本に述べられている複雑な規則に従ってたどっていく。そんなことをしてどうなるのかと思うが、他にすることもなく、指示に従う。

翌日、別の紙が差し入れられる。そこにはさらに漢字が書かれている。この出来事も本に書かれている。本には第二の紙の漢字を関連づけ、操作するための指示もあり、第一の紙についてしたこととの組合わせ方も書かれている。本はある漢字いくつか（紙に書かれているものもあれば、本にあるものもある）、何も書いていない紙に書き写すという指示で終わっている。どの文字を写すかは、込み入ってはいても、それまでの作業によって決まる。それから本は、新しくできた紙を、錠のかかった部屋のドアの下から差し出せと言うのでそうする。

本人は知らないが、最初の紙は中国語の短編小説であり、第二の紙は小説についての質問で、読解問題で問われるようなことが書かれている。自分が指示に従って写した文字は、（自分ではそうとは知らないが）問いへの答えである。この人がしていたのは、英語で書かれた複合的なアルゴリズムによって文字を操作することだ。アルゴリズムは中国語を話す人が考える様——あるいは少なくとも、中国語を話す人が中国語を読み、理解し、読んだことについての質問に答える様——をシミュレートしている。アルゴリズムはよくできていて、出した「答え」は、中国語で育った人が同じ小説を読んで、同じ質問をされたときに出すものと区別できない。

部屋を建てた人々は、そこには中国語を理解できるように訓練された豚がいるという。この部屋を縁日に出店し、外にいる人々に中国語の小説と、その小説に基づく質問を出してもらう。外にいる人々は、中にいるのが豚だという話を信じない。答えは筋の通った「人間らしい」もので、誰もが中には実は、中国語を話す人物がいるのだと想像する。部屋が閉ざされているかぎり、外にいる人がそう考えるのを止めることはできない。

サールの言いたいことはこういうことだ。この人は中国語がわかっているか? もちろんわからない。自分にわかる言語で書かれた複雑な指示に従えることと、中国語を知っていることとは違う。漢字の意味はひとつも知らず、その意味を推測したわけでもない。指示書は断じて中国語速習コースの本ではない。何も教えるわけではない。ただの手順書であり、しかじかのことをなぜするのか、与えられた文字がどういう意味か、明かしてはくれない。

この人にとってはただの時間つぶしだ。紙からいくつか文字を拾い、規則に従って白紙に文字を写すのである。トランプのソリテアをして、このゲームの規則に従い、黒のクイーンの下に赤のジャックを動かしているようなものだ。ソリテアで、誰かがカードの「意味」を訊ねたら、別に意味はないと答えるだろう。もちろん、トランプのゲームには、かつて象徴的な意味があったのだろうが、その象徴的意味は、このゲームにとってはどうでもいいと言うだろう。カードはダイヤの7などと言われるが、それは他のカードと区別し、ゲームの規則を適用しやすくするためだけのことだ。

人間として先の中国語のアルゴリズムをやり通して、それでも中国語は理解しないとすれば(ましてや、中国語を話す人の意識を体験していないとすれば)、機械がアルゴリズムをやり通して意識を体験することができると考えるのも、ばかげているように見える。したがって、意識はアルゴリズムではないとサールは言う。

サールの懐疑論は、コンピュータにも思考は可能であることを疑う多くの人々よりも、相当に寛容だ。その思考実験は、ある人工知能のアルゴリズムが動作することを前提にしている。漢字を操作するための指示群である。当然、このアルゴリズムには、中国語の文法よりもずっとずっとたくさんのことが入っているにちがいない。それでも人間の思考過程の完全なシミュレーションに遠く及ばないとは言えないだろうし、人間が動かすと予想されるあたりまえの知識も含んでいるにちがいない。

小説はどんな小説でもいいし、質問はそれについてのどんな事実、推測、解釈、感想を求めてもいい。質問は択一式や穴埋め式ではない（あるいはその必要はない）。サールはこんなショートショートの例を出した。「ある男がレストランに入り、ハンバーガーを注文した。ハンバーガーが出てくると、それは焦げてぱさぱさになっており、男は怒ってレストランを出た。代金も払わず、チップも残さずに」。さて、この話は「食べる」とは言わないし、それを表す漢字はどこにも出てこない。しかしこの話を理解する人なら誰でも、男はハンバーガーを食べなかったと話をまとめられることはわかる。

質問は、「ビッグマックはハンバーガーか」でもいいし（話からはわからない。ビッグマックを知っていなければならない）、「話を読んで悲しくなったか」でもいい（悲しいを意味する言葉／文字は出てこない）。「笑った文はどれか」でもいいし、「同じ人物について別の話を書け」でもいい。アルゴリズムは人間が物語を相手にするのと同じようなことをしなければならない。このアルゴリズムがＬＩＳＰやＰＲＯＬＯＧのようなコンピュータ言語〔いずれも人工知能の動きを記述するために用いられる言語〕で書かれていたら、チューリング・テストに通るだろう。サールは手の込んだアルゴリズムを実行するのを人間に任せることによって、そのアルゴリズムを実行するコンピュータという「ブラックボックス」の謎を避けている。サールは、チューリング・テストは評判ほどのものではないかもしれないと思った。人間のように見えるふるまいができるコンピュータなら、「意識」があろうとなかろうと、特筆すべきことになるだろう。「他者の心」の問題が、もっと明瞭な形でつきつけられるのだ。懐疑論者でも、哲学の話をしているわけではないときには、他の人には心があることは疑わない。しかし機械にもわれわれと似た意識があるかもしれないとなると、誰もが疑う。

サールのこの件に関する見解は意外なものである。脳はある種の機械だが、意識はその脳の生化学的、神経学的な構成と関係するものだと思った。配線と集積回路から成るコンピュータは、人間の脳にあるすべての神経細胞の機能を正確に模倣するものであっても、意識は体験しない（ただ人間の脳と同様に機能し、チューリング・テストには合格する）。フランケンシュタイン的な――本物の脳と同じ種類の化学物質を使って「ゼロ」から作られる――脳なら、意識を持てるかもしれない。

サールは人工知能を光合成のコンピュータ・シミュレーションになぞらえる。コンピュータ・プログラムは光合成を詳細にシミュレートしてもおかしくない（たとえば葉緑素にある原子と光子によるリアルなアニメーションを画面に映し出すことによって）。プログラムには必要な情報がすべて入っていても、生きた植物が作る本物のブドウ糖はできない。サールは意識とはブドウ糖やミルクと同様、生物学的な産物だと思った。

この点でサールに賛成する哲学者は少ないが、その思考実験は、他にあまりないほどの論争を生んだ。反応のいくつかを見ておこう。

反応

ひとつには、こんな実験は無理だというのがある。『ドアの下から中国語の文が差し入れられたらどうするか』などという本はありえない。われわれが言語を解釈し、考える様は、手順に乗せて表現することはできない。本の形に述べられるほどうまく把握できないことだ（もしかすると、ベリーの逆説と、パトナムの双子地球がこの立場に信用を与えるかもしれない）。したがって、アルゴリズムは動作しない。「答え」は無意味であるか、中国語をしゃべる熊のぬいぐるみにあらかじめ入れられているせりふのようなものになるかである。誰も騙せないだろう。

この立場は、実際に動くアルゴリズムがあったとして、それを手にするときまでは成り立ち、否定できないという意味で、立派なものだ。ただ、サール自身はアルゴリズムの可能性についてはよろこんで譲歩していたことには留意しよう。また、この実験あるいは好きな実験を行なうために、全体としての脳がどう動くかをいつか知ることを前提とする必要も、厳密にはない。デーヴィスによる会社のシミュレーションが実行できるかもしれない。人間の脳にはおよそ一千億の神経細胞がある。わかっているかぎり、個々の神経細胞の機能は、比較的単純だ。接合部《シナプス》に点火（電気的刺激）が来るのを待ち、その点火が一定の論理基準に適合すれば、刺激を伝える。ある人の脳の正確な状態を特定するとしよう。すべての神経細胞すべての状態、それらどうしのつながり方、個々の神経細胞の動作のしかたである。それから全世界の人々が、この人の脳をシミュレートする実験に加わる。世界中の五十億の人々が、一人で神経細胞およそ二十個の動作を受け持つ。神経細胞どうしのつながりはすべて、神経細胞を表す人どうしの間につながるひもで表す。ひもを引張れば神経の点火があったということだ。各人は、自分が表す神経細胞が神経の点火に反応するようにひもを操作する。この場合も、どんなにシミュレーションをうまくやっても、どんな「思考」が表されているのか、誰にもわからない。

第二の反応は、アルゴリズムは動いても、中国語を話す人のような意識はないだろうというサールに賛成することである。サールの支持者は、文法の理解と語意の理解との区別を挙げる。用いられている規則は、中国語に関する文法的理解を与えているが、語意の理解は与えていない。部屋にいる人は、家を表す漢字があったり水を表す漢字があったりすることを知らない。明らかに、語意の理解は意識には必須であり、これはコンピュータには得られないことだ。

サールに反対する人々はほとんどが、中国語の部屋には何らかの意識が乱れ飛んでいると主張する。可能性だけのもの、芽生え始めたばかりのもの、動きがゆっくりしているもの、脳に損傷があるものかもしれないが、あるにはある。

中国語はらくじゃない

中国語の意識を主張する立場の中で最も単純なのは、部屋にいる人が（サールの主張とは逆に）、結局中国語をおぼえるだろうというものだ。文法と語意の理解にはつながりがある。規則は十分に長い間使われれば、習い性となってしみつくかもしれない。部屋にいる人は記号の意味を、その操作のしかたから推測するかもしれない。

問題の核心は、「水」が意味するのはこれこれ、「家」が意味するのはこれこれと言えなければならないかどうかということだ。あるいは、すべての語の意味を、われわれはその用い方から推測できるかということだ。ゼブラを見たことがなくても、「ゼブラ」という言葉の語意の理解が得られないわけではない。きっとユニコーンは見たことはないだろうが、それでもその語の意味は理解している。

馬を見たことがなくても、このユニコーンの意味の理解を得られるだろうか。いかなる動物も（人間さえ）見たことがなかったらどうか。対象からある程度切り離されていると、理解が存在するかどうか怪しくなってくるにちがいない。

病気で数論の授業の初回を欠席したとしよう。数とは何かを説明した回である。病気が治って学校へ行き始めると、数とは何かと怖くて質問できない。まわりのみんなは知っているらしいからだ。人より余計に頑張って、足し算や分数など、その後の授業の内容はすべて理解する。努力のかいあって、数学では一番の成績になる。しかし自分の中ではいんちきではないかと思う――自分はまだ数とは何か、知らないのだ。知っているのは数の動き方であり、数どうしや他のものとどう関係するかだけなのだ。

それこそが人が数について得られる理解だと思う人もいる（この点で数はゼブラとは違うかもしれないが）。同様の例はユークリッドの幾何学である。幾何学の勉強は、普通、「点」や「線」といった概念がしかじかのものと定義されることはなく、それについての公理や定理から推定できる物だけを意味するものと考えるという注意から始まる。

この立場へはこんな反論がある。人間は中国語の答えをすぐに機械的に出し始める――規則をおぼえたり、文字の意味を導いたりできる前に。長い間やっていれば、部屋の外にいる質問者は、中にいる人が使ったことのない新しい言葉を使う答えを質問することになるだろう（「一部の人がハンバーガーに乗せるあの薬味は何ですか。刻んだピクルスでできたやつですが」、「サールの実験をしている人は、『チャウチャウ』を表す文字の意味を推定できるでしょうか」）。

ジキル博士とハイド氏

人間シミュレータは、中国語を理解はしても、知ってはいないという説もある。デーヴィッド・コールはサールの実験に使われる人を、バイリンガルではあっても、脳に特異な損傷を受けていて、翻訳はできなくなっている人になぞらえている。あるいは（お好みとあれば）、多重人格者、「分離脳」の患者、記憶喪失のように見えるかもしれない。

ジキル博士が部屋に入れられる。博士は英語しか話せない。このアルゴリズムを練習すれば、中国語を話すハイド氏ができる。ジキル博士はハイド氏については知らないし、ハイド氏もジキル博士のことは知らない。したがって、この人は英語と中国語を通訳することができない。ジキル博士は自分に中国語の能力があるとは知らないし、あるかと訊かれれば否定するだろう。

われわれには、自分が知らない心の能力がいろいろとある。今あなたの延髄や小脳は、呼吸やまばたきなどの自動機能を制御している。普通、これらの機能は自動式である。望めばそこに意識的な制御を行なうこともできる。心拍のように、もっと自動的で、意識的に制御できると言っても、バイオフィードバックの技法を通じて、ある程度だけに限られる運動もある。さらに自動的な機能は意識的に制御することはまったくできない。すべては自分の脳の指揮下にある。

もしそうなら、二つの言語に分かれた人格がうまく統合されていないのはなぜか。中国語の知識が本人の脳に、変な風に「接ぎ木」されているからかもしれない。

システム応答

サールの元の論文では、サールは自分の思考実験への反応をいくつか先取りしていた。そのひとつを

「システム応答《リプライ》」と呼んだ。要するに、本人は中国語を「知らない」が、過程——本人も一部を構成する——は原理的に知っているというものだ。サールの中国語の部屋にいる人物は、われわれの心とは似ていない。小さくても重要な脳の部分のようなものだ。

システム応答は、決してでくのぼうではない。幅広く解釈すれば、この逆説について、認知科学者の間ではいちばん広まっている解である。どんなに教条的な機械論者でも、個々の神経細胞が意識を経験しているとは想定していない。意識は過程にあるのであり、神経細胞はその媒介《エージェント》にすぎない。鍵のかかった部屋に入れられている人物、指示書、ドアの下から差し入れられる紙、筆記具、それらがすべて媒介である。

サールはシステム応答へこう反論する。よろしい、人や部屋や指示書や紙と筆記用具など、使われる物すべてから成るシステムに意識があるとしよう。部屋の壁をとっぱらい、野外で仕事をさせてみよう。指示書を全部おぼえさせ、以後は操作をすべて自分の頭でやらせる。筆記用具も怪しいというのなら、答えは指で書かせよう。システムは一人の人間に帰着する。こうすれば本人は中国語を理解していると言えるか。もちろんそんなことは言えない。

思考実験で危険なところは、実験が手軽にできるせいで収集がつかなくなる場合があることだ。実際に実験をするのではなく、頭の中だけで考える理由は、空想だからまずいと言われるような点にあるのではないのはもちろんのことだ。そのことをはっきりさせておかなければならない。システム応答の陣営にいる哲学者や科学者はたいてい、これがサールの中国語の部屋についての根幹にかかわる問題点だと思っている。

指示書の一頁

状況の力学を、もう少し細かく分析しておくと役に立つかもしれない。状況を逆転して、本人は中国語を話し、読み書きもできるが、英語やローマ字については何も知らないとしてみよう（この方が英語を知っている側には都合がいい。英語をどうやって理解するかを論じることになるからだ）。差し入れられる物語は、狐《フォックス》と鶴《ストーク》というイソップの寓話を英訳したものだとし、翌日差し入れられる紙の束には、双方の動物についての質問が書かれている。『ドアの下から英語の文が差し入れられたらどうするか』という本（中国語で書かれている）の文章はどうなっているかを考えてみよう。

解説には「fox」という単語をどう認識するかを教えるところがあるに違いない。われわれは、英語の文では、文字ではなく単語に意味があることを知っている。したがって、物語に出てくるキャラクターと出来事についての推論をシミュレートするアルゴリズムは、それらのキャラクターや出来事を名指す単語を分離して認識しなければならない。英語が読めれば「fox」は一目でわかる。中国語が読めてもそれはわからない。たとえばこんなふうに解説される念入りなアルゴリズムにしたがわなければならない。

1　文章を見て、次のいずれかのように見える記号を探す。

F　f

この記号が見つかれば手順2へ進む。そんな記号が見つからなければ、30,761,070,711頁の指示へ進む。

2　記号のすぐ右側に空白がある場合は、手順1に戻る。すぐ右側が記号なら、それを次の記号と照合する。

3　記号が合致すれば、手順3へ進む。そうでなければ、手順1に戻る。

　O　o

手順2の記号のすぐ右側が空白なら、手順1へ戻る。そうでなければ、右隣の記号を次の記号と照合する。

　X　x

4　記号が合致すれば、手順4へ進む。そうでなければ、手順2に戻る。

手順3の記号のすぐ右側に、空白または以下の記号のいずれかがあるなら、84,387,299,277頁の指示へ進む。右側に別の記号が続く場合は、手順1に戻る。

　.　,　;　:　"　,　!　?

これらの指示で、片がついたわけではない。狐についての感想を教える指示がどれだけ複雑になるか、わかったものではない。

中国語を理解するためのサールのアルゴリズムが得られたわけではないが、もっと簡単なアルゴリズムならある。電卓を見たことがない人がいたら、電卓は考えることができると誤解してもおかしくはない。その誤解をサール実験で解くことができるかもしれない。電卓で使われているマイクロプロセッサの仕様、配線図を教え、電卓のキーで問題を打ち込んで得られる電気的入力を特定する。マイクロプロセッサが計算をするときの動作をたどらせる。人間計算機シミュレーションでも正しい結果は得られるだろうが、数学の演算が行なわれたとは思わないだろう。自分がやっていたのが2足す2だったのか、14.881度の双曲余弦関数を求めたのか、わからないだろう。本人は抽象的な数学の演算について意識した感覚はなく、それは電卓にしても同じことだろう。システム応答を論じようとしたら、この人にすべてを記憶させて、頭の中でそれをさせなければならないことになる。

そこが不確かなのだ。電卓は単純な計算を実行するにも何千回もの機械的手順をたどるかもしれない。実験には何時間もかかるだろう。この人にとんでもない記憶力があるのでもないかぎり、頭の中でマイクロプロセッサのシミュレーションをするのは無理だろう。ほぼ確実に、途中でそれまでの結果を忘れて全部だめになってしまうだろう。

今度はサールの中国語実験をする人の状況を考えてみよう。指示書は実に大きいに違いない。この世にありうるどんな部屋よりも、ずっと大きいに違いない。

わかった上で問題に「答えられる」漢字操作アルゴリズムを開発した人がいないのだから、そのアルゴリズムがどれほど大きいか、あるいはどれほど複合的かは言えない。しかしそのアルゴリズムが人間の知能をシミュレートしなければならないのなら、人間の脳よりもずっと複雑さが下がることはありえないと考えるのは理に適っている。

頭での処理のどこかに千億の神経細胞のそれぞれが参加していることは考えられる。すると、人間がするような漢字の操作を指示するには、少なくとも千億の指示がなければならないことになる。一頁にひとつの指示があるとすれば、それだけで千億頁だ。したがって、『ドアの下から中国語の文が差し入れられたらどうするか』という「本」は、千頁の本が一億巻あるというようなものになると言った方が、現実的だろう。これはニューヨーク市図書館にある印刷物の量のおよそ百倍である。この数字は一桁くらい下がるかもしれないが、指示をすべて記憶することができないのは明らかだ。メモ用紙なしではすまないだろうし、おそらく巨大な整理棚も使わないわけにはいかないだろう。

アルゴリズムがたまたま非現実的なほどかさばるというだけの問題ではない。中国語アルゴリズムには、共通の知識の基本的な蓄え（人はレストランでどうふるまうかなど）を含め、人間の思考過程の多くが入っている。人間の脳は、人間の脳ほど複合的なものを記憶することができるだろうか。もちろんできない。自分より大きな物を食べることができないようなものだ。

そう言えば、「アメリカ人は平均すると半年で牛一頭を食べる」の類の統計数字を見たことがあるだろう。牛は人よりも大きいが、統計学で言う「牛一頭を食べる」人も、一度に食べる量は少しである。牛一頭が大部分、人の体内に収まっていることはない。サール実験の人にも同じことが言えるかもしれない。

脳は物理的な物でできていて、記憶はその物理的な物の化学的・電気的状態として蓄えているので、記憶できる容量には限りがある。脳にどれだけの記憶容量があるかは明らかではないが、脳全部が記憶に使われるということはないだろうし、たぶんわずかな部分だけだろう。他の部分は記憶したことを操作し、新しい感覚器からの情報を処理するなどに使われる。

明らかに、人に規則を記憶させるというこの思考実験の変形（サールとその批判派から出される）は、誤解を招く。この人が、アルゴリズム全体のうちごくわずかな部分以上には何かを記憶することはありえない。いつも指示や、メモ用紙／整理棚を参照しなければならない。しばしば指示書はメモ用紙を見ろと言い、本人はメモ用紙を見て、「こんなことを書いたのさえおぼえていないよ」と言うこともあるだろう。

あるいは指示書のどこかの頁を見ると、コーヒーカップの跡がついていて、前にこの頁を見たことがあるようなのに、おぼえていないと思う場合もあるだろう。

人間はつまるところ、全体の過程のうちのごく小さな部分なのだ。毎日何千、何万もの電話番号を参照しながら、それを読み上げてしまえばすぐに忘れてしまう、電話番号案内のオペレータのようなものだ。電話番号に関する情報は、実際問題としては電話帳に入っている。サールの実験では、アルゴリズムはほとんど指示書やメモ帳に入っていて、人間の中にはほとんどない。おぼえている指示はほんのわずかだけである。

部屋にいる人は意識のある存在だというのもどうでもいいし、怪しい話でもある。ロボットで置き換えてもいい（ＳＦに出てくる人工知能を備えたきちんとしたロボットでなくてもいい。機械式の占いよりも少し複雑かもしれないが、何かの装置であればいい）。人間が第二の意識を体験しないという事実には、指示書の第441,095巻が意識をしないということ以上の意味はない。

これがこの人は中国語を理解していないことを説明する。この過程のどこに、どのように意識が存在するかを言うのでは、あまり満足はいかない。われわれはメモ用紙、指示書などを指して、「意識はあの整理棚の横のあそこのところにある」のようなことを言いたいのである。できることは、木を見て森が見えないことを仮定することだけだ。デーヴィッド・コールの言う巨大な滴の中にいて、何も濡れないのを見ている人のようなものである。

中国語の部屋は、空間よりも時間の中に広がっている。中国語の部屋を一兆倍にでも加速できるタイムマシンがあるとしよう。すると指示書の頁はめまぐるしくめくられてぼやけてしまう。メモ用紙の山が生き物のように大きくなっていく。人間は、動きが速くて見えなくなり、機械の中の幽霊になる。たぶん、われわれの意識の概念の一部は、ものごとがついていけないほど速く起きることを必要とするのだろう。

アインシュタインの脳との対話

ダグラス・ホフスタッターは、アインシュタインが亡くなったときの脳の正確な状態が、その動作をシミュレートするための指示とともに、本に記録されているという思考実験を考えた（一九八一）。指示を注意深く適用していくと、アインシュタインとの死後の対話ができる（非常にゆっくりとでも）。これで導かれる応答は、まさしくアインシュタインが言ったであろうことだ。この本のことは、本ではなく、「アルバート・アインシュタイン」と呼ばなければならない。それは自分がアインシュタインだと「考えて」いるからだ。

ホフスタッターの思考実験は、情報に読み込まれる意識（本）と過程（本の指示に従う人物）とをきちんと分ける。この本をアインシュタインにするものはすべて本の中にある。しかし本が本棚に収まっていれば、他の本と同様、意識がないのは明らかだ。このことから、サール・シミュレーションの「精神性《モラリティ》」に関する一群の巧妙な謎が出てくる。

誰かが本に書かれている指示を辛抱強く、一日にたくさんの指示を実行して適用するとしよう。アインシュタインの意識は再生される。あるいはそう見える。しばらくしてこの人は本を棚に戻して、二週間の休暇に出かける。「アインシュタイン」の本は死んだのだろうか。

時間が止まってもそれは検出できないように、本はその中断に「気づく」ことはないだろう。本の「アインシュタイン」にとっては、その人は、脳を動かしている物理法則と似たようなものだ。

この人が指示を実行する速さを一年にひとつの指示にまで落としたらどうなるか。本を「生かして」おくにはそれで十分だろうか。一世紀にひとつならどうか。指示どうしの間隔を、毎回二倍にしたらどうなるだろう。

12

全知——ニューカムの逆説

全知ほど逆説を内在する概念は、そうはない。たいていの文化は、あらゆる知識を有する上位の存在がひとつ、あるいは複数存在することを信じている。ところが全知はすぐに矛盾に至る。何であれ、絶対の完全というものには、疑わしいところが出てくる。それも難点のうちである。全知が存在するとしても、そこには少なくとも、予想外の特性がいくつかある。

全知の逆説で最も目を奪われるものは、比較的新しい（一九六〇）。物理学者のウィリアム・A・ニューカムが考案した逆説で、科学界に未曾有の騒ぎを巻き起こした（『ジャーナル・オヴ・フィロソフィー』誌は、この騒ぎを「ニューカマニア」と呼んだ）。ニューカムの逆説は、知識と予言の問題を検討するだけでなく、哲学でおなじみの問題、自由意志にも新しいひねりを加える。

ニューカムの逆説に迫る前に、ゲームの理論という、対立を扱う抽象的な研究に出てくる、もっと単純だが関連する状況を経由しておくと役に立つだろう。

全知の逆説

「全知の逆説」とは、すべてを知っていると不利になるということだ。ゲーム理論家と、一九五〇年代の少年の、命の危険のある気晴らし「チキン・ゲーム」とを背景に記述される。このゲームは、二人がそれぞれ相手の車と真正面から衝突するように車を走らせるという度胸比べである。運転席に座り、他に車のいない道のまん中を、猛スピードで走っている。相手も同じ車で、同じ速さで自分に向かってくる。どちらも避けなければ、二人とも衝突して死ぬ。どちらもそうはなりたくない。本当に望ましいのは、自分は避けずに相手が避けて（二人ともひどい目に遭わないように）、それによって自分の男らしさが示されることだ。そうならない場合、最善と最悪の間に二つの筋書きがある。自分も相手も避ければ、あまりひどいことにはならない。少なくとも死なないし、自分だけがおじけづいて、相手はかっこよかったという屈辱も味わうこともない。もっとも、そんな屈辱的な目に遭っても、正面衝突で即死するよりはましだ。

ゲーム理論でチキン・ゲームが関心を抱かれるのは、最善の手がすぐには明らかにならないという、ごく少数の基本的状況のひとつになっているからだ。このゲームが普通の人間によって争われているとき、それぞれの車のドライバーの状況は同じである。長期的には、どちらにとっても、打てる最善の手は、相手も馬鹿ではないから避けると期待して自分も避けることである。一方のドライバーが避けなければ、相手は怒ってその次には避けないかもしれない。そうなると両方とも死ぬという悲惨な結末になる。要するに、チキン・ゲームをするときには、いつも臆病でいなければ早死にするということだ。

さて、全知の相手とチキン・ゲームをするとしてみよう。相手には、決して外さないESPの力がある。こちらの手を完璧に予想する（自分は普通の人間だ）。「おいおい、チキン・ゲームの基本は、相手がすることを予想するところなのに。これは困った」と思うのではないか。

自分の置かれた状況をよくよく考えてみると、自分の方が有利で絶対に負けないことに気づく。全知の相手に対して避けるのは愚かだということだ。相手は自分が避けることを予想し、自分は避けないでいればいい――結果はこちらの負けである。

避けないのがいちばんいい。それを予想すれば、何でも知っている相手には二つの選択肢しかない。避けて死なずにすむ（屈辱はあっても）か、避けないで死ぬかだ。相手も合理的で、死にたくなければ、避けるしかない。したがって、全知のプレーヤーは不利になる。

全知の逆説は、「常識は間違い」タイプの逆説にすぎない。その結論がどんなに意外でも、それは成り立ち、予期せぬ死刑の死刑囚の異論のある推論とは違う。全知のドライバーは、不利な状況から脱出するべく交渉することもできない。ゲームの前に、二人のドライバーが相談できるとしてみよう。全知のドライバーは二つの交渉姿勢のうちの一方が取れる。

1「やれるならやってみろ」――おまえが避けるなら、こちらも避けるが、そうでなければ避けないと脅して突っ張ってくる。

2「長い目で見ろよ」――こちらの良識（あるいはゲーム理論の知識）に訴えてくる。「今回は避けないでうまくやれるだろうが、長い目で見ろよ。先になってもうまくいく手は、二人とも避けることじゃないか」

第一の対策の脅しは効かない。全知のドライバーは、好きなことを言ってどやしつけることはできるが、こちらが避けないことを予測しているなら、本当に避けないで死んだりするだろうか。自殺する気でもいないかぎり、避けるだろう。[1] 第二の方策は、第一のものとは百八十度向きが違っているが、同じ対抗策にやられてしまう。相手はやはり避けないと決意して、全知のドライバーに、避けるか死ぬかという状況を与えるまでのことだ。

チキン・ゲームのような状況（暗に全知の逆説があるもの）は、旧約聖書にもしばしば出てくる。アダムもイヴも、カインもサウルもモーセも、全知の神に疑問を投げかける。神は彼らに、不服従は短期的には楽しいかもしれないが、長い目で見ると身の破滅であると言った。神は全知であるとともに全能であり、自分の全知から派生する不都合を克服することができると考えるため、逆説は少し弱まる。

今日でも、チキン・ゲームはいたるところで演じられている。ゲーム理論家は、チキン・ゲームを一九六二年のキューバ・ミサイル危機のときの喩えになるのではないかと言っている。プレーするのはアメリカとソ連である。国際政治の文脈では、全知の逆説は、諜報活動の価値に疑問を投げかける。全知の国は、状況によっては不利になるのだ（逆説が言っているのは、全知がいつでも不利だというのではないことに留意すること）。逆説が成り立つには、A国にはものすごいスパイ網があって、B国の上層部の判断をすべてわかっていなければならない。B国は絶望的なほどスパイに惑わされ、機密をA国から隠しておくことはできない（逆説が成り立つには、全知ではないプレーヤーは、相手が全知であることを知っていなければならない）。皮肉なことに、後者の要請のせいで、現実世界ではあまり逆説が生じないこともある。自国の機密が漏れていることを認めたがる政府はあまりない。

1　そこから第三の対策が見えてくる。自殺しそうなほどがっくり来ているふうを装うのである。全知の存在が、自分は死にたいと思っていると相手に思わせられれば、相手は避けるしかない。巧妙ではあるが、臆病（チキン）ゲームとは言えない（クリケット〔公明正大〕ゲームでもない？）。ゲーム理論研究家のチキン・ゲームの定義どおりに、個々のプレーヤーの実際の優先順位はわかっている。

囚人のジレンマ

ニューカムの逆説は、「囚人のジレンマ」という、ゲーム理論では有名な別の設定について考えているときに考案された。この設定も少し説明しておいた方がいいだろう。

囚人のジレンマでは、悪者が二人、何かの犯罪で逮捕される。警察は二人が嘘を示しあわせることがないように、別々に取り調べる。それぞれが取引をもちかけられる。警察もスケープゴートが欲しいのだ。おまえが何もかも自白するなら釈放してやろう（ただし、もう一人も同じことをしないなら）。二人はそれぞれ相手に相談しないで決断しなければならないし、もう一人も同じ取引がもちかけられていることはわかっている。囚人が取るべき最善の手は何か。

それぞれにとっていちばんいい結果は、自分は供述して相手が供述しないことである。そうなれば自分は釈放される。逆に、最悪の事態は、供述しなかった方にふりかかる。相手の証言で、判事はきっと、あくまで嘘をつく側に最大限の刑罰を与えるだろう。

両方とも白状しても、そう変わりはない。両方とも有罪になる。しかし相棒が罰を受けない場合ほどはひどくない。法の苛酷さが、二人に分散されるのだ。同様に、両方が供述しなければ両方にとっていい。警察は二人を容疑者と見ているが、有罪を勝ち取れるほどの証拠は得ていないかもしれない。

囚人のジレンマは、個人にとっていいことと、全員にとっていいこととの矛盾をめぐるものである。囚人は本当は自白しない方がいい。その方が両方ともにとっていいからだ。しかし相手が白状すると思うと、それぞれの囚人は、相手に不利な証言をして、自身の状況をよくしたいという誘惑に駆られる。この設定が現実の世界に置き換えられたものはいくつもあり、自明でもあるのでいちいち挙げるまでもない。

推測がつくように、囚人のジレンマはチキン・ゲームと密接に関連している。どちらにおいても参加者は、両方が同じことをしたら破滅的になってしまうことをしてみたくなっている（避けない、相棒を売る）。この手を「裏切り」と呼ぼう。チキン・ゲームでは、ありうる最悪の結果は、両方のプレーヤーが裏切ったときに生じる。囚人のジレンマでは、最悪の結果は相手が裏切って自分が裏切らないときに生じる。裏切りたいという誘惑は、囚人のジレンマでの方が大きくなる。チキン・ゲームでは、相手が裏切ることがわかれば（たとえば全知の存在なら）、耐えがたきを耐え、裏切らない方を選ぶだけだ。囚人のジレンマでは、相手が裏切るとわかれば、その分、自分も裏切る理由になる。

ニューカムの逆説

ニューカムの逆説は次のように進行する。ある超能力者が、あなたの考えや行動を、何日か前に予言できると言う。たいていの超能力者と同様、百パーセント正確であるとは言わない。的中率は九十パーセントほどだという。この超能力者の能力について、変わった検査をすることになる。テレビのニュース番組が設備を提供し、多額の予算を出す。しなければならないのは、実験の条件に従うことだけだ。

正面のテーブルに、二つの箱AとBがある。

Aの箱には千ドル札が一枚入っている。Bの箱には百万ドルが入っているか、空か、いずれかである。中を見ることはできない。あなたは自由意志で（そういうものがあるとして）、箱Bを取るか、両方を取るか、いずれかを選ばなければならない。選択肢はそれだけである。

仕掛はこうだ。二十四時間前、超能力者はあなたが何を選ぶか、予言をしておいた。百万ドルを箱Bに入れるかどうかもこの超能力者が決めた。あなたがBだけを選ぶと予想すれば、百万ドルを入れる。どちらも取ると予想したら、Bは空にしておく。

個人的には超能力者の力が証明されようと信用をなくそうと、あなたはどうでもいいと思っている。考えるのは、実験を終えたとき、できるだけたくさんの金を得ていることだけだ。金もどうでもいいと言えるほど裕福ではない。箱Aにある千ドルでも相当の額だ。百万ドルとなると、ひと財産である。

検査の条件はきちんと実行される。Aの箱に千ドルがあることに疑いを差し挟む必要はない。Bの箱には、超能力者の予言によって、百万ドルが入っているか、何もないかいずれかである。その点で騙そうとする人はいない。信頼できる友人が、超能力者が予言するところにいて、規則通りに箱に金を入れるのを見ている。

同様に、あなたも規則をすり抜けることはできない。武器をもったガードマンがいて、いずれも選ばないといった、検査を成り立たせないような行動はさせない。自分の考え以外のことを元にして選択をすることで超能力者を出し抜くこともできない。コイントスや、その日に取引された株式の総数が偶数か奇数かのようなことを元に決めることはできない。状況を分析して、自分にとって得になる方を選ばなければならない。もちろん、超能力者はあなたの分析を予想している。あなたはどうすべきだろう。両方取るか、箱Bだけにするか。

反応

逆説への反応はこうなる。超能力なんてでたらめだらけなのは誰もが知っている。だから「予言」がどうのこうのはどうでもいい。要するに「箱が二つあります。お金が入っているかもしれません。取るのは自由です」ということだ。

Aの箱に千ドルが保証されているのに、Bの箱だけを取るのは馬鹿げている。道に千ドル札が落ちているのに拾わないようなものだ。Bの箱の中身は（あるとすれば）、自分が二つの箱を選ぶことで消えるわけではない。誰も、超能力者を含めて、そんな念動力が使えるとは言っていない。箱は二十四時間前に密封されている。両方を取るべきだ。

Bだけを取ることにも強い論拠がある。超能力者はたいてい正しい。それはわかっている。自分が両方の箱を取ることも正しく言い当てているだろう。そのときは、得られるのはたった千ドルだ。一方、予言者の説を信じるお人好しなら、百万ドル得られることになる。

この実験が前もって百回行なわれていて、予言者はほとんど必ず当てていたらどうなるだろう。それでも事態に変更はない。超能力者の正確さは前提である。のみ屋は実験の結果についての賭けを受けている。Bだけが選ばれれば、9対1でBに百万ドル入っている方を有利とする。両方が取られれば、百万ドルが入っている方を、穴狙いの9対1で不利にする。のみ屋はこの賭け率を、奉仕精神から発表するわけではない。誰もが求めることのできる値の、実際の確率である。

実験で問題になるのが金額だけなら、Bを取った方がいいことは金額で表すことができる。両方の箱を取れば、確実に千ドル（Aの箱）と、さらに十パーセントの確率で百万ドルが得られる――超能力者があなたはBだけを取ると予言して外れた場合である。平均すると、百万ドルを得られる可能性が十パーセントあるというのは、十万ドルに相当する。両方の箱を取ることで得られる利益の期待値は、千ドルと十万ドル合わせて十万と千ドルということになる。

Bだけを取った場合、超能力者が正しくて百万ドルが手に入る可能性が九十パーセントある。これは平均すると九十万ドルに相当する。Bだけを取る方がずっと有利だ。超能力者が九十九パーセント正しければ、二つの方針は、一万千ドル（両方）と九十九万ドル（Bのみ）となる。超能力者が必ず正しいという極端な状況では、千ドルにするか（両方）、百万ドルにするか（Bのみ）の選択になる。

この相反する見方のどちらが正しいか、誰もが納得するような決着はついていない。ニューカムの逆説に対して唱えられている解決の工夫の度合いには、類例がないかもしれない。真剣に提案された変わった説明がいろいろある。中には、密封された箱はシュレーディンガーの猫のような状況を構成しており、箱は開けてみるまでは空とも入っているとも言えないというのもある。

従来からある囚人のジレンマの解析では足りない。似ているところも見ておこう。囚人のジレンマのときと同様、あなたと超能力者は、Bだけを取ると予言し、実際にそうすることによって「協調」しなければならない。しかし超能力者が協調すると仮定すれば、両方取ることによって額を増やしたくなる。囚人のジレンマでは、先に裏切る方にはなるべきではないというのはゲーム理論の言うところだが、その助言はここにはどうあてはまるだろう。超能力者はすでにやることはやっていて、将来の結果について悩むことはない。

ガラスの箱

正しい手をもっとはっきりさせようとして、基本的状況を手直しすることもいろいろと提案されている。預言者はよその星から来ているとか、神だとか、二十年連れ添って相手が何を考えるかわかっている配偶者だとか、頭の神経細胞すべての状態について情報をすべて与えられてプログラムされたコンピュータだとか言われることもある。預言者の精度を五十パーセントから百パーセントに変動させて、違いがどうなるか見ることもできる。一方を有利にするよう、仕掛を施すものもあるが、逆説を消してしまうものはない。

逆説は、予言者の能力を信じるかどうかによっている。「超能力者」には予言能力はなく、ただコインをはじいて箱Bに百万ドルを入れるかどうかを決めているとしてみよう。この場合、誰でも両方の箱を取るべきだということに同意するにちがいない。予言者が正しかろうと間違っていようと、両方の箱を取れば、千ドルは確保できるのだ。オッズを計算しても同じ結論になる。両方の箱を取れば、確実に千ドルと、五十パーセントの確率で百万ドル（平均すると、合計五十万千ドル）だが、Bだけを取れば、五十パーセントの確率で百万ドルだけ（平均して五十万ドル）である。

逆説が逆説になるには、予言者の精度が、確実に千ドルが得られるAの箱を捨てても埋め合わせがつくだけの率でなければならない。金額がこの設定なら、精度は五〇・〇五パーセントより大きくなければならない。一般に、Aに入っている額をA、Bの箱に入っているかもしれない金額をBとすると、精度は$(A+B)/2B$より大きくなければならない。

両方の箱を取るべきだとする論拠は、Aの箱がガラスでできてて、Bの箱は反対側にガラス窓がついているとすると、さらに鋭くなる。箱に千ドルがあることは、自分で見て確かめられる。嘘はつかないと宣誓した尼僧が反対側に座っていて、Bに開けられた窓の中が見えている。尼僧は表情などいかなる手段でも、箱の中身がわかるようなことをしてはいけないが、実験が終わったときには、選択をしたことでお金が消えたり空中から出てきたりはしていないことは証言できる。こうした設定では、Bだけを取るのはばかげていると思わないだろうか。超能力者はすでに自分の仕事を終えている。尼僧が見るのは、あなたが確実な千ドルを見逃して空のBだけを取る——実に間抜けなことだろう——か、百万ドルを得て、しかもとくに理由もなく、千ドルの方は見逃すかである。

実験に先立ち、あなたは賞金の十パーセントを孤児院に寄付すると発表する。尼僧は箱にあるものを見て、心の中で寄付金の額が多い結果になるよう祈る。尼僧があなたにするよう求めることに疑問の余地はない。両方取ってほしいと思うのである。何が見えていようと、両方を取るということは、そうでないときよりも孤児に回る額が百ドル多くなるということだ。

こんな変形もある。ニューカムが唱えたもので、どちらの箱もすべてガラスだとする。Bの箱には非常に大きな奇数が書かれた紙が入っている。実験のスポンサーは、書かれている数が素数なら、紙を持ってきた人に百万ドル払うと約束した。超能力者は、あなたがBだけを取ると予測したときだけ紙に素数を書くことにした。あなたにも紙は見え、参照するために記録することはできるが、選択をするまでそれが素数であるかどうか、計算することは許されていない。これでもきっと、数学的な事実は変化しない。星が存在するようになる前から数はあった。このちっぽけな惑星であなたが何をしようと、数学の世界には何の変化もない。この形の逆説にすれば、自分の決断が何らかの遡行的因果関係によって予言に作用するのではないかという疑いも払拭されるだろう。

車の慢性的なノッキングの音のように、逆説は執拗で、それを分解しても残る。実験家が、あなたに有利になるようオッズを甘くするとしよう。修正規則では、まずBを開いて、それからAも選ぶかどうかを決められるようにすることが認められる――というより、奨励される。Bを開けて、そこに何があるか見て、百万ドルをつかんで（それがあれば）懐に入れることもできるし、その金が手品のように消えてしまうというばかげた考えが残っていれば、銀行に預金してもいい。その上で、Aの箱も取るかどうかを決められるのである。

Aを取らないなどと言えば、あきれて、口角泡を飛ばして、何でだよと怒るのではないか。Bが空だとわかれば、必ず取るだろう。Bに百万ドルが入っていてもAを取らないのは不合理だ。

それはそうだが、みんなが合理的なわけではない。Bの箱を開け、百万ドルを見つけ、しかもAの箱は取らないという頓珍漢はいるだろう。もちろん、普通に考えれば、Bを開けて何もなければ、Aの箱は取るだろう。

人間の行動の予想は自由意志の問題をもたらす。ニューカムの逆説から自由意志を除くこともできる。超能力者は本当は超能力者ではない。先を見通す力などない。自分が選ぶ選択肢を相手が選ぶよう仕向けているだけだ。超能力者はこちらが両方取ると見て、それに合わせて中身を決め、それからボタンを押して、相手に両方を取らせるのだ。

これで、ニューカムの逆説における予言が物理的にありえないのではないかという心配も消える。もちろん、もはやわれわれは「あなたならどうしますか」とは言えない。あなたは超能力者が決めたことをするだろう。できるのは「千ドルを得る操り人形と、百万ドルを得る操り人形のどちらになりたいですか」と訊ねることだけだ。もちろん、百万ドルの方がいいと思ってもおかしくはない。自由意志だか何だか、その類の物を放棄するのだから、最低限、現実の金をもらってもいいだろう。

そこに納得すれば、超能力者がどうやってその正確さを達成するのか、予言なのかマインド・コントロールなのかは、実はどうでもよくなるのだろうか。関心の対象はお金だけで、実存にかかわることをあれこれ言うことではない。すると、マインド・コントロールがなくて、自由意志があったところで、やはりBの箱を取るべきではないのか。

ニューカムの逆説に関する見解は大きく分かれたままだ。両方取る派とBだけ派とに分かれている。Bだけを取る人は皆、百万ドルを得るという期待でそうする。両方派は少し分かれていて、千ドルだけは確保という人と、百万ドルももらって額を大きくすることを思い描く人がいる。

	コールコーヒーが勝つ	アイスコーヒーが勝つ
コールコーヒーに賭ける	50ドルの儲け	5ドルの損
アイスコーヒーに賭ける	6ドルの損	49ドルの儲け

ニューカムの状況が本当に存在すると思えば、私ならBだけにするだろう。それが「正しい」と言うつもりはない。ただ自分はそうするというだけだ。これがいちばん人気のある選択らしいし、囚人のジレンマのゲーム理論的分析にも、それが正しいかどうかはともかく、合うことは合う。ニューカムはBだけを取るべきだと思っていた。逆の立場を取る哲学者も多い。

ノージックの選択の二つの原理

この逆説を最も鋭く分析したもののひとつに、ノージックの「ニューカム問題と二つの選択原理」がある。『カール・G・ヘンペル記念論集』(一九六九)で発表されたものである。ノージックは、この逆説が、ゲーム理論でずっと検証に耐えてきた二つの原理を対立に陥れると言う。一方は優越《ドミナンス》の原理である。ある戦略が別の戦略より、どんな事情でも必ずいいなら、それがもう一つの戦略よりも優越していると言われ、こちらが選ばれるはずだ。ここでは両方の箱を取るという戦略が、Bだけを取るという戦略よりも優越している。超能力者が何をしていようと、両方を取った方が、必ず千ドル多くなるのだ。

これと同様に疑問を抱かれていないのが、期待効用原理である。戦略の選択肢の利得を合計すれば(逆説の選択肢についてしたような)、利得の期待値が大きい方を選ぶはずだという原理である。両者が矛盾することがあろうとは、誰も考えたことがなかった。

しかし事はそれほど単純ではない。一方の戦略が別の戦略より優越しているかどうかは、状況をどう見るかにもよる。コールコーヒーとアイスコーヒー二頭の馬のどちらかに賭け

	賭けた馬が勝つ	賭けた馬が負ける
コールコーヒーに賭ける	50ドルの儲け	5ドルの損
アイスコーヒーに賭ける	49ドルの儲け	6ドルの損

なければならないとしよう。コールコーヒーに賭けるときは、賭け金は五ドルで勝てば五十ドル（と賭け金の五ドル）が入る。アイスコーヒーに賭けるときは、賭け金は六ドルで、勝てば四十九ドルが付いて返ってくる。この状況を表にすると右上の表のようになる。

ここでどうするべきか。いずれかの賭け方がいいし、この状況が優越しているわけではない。コールコーヒーが勝てば、コールコーヒーに賭ける方がいいし、アイスコーヒーが勝てば、アイスコーヒーに賭ける方がいい。この場合は、期待効用原理を用いなければならない。これはそれぞれの馬の勝つ確率を見る。アイスコーヒーが勝つ確率が九十パーセントあり、コールコーヒーが勝つ可能性は十パーセントだとしよう。これならアイスコーヒーに賭けたくなるだろう。

今度は少し話を変えてみる。ありうる状態を勝つ馬で整理するのではなく、あなたの運で整理してみよう。運が良かったときと悪かったときとの損得を検討する。

今度はコールコーヒーに賭ける方が、アイスコーヒーに賭けるより優越する。賭けた馬が勝てば儲けは一ドル多いし、賭けた馬が負けても、損は一ドル少なくてすむ。

何かおかしい。どちらの表も、損得をきちんと記述している。違いはグッドマンの「グルー」と「グリーン」の違いにあるものを思わせる。しかし二通りの整理のしかた（勝ち馬の名で整理するか、賭けた馬の勝ち負けで整理するか）は、いずれも自然な話で、グルーとブリーンのような作為ではない。

この矛盾は、後の方の状態（賭けた馬が勝つ／賭けた馬が負ける）が、賭けの判断と「確率論的に独立」ではないことに由来するというのがノージックのまとめである。どちらの馬に賭けるべきかの選択は、幸運の可能性、不運の可能性に影響するというのである。コールコーヒーは穴馬だ。それに賭ければ、負ける可能性が高い。本命のアイスコーヒーに賭ければ、勝つ確率も高くなる。

そこからノージックは、優越原理が正当に使えるのは、選択が結果に影響しないときだけだとした。この規則を先の逆説に適用してみよう。優越原理は両方の箱を取れと言うが、自分の選択が超能力者の予言に影響しうるなら、あてにならないことになる。これは因果関係が逆向きにもはたらくときにのみありうることだろう。これは一般的にはありえないことだと想定されている。この規則は逆説を解決できない。

ノージックはそこで、別の興味深い筋書きを考えた。人の選択は、成果について因果関係の影響を及ぼさないが、それでも確率論的にはつながっているというのである。

既知の病気すべての症状を記憶していて、こんな推論をする心配性の人がいる。「ちょっと喉が渇いた。水を一杯飲もう。確か最近、水気をたくさん取るな。そうそう、喉がよく渇くというのは糖尿病の症状だ。本当にまた一杯水を飲むのか?　いや、やめとこう」

これがばかげていることは誰もが認める。水を飲むことが糖尿病の原因ではない。水を飲むかどうかの選択を、病気との相関に基づいて行なうのは、不条理のきわみである。病気との相関が正しくないと言っているのではない。水が欲しくなるということは、水を欲しがることを症候に含む病気にその人がかかっているという仮説に沿う、確認例（ささやかな）である。相関に基づいて選択するところが間違っているのだ。心配性の人は、対症療法（文字どおり）を取っているのであって、病気そのものを治療しているのではない。

ノージックは、ニューカムの状況を一卵性双生児から成る囚人のジレンマと比較した。ある囚人と、その一卵性双生児のもう一人とが、連絡できない状態にあり、それぞれが相手を売るべきかどうかと考えて

	双子２は供述する	双子２は供述しない
双子１は供述する	*1, 1*	10, 0
双子１は供述しない	0, 10	*5, 5*

いる。ノージックは言う。囚人のジレンマ状況での行動が遺伝的に決まっていることがはっきりしているとしよう。協調遺伝子があって協調する人もいるし、裏切り遺伝子があって、生まれつき裏切りに走る人もいる。環境などの因子も入ってくるが、人の選択は九十パーセントの確率で遺伝子によって決まっているとしよう。囚人はいずれも自分と双子の相手の遺伝子がどちらかはわからない。それぞれがこんな推論をするかもしれない。こちらが裏切れば、双子の片割れも裏切るだろう。遺伝子が同じだからだ。それは両方にとって悪い。こちらが協調に出れば、あちらも同じだろう——これは悪い結果ではない。それなら協調すべきじゃないか（双子のもう一人と。つまり、相手を売る供述はしない）。

表は上のようになる。双子それぞれについて、何かの単位で結果を表示している。（0, 10）とは、双子1にとっては最悪の結果で、双子2にとっては最善の結果を意味する。二人の遺伝子的に有利な（?!?）結果二つは斜体で書いている。どちらも同じ行動に出た場合である。

この推論は、先ほどの心配性の人と同じようにばかげていないだろうか。双子1の選択が、双子2の選択に影響をすることはありえない。ましてや「遡って」遺伝子に影響したりはしない。双子にその遺伝子があるかないか、いずれかだ。協調するのも悪くない考えだが、決断するために遺伝子の相関を用いるのは理に適っていない。

ノージックの論文は、ニューカムの状況は双子の推論とどこか違うだろうかという問いで終わる。ノージックは、「行動あるいはその行動をする意志決定が、どの状態が得られるかに影響しないのであれば、条件付き確率がどうであれ、優越する行動を取るのがいい」。

こうしてノージックは両方の箱を取ることを勧める。

それはいかさまにならざるをえないか?

マーティン・ガードナーは、求められているような予測は不可能だという面白い説を立てている。現実世界でニューカム実験をしようとすれば、いかさまにならざるをえない。あるいは、予言者の精度の証拠が成り立たないことにならざるをえない。ニューカム実験に実際に出会ったとしたら、まるでこんなことではないかと言う。「誰かが九十一個の卵を十三個の箱に入れ、したがって一箱に七個ずつあるようにしてと言われる。それからさらに、ある実験で、九十一が素数であることが証明されましたと言われる〔実際には素数ではないのに〕。そのことからすると、一個あるいは複数の卵が余るだろうというのである。余りの卵一個につき、百万ドルがもらえる。残らなかったら十セントだけだ。九十一が素数だとは信じられず、七個の卵をそれぞれの箱に入れて、十セントをもらう。決断が下手だったとよくよすることはない」

述べられているような実験はもともとありえないとなると、すべてが変わる。予言がなければ逆説もないし、確かに両方の箱を取ればいい。それでも、実験は実際にはしにくいというのはどうでもいいはずだ。ESPとか全知の存在といったものがあるかないかも、おそらく見当外れだろう。問題は、この種の予言を行なう方法がありうるかということだ。他人の行動の予言については、自己矛盾するところがある可能性がある(とくに、人が自分の行動は予言されていることを知っている場合には)。

任意の人間の行動を、ニューカムの逆説ほどの精度で予測することは、誰にもできない。これはしかし、設定の基本的な欠陥として挙げられることはめったにない。人体は、脳も含め、宇宙のほかの部分と同じ物理法則に従うという考え方は、科学者にも哲学者にも、あたりまえのこととして認められている。人間の行動が決定論的なら、それを予言する可能性があるにちがいない。

私には、ニューカム実験は実際に行なえるように見える。私が提案する方法は、要するにずるだが、たぶん、設定を根本から変えてしまうことはないだろう。超能力者を、この離れ業を成しとげる未知の手品をする偽者だとしよう。手品は規則を破る必要はない（破ってはならない）。もしかすると超能力者は、設定をじっくり考えたうえで、九十パーセントの場合に人はBだけを取ることを見つけたのかもしれない。その場合、必ずBだけを取ると予言すればよく、それで九十パーセントは正しいという説は正しいことになる。

マーティン・ガードナーは、一九七三年の『サイエンティフィック・アメリカン』でこの逆説を論じ、手紙を寄せた人は、二・五対一でBだけを取る人が多かったと伝えている。手紙を出す人が普通の人々なら、Bだけを取ると予言すれば、誰でも七割の確率で正しく予言ができることになる。七割といえば、千ドルと百万ドルのときに逆説になるために必要な、五〇・〇五パーセントという閾よりはずっと高い。用心深い「超能力者」なら、時たま「両方を取る」という予言を混ぜて、監視する人々の目をそらす余裕は十分にある。

もちろん当人は、この「予言」方法のことは知らない。多くの偽の超能力者が成功していることを考えれば（方法はたいてい隠されるものだ）、詐欺師が正しい予言の記録を立てて、ニューカム実験を可能にすることもできるだろうと思う。

それでも、人間の行動ほど複雑なことが予言できるのかというもっと大きな、もっと面白い問題も出てくる。人間には、予言をはねつける力があるのだろうか。

二種類の予言

科学は何かを予言することが得意だ。西暦五〇〇〇年の日蝕も、確実に、また比較的容易に予測できる。朝の天気予報は、昼には外れていることも多い。この違いは何だろう。

当然、予測しやすい現象もあれば、しにくいものもある。これは二種類の予測があることに由来する。一方は、モデルやシミュレーションを用いるもの。予測の対象を再現するものを、当の対象と同じ複合度で作る。もう一つは、同じ事をするために「近道」を用いる、もっと単純な予測もある。

今日から百日後は何曜日か。カレンダーはモデル方式の典型だ。百日後の日は、カレンダーのいずれかの頁のどこかに書かれている。百日分数えて、答えを読めばいい。

こんな近道を知っている場合もあるだろう。百を七で割って余りをとる。今日からその余りの日数分進めれば、求める曜日になる。百割る七では二余る。今日が月曜なら、そこから二日後は水曜だ。百日後も水曜日になる。

できるのであれば、近道法の方がいい。今日から百万日後は何曜日か知りたいとしたらどうするか。そんな日が載っているカレンダーはない。これから何千年分かのカレンダーを自分で作らなければならない。近道を使えば、そんな煩瑣な作業はしなくていい。百万を七で割り、余りを求めるのは、百割る七と比べて、そう難しいわけではない。

残念ながら、モデルに訴えざるをえない場合が多い。現象によっては予測をするための近道ができないことがある。現象よりも単純な、その現象を予測する方法もモデルもないことがある。

カオス

風船を膨らませ、口を縛らずに手を放す。風船が部屋の中を飛びまわる道筋は予想がつかない。手を放す瞬間の風船の位置、膨らみ具合を正確に測定すれば、道筋は予想できるだろうか。おそらく無理だろう。いかに測定の精度を上げようと、十分に正確ということはない。

風船と部屋の初期状態を決定するのには、今挙げたのよりずっと多くの情報が関係する。部屋の各点における空気の圧力、温度、速さがわからなければならない。風船はそれが通り抜ける空気と作用しあうからだ。風船はいずれ壁か家具にぶつかることになる。部屋にあるものすべてについて正確に知る必要がある。

そうしたことがわかっていても、まだ足りない。風船はあっちへこっちへと進み、手を放すたびに行き着くところが違う。予想ができないというのは、ある意味で特筆すべきことだ。風船の動きが未知の物理法則の存在をうかがわせるというのではない。その動きは、気圧と重力と慣性の問題だ。海王星の軌道を将来にわたって予測できるのなら、なぜ風船の動きが予測できないのだろう。

その答えがカオスである。決定論的なのに予測できない現象を表す用語としては、比較的新しくできた言葉である。科学はたいてい、予測可能なものを相手にする。ところが予測できないことは身のまわりにいくらでもある。稲妻の走り方、シャンペンの瓶からの泡の吹き出し方、トランプのシャッフル、川の蛇行。カオスが普通で、予測可能な現象の方が例外だとも考えられる。

「無作為《ランダム》」の現象は、そうでない現象と同じ物理法則に支配されている。それが予測できないのは、カオス現象では、初期状態の測定誤差によるずれが、時間とともに指数関数的に大きくなるという事実による。ジュール・アンリ・ポアンカレは、カオスを先取りして、一九〇三年にこんなことを書いている。

> われわれが気づかないほどごくわずかな原因が、見逃しようのない大きな結果をもたらし、その場合われわれは、その結果を偶然のなせるわざだと言う。自然法則と、最初の瞬間の宇宙の状態を正確に知っていれば、その宇宙のその後のある時点での状況を、正確に予測できるだろう。しかし自然法則にはもはや秘密はないということになったとしても、最初の状況については近似的にしか知りえないだろう。それによって、その後の状況も同じ近似で予測できるなら、それはわれわれが求めるものであり、現象は予測されたと言っていいだろう。しかし必ずしもそうはならない。初期状態のわずかな差が、最終的に得られる現象に大きな差をもたらすこともある。前者のわずかな誤差が、後者の巨大な誤差を生むことになる。予測は不可能になり、運任せの現象が残る。

どんな測定も、少しは外れている。あなたの身長が百七十三センチだと言っても、ぴったりその通りの高さだという意味ではない。測定結果をいちばん近いセンチに丸めているのである。身長計も、最初に合わせたときから後、わずかに歪んできてもいる。測定の時、少し背中が曲がっていたかもしれない。身長そのものも、測定した後、少し変化しているだろう。人間の身長測定は、一パーセントくらいは違っているものだというのは認めて、それ以上とやかく言うことはないだろう。その程度の測定誤差があっても暮らしていけるのは、その誤差が大きくなるわけではないからだ。ところが状況が違うと、わずかな誤差でも、それが重なり、もはや測定された量について知っているとは言えないほど大きくなる。

カオスは、トランプをシャッフルするという行為の元になる言外の根拠である。ポーカーの一勝負が終わると、ディーラーはカードをシャッフルするために集めてくる。誰かが、集められたカードの山のどこにどのカードが行くかを見ている。それは止められない。スペードの2がいちばん下へ行ったのを見た人もいれば、先ほどの自分の手のストレートがいちばん上に重ねられるのを見ている人もいるだろう。それぞれ、カードの山の配置について、知っていること、定かでないことがある。カードをシャッフルすると、その不確定度が増幅するのである。

ハートの6、7、8、9、10というストレート・フラッシュができていて、手の内ではその順番に並べていたとし、ディーラーはそれをそのままカードの山に回収したとしよう。ディーラーが配る前にシャッフルしなかったら、他のプレーヤーの新しい手について、情報が得られることになる。新しい手の中にハートの8が入っていたとしたら、自分の前にカードを配られた人にはハートの7があり、自分の次に配られた人にはハートの9があるなどのことである。

ばらばらと互いちがいにカードが重なるようなシャッフルをすれば、平均すると、元は隣り合っていたカードどうしの間に別のカードが挿入される。♥6、♥7、♥8、♥9、♥10という並びは、♥6、?、♥7、?、♥8、?、♥9、?、♥10になり、もう一度やると、♥6、?、?、?、♥7、?、?、?、♥8、?、?、?、♥9、?、?、?、♥10となる。元は隣り合っていたカードの間の間隔は、シャッフルするごとに二倍になる〔隣のカードは一枚後と考え、このときの間隔は1と見ている〕。このシャッフルを二度すれば、元のストレート・フラッシュの並びの最後のカードは、先頭から数えて十六枚後になる。もう一度シャッフルしたら、山を半分に分けたとき、元は並んでいたカードが別々の山になるだろう。こうしてカードは山全体に散らばっていく。

混乱の言い方としては、これはまだ控えめだ。このシャッフルをするとき、完全な互いちがいでシャッフルする人はいないからだ。間に挟まるのが一枚ではなく二枚になることもある。もっと入ることもある。シャッフルによる全体の不確定性は、シャッフルするごとに上がっていく。こんな実験をしてみよう。スペードのエースを山のいちばん上に置いて、何度か互いちがいのシャッフルをする。スペードのエースは急速に山の中に紛れていく（カードの挟まり方によっては、いちばん上に残っていることもありうる）。カードの山が無限に大きければ、スペードのエースのいちばん上から数えた位置は、シャッフルするごとにおよそ二倍になる。同様に、カードの位置に関するわずかな不確定性も、シャッフルするごとに二倍になる。有限の山なら、シャッフルされて、カードが山の中央よりも下まで行ってしまうと、次のシャッフルの時には下半分の山に入ることになり、以後は山のどこにあるかまったくわからなくなる。カードがどこにあるか、完全にわからなくなるまでに必要なシャッフルの回数は、六〜七回である。

カオス的現象は、還元不能《イレデューシブル》と言われる。このような現象は、それ自身より単純なモデルには還元できない。「モデル」にはいろいろなものがありうる。方程式、実際に動く縮尺模型、現象についての思考に対応する脳の神経回路の集合などである。安定した軌道は、何本かの方程式あるいはプラネタリウムで再現できる。しかし部屋の中で風船がしぼみながら飛ぶのを表す靴箱ほどの大きさのモデルを作って、実際の風船が実際の部屋のどこへ行くか予測できるほど正確にすることはできない。川や竜巻や脳を完全にモデルで表すのはさらに無理だ。カオス現象を再現したものでいちばん単純なものは、その現象そのものである。鳩には鳩時計に入る以上のものがある。

脳が還元できないということは、こんな実験からもうかがえる。過去のおぼろげな経験のことを考えよう。そのとき一緒にいた人物、長い間考えたこともない人を考えよう。その人物の名の文字数を数え、その数が奇数なら、そのときに限り、この頁の角を折る。親しい友だちでも、あなたが頁の角を折るかどうか予測できるだろうか。このような状況では（いろいろな状況で）、あなたの記憶のごくわずかな部分、たぶん神経細胞何個分かが前頭葉に広がり、思考の流れを決める。そのような状況であなたが何をしているかは、記憶をすべて細胞あるいは分子のレベルで共有しないことには、とても予想できるとは期待できない。あなた自身より単純なものでは、あなたがふるまうようにふるまうことは期待できない。

カオスは量子的不確定性とはまったく別だ。完全に決定論的な原子から成る世界でも、やはりカオスになる。カオスと量子的不確定性が一緒になると、予測はさらに難しくなる。他の誤差の元はまったくないという理想的な状況でも、必ず量子的不確定性はある。カオス現象は、その誤差を何度も何度も増幅する。量子的不確定性は、日常世界の規模にまで膨らみ、それを予測できないようにする。

自由意志と決定論

哲学者は自由意志と決定論との矛盾を大問題だと見ている。決定論的世界で自由意志がどう存在しうるのか。この問題は、機械論的哲学が勢いを得て以来、ずっと哲学者の頭を占めてきた。ニューカムの逆説という問題の大きな部分も成している。

問題を扱う方法には少なくとも三つある。自由意志などない、それだけと思い切る人もいるだろう。自由意志は幻想だというわけだ。

それでは困ることに、誰もが自分にはたいていのことで自由意志があると思っている。普通の日常生活では、自由意志がないとは、何かをしたいと思っても、外からの作用でそれができないということだ。首相についてどう思うかを言おうと思っても、そんなことをしたら強制収容所送りになるところもある。脳にあるクォークやグルーオンの状態は、物理法則で厳格に定められていると聞いても、それで自由意志が制限されるとは、おそらく思わないだろう。

逆に、決定論が幻想だと言うこともできる。世界は、あるいは少なくとも人間の心は、過去によって完全に決まっているのではない。この選択肢には、現代の思想家はたいてい魅力を感じない。過去五世紀にわたる科学に背を向けなければならず、事象は自然法則（量子論であっても）によって制約されていて、どんな起き方でもするわけではないことを否定しなければならない。

「折衷主義」の立場は、自由意志と決定論の間には実質的な矛盾はないと言う。決定論は必ずしも予測可能性を（ましてや自由意志が存在しないことを）意味しない。宇宙におけるカオスの役割が認識されたため、この立場が信憑性を得ている。

自由意志とは、自分の好きなことが頭の中の神経細胞の条件であらかじめ定まっているとしても、それを好きなようにすることを意味する。自分の行動はあらかじめ決まっていても、あなたも他の誰も、それが起きる前に何がこれから起きるかは知ることができないなら、対立と見えることも避けられる。その種の決定論がどんな違いをもたらすかを問うのは当然だろう。未来はやはり知りえない。自分がしようと思うことをすればいい。誰かが肩越しに顔を出して、きっぱりと「ほら、両方の箱を取るよ」とつぶやいたりはしない。

決定論が自由意志の感覚の邪魔になることがあるとすれば、自分の運命を知ったときのことだろう。自分が明日の朝、歯磨きのチューブのまん中を押して出すかどうか、おそらく誰も知らないだろう。それで差し支えない——神が教えない限り。そうとは言えないのは、自分がしかじかの選択をする運命にあって、それと感じない原子すべてによってそうすることを「余儀なく」されているという場合である。そのときだけ、決定論的物理法則は、自由意志を持てなくなるような強制的作用の類になる。

還元不能の現象を予測する問題はたくさんある。ときおり、ニューカムの逆説ともつなげて出されるある思考実験は、こんなふうになっている。密封された部屋に、そこにある原子すべてについて正確な知識を備えたスーパーコンピュータがある。物理学、化学、生物学のすべての法則がコンピュータにプログラムされており、部屋でこれから起きることは何でも予測できる（外からの作用で予測に影響が出ないように、部屋は密封されたままでなければならない）。部屋には水槽があって、蛙が何匹かと植物が入っている。コンピュータは、蛙の誕生、死、交尾、なわばり争い、心理状態を予測する。これらの予測はすべて、水槽の、膨大でも有限個の原子の動きを図解することに帰着する。コンピュータが予測しなければ、電球が切れることもなく、塗料がはげることもない。

部屋には何人かの人もいる。やはりコンピュータはその人たちを構成するすべての原子を知っている。ある人は自由意志が侵されることに悩み、コンピュータにこんな質問をする。「今夜真夜中に、私は逆立ちしているかしら」。それから宣言する。「コンピュータが何を言おうと、私は反対のことをするわ。今夜真夜中に逆立ちすると言えば、私はできるかぎりのことをして、逆立ちしないようにする。コンピュータが逆立ちはしないと言えば、私はする」。この状況で何が起きるだろう。

コンピュータが間違うのを避ける方法はいくつかある。答えを出し渋り、午前0時を過ぎるまで答えないとか、部屋の住民にはわからない言葉で答えるとか。相手が逆立ちはせず、夜早く寝てしまい、すべてを忘れてしまうと予測することもできるだろう。しかしそのような想定で逆説を避けられるからというだけで、その想定どおりにならなければならないことにはならない。

ちょうどのときに予測が出るとしても、本人が自分の約束を果たせなくなる理由はない。自由意志は幻想だと言いたければ言えばいい。それでもわれわれは誰でも、逆立ちをする（あるいはしない）と決意することができる。コンピュータの予測があっても、誰かがそうする自由が少なくなるわけではない。

実は、コンピュータには妥当な予測ができない。それがなぜかを見るために、コンピュータがどうやって予測をするかを問うてみよう。近道法、つまり規則、仕掛、数式を使うだろうか。何らかの単純な規則が、ある特定の人物が指定された時刻に逆立ちするかどうかを教えてくれるとは信じられない。曜日や、季節の巡りや、彗星の回帰を予測することはできるだろう。これらの現象には規則性がある。逆立ちには規則性はない。あったとしても（本人が第二火曜日の夜、十二時ちょうどには逆立ちをする習慣があるとしても）、その逆をすると約束すれば、予言は成り立たなくなる。

明らかに、コンピュータは部屋の状況のモデルを作ることによって予測している。コンピュータは原子の進路を予測して蛙の行動を予想することになっている。ここが逆説の核心だ。本人が確実にコンピュータの予測によって影響されるのであれば、コンピュータは自らの予測や、その予測に対する本人の反応も予測しなければならない。コンピュータのモデルはコンピュータそのものも何から何まで細かく再現しなければならない。

この逆説的な要請は、ボルヘスとアドルフォ・ビオイ・カサーレスが『怪奇譚集』で述べた地図を思わせる。

その帝国では、地図の技術が完璧の域に達していて、ひとつの州の地図がひとつの町全体を占め、帝国の地図は、ひとつの州全体を占めるほどだった。そのうち、この度はずれた地図でも満足がいかなくなり、地図づくりの諸派は、帝国の大きさで、国内のあらゆる地点に合致する帝国地図を構想した。後の世代の人々はそれほど地図研究に入れ込まず、この膨れあがった地図は役に立たないことを理解し、罰当たりな気持ちもあって、それを太陽や風にさらしたままにした。西の砂漠には、地図のばらばらになった残骸が残っていて、動物や乞食が住みついている。それ以外の所では、かの地図学の徒の名残は残っていない。

コンピュータは、利用できるメモリのある部分を割いて、自身の動作をシミュレートしようとする。残念ながら、コンピュータ全体よりも少しでも小さければ、コンピュータの動きのどんな部分も、コンピュータそのものの動作はシミュレートできない。コンピュータが自身のモデルを作る最も効率的な方法は、それ自身であることだ。それでは、ボルヘスとカサーレスの地図と同様、他のことの余地はなくなる。

コンピュータが高度に冗長だったとしても、厄介なことにぶつかる。宇宙船の飛行や生命維持に用いられるために使われるようなコンピュータは、複数のサブシステムがあって、それぞれが同じことをしている。これで誤りの可能性が大きく下がる。潜在的には、冗長性をもたせたサブシステムが、全体としてのコンピュータが何をするか「予測」することも可能になる。

これをボルヘス・カサーレスの縮尺二分の一の地図と比べてみよう。地図はそれが表す国の半分の幅に広がっている。アメリカの二分の一の地図は、サンフランシスコからカンサス・シティまで広がり、ロッキー山地地方にある諸州を覆うことになる。それほど大きい地図となると、国の地図ならどれにも載るほどの重要な人工物ということになる。つまり、縮尺二分の一の地図には、当の地図が記載されていなければならない。そして地図についての地図にはそれ自身の地図がなければならず、以下同様、無限に続く。

同じ理由で、冗長なコンピュータで自身のモデルを作っても、コンピュータのモデル、モデルのモデル、モデルのモデルのモデル……が含まれることになる。この想像を妨げるものはない。しかし、原子できた現実のコンピュータが、無限退行に陥ることはありえない。モデルもモデルの中のモデルも、メモリとなる半導体の状態という物理的現実であり、メモリの半導体が無限に小さいことはありえない。したがって予測は不可能となる。

ニューカムの設定に戻ろう。普通に言われている設定でのこの実験は無理だ——つまり予言は無理だと立派に主張できる。理由は右に述べたのと基本的に同じである。無限退行によって、百パーセント正確な予想は排除されるのである。

確かに。しかしここでは九十パーセントで満足することにしていたのではないか。人間の心にある逆張りの性質からすれば、当人と予言者にはわずかな不確実性があって、それが指数関数的に大きくなって、全面的な不確定を生むことになるかもしれない。予言者と予言される方から成る系を予測することは、カオス現象を予測するのと同じく無理なことだ。したがって、百パーセントと九十パーセントという精度の違いは軽いものではない。トランプがシャッフルされる前に、山の並びが九十パーセント確実にわかっているようなものだ。予言者が部屋の状態に対する完全な鍵を手にすることがないかぎり（それはできない）、相当の精度で何かを予言することはできないかもしれない。

ここで集めてきた逆説に、ひとつの反復する主題があるとすれば、それは無知をなくそうとすることの愚かさである。何かがそうでないというだけでは、われわれにそれを知ることができることにはならない。どうしても知らないことはあり、それは単なる独我論がわれわれに信じさせようとしてきた以上の意味がある。

真であることなら何でも知ることができるという前提は、逆説の祖父である。それを最も純粋な形にすると、ビュリダン文や無限大マシンの基礎となる。ヘンペルやグッドマンの謎は、いかなる観察の重みも初めからわかっているという誤謬の上に成り立っている。予期しない刑の執行を受けた人物の場合は、自分が演繹できないことを演繹できると思うところがおかしい。ニューカムの実験は、予言者が自分の心を知っていることはありえないせいで失敗する。

物理学者のルートヴィヒ・ボルツマンは、われわれが世界の秩序に対して驚くのは見当違いだと推測した。既知の宇宙は無限の宇宙の中の小さな無作為のゆらぎかもしれない。無限の宇宙には、原子のありうる配列がすべてある。われわれの知識がもっと大きな全体に飲み込まれているのではないかと疑問に思うのは許されるかもしれない。たぶん、本当の謎は、想像しうることすべてが真であり——どこかで、どういうわけか——われわれの心が存在全体のうち無限小の部分にあらかじめ占められていて、その部分の経路は最初に探索したときにすでに踏んでいるということだ。

西暦三〇〇〇年のニューカムの逆説

意志決定の逆説に対しては、状況そのものが生じないことを示す以上に満足のできる解決はない。残念ながら、この実験をわずかに変えたものなら考えられることを、私は認めざるをえない。そのために、二つのSFの装置に依拠する。

ニューカムの実験が西暦三〇〇〇年に行なわれ、予言者は二つの新製品を使える。タイムマシンと物質スキャナである。まず予言者はタイム・マシンに乗り込み、ダイヤルを対象者が選択をした直後に合わせる。近未来に到着すると、マシンから降り、決断を知る。それからタイムマシンに戻って、実験前日に帰ってくる。未来についての確かな知識に基づいて予測を行なう。

これだと両方の箱を取ろうと思っている対象者は、ちょっと考えることになる。自分がその当人になり、部屋の隅にビデオカメラがあるのに気づく。決断をする直前に、予言者が入ってきて、あなたにビデオテープを渡す。それは予言者が未来から持って帰ったあなたが箱を開けるところを写したテープである。予言者は明らかに正しい予測をしているだけでなく、それをビデオにまで撮っている。

時間旅行はあまりに仮定が過ぎる話なので、あまり重んじるのは賢明ではないかもしれない。もう一つの未来的予測方法は、物質スキャナで、こちらの方が落ち着きはいいだろう。スキャナは物質を正確に複製する。装置を起動し、千ドル札をスキャンすると、原子の量子状態にいたるまで、ありとあらゆる点で同じ札がもう一枚できる。この装置で人をスキャンすれば、正確な複製ができる。この技術があれば、ニューカム実験の結果を確実に予測することが可能になる。

しかし実行の際の細部に微妙なところがある。単純に対象者の双子を作って、この双子について試しに実験をしてみるだけではすまない。実験の細部は同じにはならないだろう。実行する日時が違う。双子は気分が違うかもしれない。実験の司会者の説明のしかたが少し違うかもしれない。こうしたささいなことが差を生むかもしれないが、そのことはわからない。対象は逆のことをすることもできるだろう。ドッペルゲンガーがいることを知って、自由意志を証明しようと自分の「最初の勘」とは逆のことをしようと思うかもしれない。予言は任意に正確でありうると納得したい。

予言の妥当性を確実にするためには、二つの劇的な手順が必要だ。相手、箱、テーブル、部屋、守衛など、実験にかかわるすべての人、すべての物について、正確な複製を作らなければならないだろう。複製された領域は、予言の対象が選択を行なうまでは、外からの影響がいっさい及ばないほどの大きさがなければならない。きちんと密閉された、人工照明の部屋が欲しくなるだろう。そうでないと、窓から入ってくる日光の角度が違うだけでも、結果が違ってくるかもしれない——それに太陽の複製までは作れない。

もう一つの問題は時機である。予言の対象が二人、二つの部屋にいる。複製の方の実験は、早送りして結論を出し、本当の相手が選択する前に、どうするかを知りたいだろう。でなければ、すべての手間が無駄になる。予測にならなくなるからだ。

考えられる解が二つある。一つは、元の予言の対象者とそれを取り巻くもろもろを、巨大なロケットに押し込んで、地球から光速に近い速度で飛ばす。ロケットのコンピュータは何光年か先で進路を反転し、また光速に近い速さで戻ってくる。ロケットの加速は1Gの人工的な重力を生み、したがって、密閉された部屋の対象者は旅行をしていることは知らないで入る。本人がロケットに乗って戻ってくる頃には、複製がしたことがわかっている。双子の逆説のおかげで、本物の対象者はまだ選択をしていない。

もっと実用的な方法は、複製を対象者とする実験を行なうことだ。スキャンして複製をとる過程にはいくらか時間がかかる。そこで元の対象者をスキャンして、何を選ぶか見て、それから複製を作る。予言者は、複製がすることを予言する。

それでうまくいく。今は西暦三〇〇〇年で、あなたはニューカム実験の予言を受ける対象者だ。あなたが決断する前に――なんと――あなたは五分前に作られた、現実世界の複製にすぎないかもしれないと言われる。まるでラッセルではないか。そうではないと言い切れる根拠はない。物質スキャナは西暦三〇〇〇年には今の電子レンジなみにあたりまえのものだ。実験の予言者は、同じ部屋にいる正確な複製を見て、百パーセントの精度を達成することをあなたは認める。

自分が複製か本物か、どうやって知るのかと訊ねるかもしれない。知ることはできない。状況は、ラッセルによる、世界が五分前に創造されたという思考実験とまったく同じである。複製とオリジナルは、数分前に部屋に入ってスキャンされ、複製が作られたことも含めてまったく同一の記憶をもっている。オリジナルも複製も、箱を選ぶよう求められる。

実験のスポンサーは、本物のあなたに、自分も複製かもしれないと言わざるをえない。実験はあなたと、あなたが選択をしたのを見られた後に選択を行なう複製を中心に考えられている。したがって、スポンサーは、オリジナルにも、あなたが複製であることを言うためには、自分が複製かもしれないことを言わなければならない。選んだ後になって、あなたが部屋を出てはじめて、あなたは自分がオリジナルか複製かがわかる。

これは芽生えつつある逆の策略の芽を摘む。「予行演習」では一方のことをして、本番では別のことをして予言者を出し抜くことはできない。どちらがどちらか、知る方法がないのだ。予言の方法を知り尽くしている場合でも、そうなる。

箱の中に何を入れるかも細目としては重要である。オリジナルの部屋の箱に何が入っていようと、それはクローンの部屋の箱に入っていなければならないことはない。もちろん、オリジナルの部屋で実験が行なわれた後になるまでは、箱に何を入れるのかはわからない。答えはどちらの箱も空にしておくか、箱はいっさいなくしてしまうことだ。自分のすることを言って、自分が複製(「本番」の実験の対象者)だということがわかれば、部屋を出て、もらえるお金をもらっていくだけだ。

物質スキャナは逆説を少しも変えない。予言が無限退行に陥る様子を明らかにするだけだ。ニューカムの逆説を、無限大、全知の神、ESPなど、考えられないものによるものとして棄却することはできない。確かに、量子の不確定性は、物質スキャナを成り立たなくさせるだろう。しかし、ただの物理学が論理の逆説に立ちはだかるのは、満足のいくことではない。

物質スキャナがありうるとすれば、この逆説は最も鋭い形をとることになる。まったく同一の部屋にまったく同一の人物がいて、二人は、状況について悩んだあげく、半信半疑か、あるいは自信をもってか、選択をし、予言者は、第一の人物を見て、時間差をおいて分身がすることを、テレビでフットボールの試合の再放送の結果を知っているのと同じに確かに知ることになる。両方の箱を取る人は必ず千ドルをもらい、Bだけを取る人は、必ず百万ドルをもらう。相変わらず状況は不可解なことなのだ。

訳者あとがき

本書は、William Poundstone, *Labyrinths of Reason. Paradox, Puzzles, and the Frailty of Knowledge.* Anchor Books, 1988を訳出したものである。著者のパウンドストーンはアメリカのライターで、主として応用数学関連の著書がいくつもあり、本書と同じ青土社からも、拙訳で『囚人のジレンマ』（一九九四）や『ビル・ゲイツの面接試験』（二〇〇三）が出ており、いずれも幸いに好評を得ている。本書はそれらの本のルーツとも言うべき本である。

本書が扱うのは逆説（パラドックス）である。スイッチが入ると電磁石ができて鉄片を吸い寄せ、そのことによって回路が切れ、電磁石がはたらかなくなって鉄片が元に戻り、再び回路が閉じて……という繰り返しで音が出て機能する、電動ベルやブザーのような仕掛けである。論理パズルなどではおなじみかもしれないが、逆説というと、瑣末な論理的技巧を用いた重箱の隅をつつくようなあげ足とりの論法のように捉えられていることも多い。訳者も大学で担当する科学論関係の授業で逆説を取り上げることがあるが、あまり受けないで期待はずれに終わることが多い。多くの無反応の中に、面白いという反応と並んで、わけがわからない、そんなことを考えて何の意味があるのかという反応が入り混じる。俊足の戦士アキレスが、先を行く亀に決して追いつけないというゼノンの逆説を説明しても、現実に走れば追いつき、追い越すのに、何でまたそんなことをわざわざ考えるのかというわけだ（現実には自明でどうでもいいことという意味では、これも流行りのトリビアなのだが、すぐに答えがわかる知識としてのトリビアに比べると、面白みを感じるのにも少し訓練が要る論理の世界のトリビアは苦戦するのかもしれない)。

念を押しておくと、逆説を考えるときに見なければならないのは、自分が慣れ親しんでいる範囲の経験や「知識」ではない。現実にはこうなるはずなのに、理屈で考えるとそうはならないという、理屈と現実の違いと、それをもたらすからくりの方である。実は、訳者自身、学生時代のレポートに「予期せぬ絞首刑の逆説」を取り上げ、経過していない時間を経過したことにして進められる論法がおかしいという「答え」を書いたことがある。自分では「解いた」つもりでいたものの、実はそうではなかった。時間の経過という「現実」を盾にとった説明が不十分だったのである。時間は大事な要素ではあるが、現実の進展を入れてしまうと当の逆説がなくなってしまう。時間の経過と論理とが整合するようにしないと逆説は解決したことには(あるいは理解したことには)ならないのだ。詳しい話は本編で見ていただきたいが、いずれにせよ、逆説を楽しむときは、実際にはこうなるではなく、実際にはこうなるはずなのに、「論理的」にはそうならないというずれをこそ見てほしいと思う。

著者は、大ざっぱに逆説と言われるものを、1=0の証明のような、単に規則の適用のしかたが間違っているために生じる逆説もどきから、実は常識的に当然と思われている前提が間違っていることを示す演繹結果をもたらす思考実験、さらには、前提をどう取ろうと矛盾した結果が出てきてしまう本格的な逆説と分類しながら、とくに第二、第三の部類に属する主要な逆説を紹介する。そして、逆説が生じる仕掛を解き明かしていきながら、帰納と演繹という論理的手順のあり方、知るというのはどういうことか、他者の心の存在をどうやって知るか、意思決定や自由意志などの認識論にかかわる問題、あるいはアルゴリズム、ひいては答えを出すために必要な計算の量といったコンピュータ科学の問題というふうに、関連する話題につなげ、広げていく。つまり、逆説という一種の論理パズルを通じた認識論(とくに科学的認識論)入門という形になっている。科学的認識は、迷路をたどったり、暗号を解読する鍵を求めたりするのと似たようなところがあるというわけだ。逆説は結局のところ、真であることはすべて知りうるはずだという前提に由来すると筆者は言う。われわれのものの理解のしかたの根本のところに逆説がかかわっているということである。

原書が出たのは少し前で、扱われている逆説や思考実験は古典的とも言うべきものだ。むしろそれゆえにこそ今でも多くの人の思考を刺激している、普遍性のあるものぞろいである。単純に見える問題なのに実際には答えが（なかなか）計算できず、しかも答えがわかってしまえば簡単に確かめられるという、現代の暗号を支えている問題の難しさにかかわる話など、「実用的」なところが出てくるのも、また逆説ならではのことなのかもしれない。

本書の最後に出てくるニューカムの逆説の背景となっている囚人のジレンマは、パウンドストーンの後の著作、文字どおりの『囚人のジレンマ』につながり、本書のパズルの側面は、知能や人間の思考の陥りやすい落とし穴の問題へと展開されて『ビル・ゲイツの面接試験』へとつながっていく。アルゴリズムという主題は本書より前に出ている『ライフゲイムの宇宙』（有澤誠訳、日本評論社）を引き継いでの関心だろう。こうした現代科学哲学の重要なトピックが、逆説というひとつのジャンルに関連して収まるところが、思考の実験台としての論理パズルや逆説の面白いところである。ぜひ実験を体験して、自分の思考の拠って立つところの脆さと、その裏返しの柔軟さや強靭さ（あるいはそれを求めるポイント）を確かめてみてほしい（ついでに、本書には出てこないが「フェルミの逆説」というのもある。地球外文明がいくらでもいてもおかしくないのに、いるという確たる証拠が見当たらないのはなぜかという問題である。これについては拙訳でやはり青土社から出ている、スティーヴン・ウェッブ『広い宇宙に地球人しか見当たらない50の理由』という本を見てほしい）。

本書は『囚人のジレンマ』や『ビル・ゲイツの面接試験』の翻訳を担当させてもらった縁で、青土社の篠原一平氏の勧めにより、また担当させてもらうことになった。出版の実務については、同社編集部の水木康文氏に見てもらった。また、装幀は松田行正氏にお願いした。記して感謝したい。

二〇〇四年八月　　訳者識

索引

カ行

タ行

マ行

ヤ行

バイアス効果があることの証拠　194-95
予言　Prediction　367-68→「ニューカムの逆説」も見よ

ラ行

ライプニッツ，ゴットフリート　Leibniz, Gottfried　198, 328
ラザフォード，アーネスト　Rutherford, Ernest　93
ラッセル，バートランド　Russell, Bertrand　30, 106, 173, 193, 234
理髪師の逆説　193
ルイス，デーヴィッド　Lewis, David　198
ルヴェリエ，ユルバン＝ジャン　Leverrier, Urbain Jean　53
レイヴン　43-71
～の逆説→「ヘンペルの逆説」を見よ
レヴィトフ，レオ　Levitov, Lee　294
レッシャー，ニコラス　Rescher, Nicholas　64
連鎖式　144-46
ローゼンソール，ロバート　Roaenthal, Robert　194-95
ロザモンドの隠れ家　240

ワ行

ワン，ハオ　Wang, Hao　143
ワンの逆説　143-44

参考文献

本書は、科学や哲学の文献の世界で論じられている多くの刺激的な逆説や思考実験の見本集にすぎない。さらに突っ込んだものを読みたいと思うなら、『アナリシス』、『ブリティッシュ・ジャーナル・オヴ・フィロソフィ・オヴ・サイエンス』、『マインド』、『フィロソフィカル・スタディーズ』、『フィロソフィー・オヴ・サイエンス』といった哲学や科学哲学の専門誌の新しいものに当たるのがいいだろう〔日本ではむしろ、「パラドックス」、「逆説」、「論理」、「科学哲学」といった検索語を用いてネット上で探す方が、突っ込んだ話は見つかりやすいだろう〕。

Bacon, Roger(?). The Voynich "Roger Bacon" Cipher Manuscript. Central Europe, probably sixteenth century. At Yale University's Beinecke Rare Book and Manuscript Library, New Haven.

Barber, Theodore Xenophon, and Albert Forgione, John F. Chaves, David S. Calverley, John D. McPeake, and Barbara Bowen. "Five Attempts to Replicate the Experimenter Bias Effect," *Journal of Consulting and Clinical Psychology*, 33: 1-6 (1969).

Bennett, William Ralph, Jr. *Scientific and Engineering Problem-solving with the Computer*. Englewood Cliffs, NJ.: Prentice-Hall, 1976.〔大月卓郎ほか訳『パソコンプログラム、理系のための演習問題』(現代数学社)〕

Borges, Jorge Luis. *Labyrinths: Selected Stories and Other Writings*, ed. by Donald A. Yates and James E. Irby. New York: New Directions, 1964.

———. *Other Inquisitions*. 1937-1952. Austin: University of Texas Press, 1964.〔『続・審問』(国書刊行会から刊行予定なるも、未刊)〕

———. A *Personal Anthology*. New York: Grove Press, 1967.

———. *The Book of Sand*. New York: E. P. Dutton, 1977.〔篠田一士訳『砂の本』(集英社)など〕

———. and Adolfo Bioy Casares, *Extraordinary Tales*. London: Condor Books, 1973.〔柳瀬尚紀訳『ボルヘス怪奇譚集』(晶文社)〕

〔本書で紹介されている「トレーン、ウクバール、オルビス・テルティウス」、「八岐の園」は、『伝奇集』(鼓直訳、岩波文庫など)に収められている〕

Burge, Tyler. "Buridan and Epistemic Paradox" *Philosophical Studies*, 39: 21-35 (1978).

Carroll, Lewis. *Symbolic Logic*, ed. by William Warren Bartley III. New York: Clarkson N. Potter, 1977.

Coate, Randoll, Adrian Fisher, and Graham Burgess. *A Celebration of Mazes*. St. Albans, Eng.: Minotaur Designs, 1986.

Cole, David. "Thought and Thought Experiments," *Philosophical Studies,* 45: 431-444 (1984).

Cook, Stephen. "The Complexity of Theorem Proving Procedures," *Proceedings of the 3rd Annual ACM Symposium on the Theory of Computing.* New York: Association of Computing Machinery, 1971.

Einstein, Albert, and Leopold Infeld. *The Evolution of Physics*. New York: Simon & Schuster, 1938.〔石原純訳『物理学はいかに創られたか』(岩波新書)〕

Gardner, Martin. *The Scientific American Book of Mathematical Puzzles and Diversions.* New York: Simon & Schuster, 1959.〔金沢養訳『おもしろい数学パズル』1・2(現代教養文庫)〕

————. *The Unexpected Hanging and Other Mathematical Diversions.* New York: Simon & Schuster, 1969.〔高木茂男訳『数学ゲーム』1・2(講談社ブルーバックス)〕

————. *Knotted Doughnuts and Other Mathematical Entertainments*. New York: W. H. Freeman, 1986.

Garey, Michael R., and David S. Johnson. *Computers and Intractability: A Guide to the Theory of NP-Completeness.* New York: W. H. Freeman, 1979.

Gettier, Edmund. "Is Justified True Belief Knowledge?" *Analysis,* 23: 121-123 (1963).

Goodman, Nelson. *Fact, Fiction, and Forecast*. Indianapolis: Bobbs-Merrill, 1965.〔雨宮民雄訳『事実・虚構・予言』(勁草書房)〕

Grübaum, Adolf. "Are 'Infinity Machines' Paradoxical?" *Science*, 159: 396-406 (Jan. 26, 1968).

Hazelhurst, F. Hamilton. *Gardens of Illusion: The Genius of André le Nostre*. Nashville: Vanderbilt University Press, 1980.

Heller, Joseph. *Catch-22*. New York: Simon & Schuster, 1961.〔飛田茂雄訳『キャッチ=22』(ハヤカワ文庫)〕

Hesse, Mary. "Ramifications of 'Grue,'" *British Journal for the Philosophy of Science*, 20: 13-25 (1969).

Hofstadter, Douglas R. *Gödel, Escher, Bach: An Eternal Golden Braid.* New York: Basic Books, 1979.〔野崎昭弘ほか訳『ゲーデル、エッシャー、バッハ』(白揚社)〕

————. and Daniel C. Dennett. *The Mind's I.* New York: Basic Books, 1981.〔坂本百大監訳『マインズ・アイ』上下(TBSブリタニカ)〕

Hume, David. *A Treatise of Human Nature*. New York: Penguin, 1986.〔大槻春彦訳『人性論』(岩波文庫、全四巻)〕

Jevons, Stanley. *The Theory of Political Economy*. London, 1911.〔小泉信三ほか訳『経済学の理論』日本経済評論社〕

Karp, Richard. "Reducibility among Combinatorial Problems" in R. E. Miller and J. W. Thatcher, eds., *Complexity of Computer Computations.* New York: Plenum Press, 1972.

Ladner, R. E. "On the Structue of Polynomial Time Reducibility," *Journal of the Association of Computing Machinery*, 22: 155-171(1975).

Leibniz, Gottfried. *Monadology*, trans. by Paul and Anne Schrecker. Indianapolis: Bobbs-Merrill, 1965.〔「モナドロジー」西谷裕作ほか訳『ライプニッツ著作集』9（工作舎）所収〕

Levitov, Leo. *Solution of the Voynich Manuscript: A Liturgical Manual For The Endura Rite Of The Cathari Heresy, The Cult of Isis*. Laguna Hills, Calif.: Aegean Park Press, 1987.

Olds, James. "Pleasure Centers in the Brain," *Scientific American*, Oct. 1956, pp. 105-116.

Penfield, Wilder. "The Cerebral Cortex in Man," *Archives of Neurology and Psychiatry*, 40: 3 (Sept. 1938).

Plato. *The Dialogues of Plato*, trans. by B. Jowett. New York: Random House, 1937.〔本書で引かれている洞窟の喩えは、藤沢令夫訳『国家』（岩波文庫、上下）などによる〕

Putnam, Hilary. *Mind, Language and Reality*. New York: Cambridge University Press, 1975.

――――――. *Reason, Truth and History*. New York: Cambridege University Press, 1981.〔野本和幸ほか訳『理性・真理・歴史』（法政大学出版局）〕

Rado, Tibor. "On Non-Computable Functions" *The Bell System Technical Journal*, May 1962.

Rescher, Nicholas, ed. *Essays in Honor of Carl G. Hampel*. Dordrecht, Holland, 1969.

Rosenthal, Robert. *Experimenter Effects in Behavioral Research*. New York: Applleton-Century-Crofts, 1966.

Rucker, Rudy. *Infinity and the Mind: The Science and Philosophy of the Infinite*. Cambridge, Mass.: Birkhauser, 1982.〔好田順治訳『無限と心』（現代数学社）〕

Russell, Bertrand. *The Principles of Mathematics*. London: Allen and Unwin, 1937.

――――――. *Human Knowledge: Its Scope and Limits.* New York: Simon & Schuster, 1948.〔鎮目恭夫訳『人間の知識』1・2（みすず書房）〕

Salmon, Wesley, ed. *Zeno's Paradoxes*. New York: Irvington, 1970.

Searle, John. "Minds, Brains, and Programs", *Behavioral and Brain Sciences,* 3: 442-444 (1980).

Smullyan, Raymond. *What Is the Name of This Book? The Riddle of Dracula and Other Logical Puzzles*. Englewood Cliffs, N.J.: Prentice-Hall, 1978.〔沖記久子訳『この本の名は？』ＴＢＳ出版会〕

――――――. *This Book Needs No Title: A Budget of Living Paradoxes*. Englewood Cliffs, N.J.: Prentice-Hall, 1980.

Turing, Alan M. "Computing Machinery and Intelligence," *Mind*, 59, no. 236 (1950).

Vonnegut, Kurt, Jr. *Cat's Cradle*. New York: Delacorte Press, 1963.〔伊藤典夫訳『猫の

ゆりかご』ハヤカワ文庫〕
Walker, Jearl. "Methods for Going Through a Maze Without Becoming Lost or Confused," *Scientific American*, Dec. 1986.
Watkins, Ben. *Complete Choctaw Definer*. Van Buren, Ark.: J. W. Baldwin, 1892.
Whitrow, G. J. "On the Impossibility of an Infinite Past," *British Journal for the Philosophy of Science*, 29: 39-45 (1978).

ウィリアム・パウンドストーン　William Poundstone
MITで物理学を学ぶ。物理学と情報理論を専門とする。主著：『囚人のジレンマ』（邦訳1994）『ビル・ゲイツの面接試験』（邦訳2003）ほか多数。ロサンジェルス在住。

松浦俊輔（まつうら　しゅんすけ）
名古屋工業大学助教授を経て翻訳家。名古屋学芸大学非常勤講師なども務める。主な訳書：S・ウェッブ『広い宇宙に地球人しか見当たらない50の理由』、J・D・バロウ『宇宙に法則はあるのか』ほか多数。

パラドックス大全
世にも不思議な逆説パズル

2004年10月15日　第1刷発行
2016年3月10日　第12刷発行

著者――ウィリアム・パウンドストーン
訳者――松浦俊輔
発行者――清水一人
発行所――青土社
東京都千代田区神田神保町1－29市瀬ビル〒101－0051
［電話］03-3291-9831（編集）　03-3294-7829（営業）
［振替］00190-7-192955
印刷所――ディグ（本文）
方英社（カバー・表紙・扉）
製本所――小泉製本

装幀――松田行正

ISBN978-4-7917-6143-2　Printed in Japan